ein Ullstein Buch

Bac

Bruce Low

»Es hängt ein Pferdehalfter an der Wand«

Das Lied meines Lebens

Aufgezeichnet von Bruce Low
und Georg A. Weth

ein Ullstein Buch

ein Ullstein Buch
Nr. 22282
im Verlag Ullstein GmbH,
Frankfurt/M – Berlin

Ungekürzte Ausgabe

Umschlagentwurf:
Hansbernd Lindemann
Foto: Peter Langenbach, Langenfeld

Taschenbuchausgabe mit Genehmigung
des Universitas Verlags, München

Printed in Germany 1990
Druck und Verarbeitung:
Clausen & Bosse, Leck
ISBN 3 548 22282 X

Mai 1990

CIP-Titelaufnahme
der Deutschen Bibliothek
Low, Bruce:
»Es hängt ein Pferdehalfter an der Wand« :
das Lied meines Lebens / Bruce Low.
Aufgezeichnet von Bruce Low
u. Georg A. Weth. – Ungekürzte Ausg. –
Frankfurt/M ; Berlin : Ullstein, 1990
(Ullstein-Buch ; Nr. 22282)
ISBN 3-548-22282-X
NE: GT

Inhalt

Vorwort

Viele der namhaften Persönlichkeiten, insbesondere aus dem Show-Bereich, finden ihr Leben so wichtig, daß sie glauben, es in Form von Memoiren der Nachwelt erhalten zu müssen.
Auch Bruce Low ist dabei.
Verlief sein Leben anders als bei den anderen aus dieser Branche? Ist es deshalb mitteilenswert?
Es gibt viele solcher Leben, aber wenige Menschen, die so ehrlich mit sich selbst umgehen.
Als er vor Jahren mit der Aufzeichnung begann, wagte er es nicht, über sich selbst zu berichten, sondern sah sich als eine Romanfigur, die er zu entschlüsseln suchte. Nach 200 Schreibmaschinenseiten meinte er sein Ich gefunden zu haben und fällte den Richterspruch: Das Leben eines Mannes mit vielen Tiefen, einigen Höhepunkten, Leidenschaften. Was übrig blieb, war ein resignierender Künstler, der versuchte, Gott zu finden, und glaubte, ihn nur als Plagiat in seinen Liedern mißbraucht zu haben.
Zu diesem Zeitpunkt bekam ich seine Manuskripte.
Dieser »Jan Barend« sollte Bruce Low sein, den ich seit vielen Jahren kenne?
Dank der Mithilfe seiner Lebensgefährtin, Ilselore Louisoder, wurde aus der zweigeteilten Persönlichkeit wieder Bruce Low, der auf den Boden der Tatsachen zurückgeholt wurde, zu seinem Ich, das im Nachfolgenden dokumentiert wird.

Ohne Zweifel, sein künstlerischer Erfolg liegt in der Gestaltung religiöser Lieder. »Noah«, »Babylon«, »Kartenspiel« …

Überzeugend singt er Spirituals und Gospels.

Aber seinen anerzogenen christlichen Glauben hat er nach inneren und äußeren Auseinandersetzungen schon längst an den Nagel gehängt.

Und trotzdem ist für den fünfundsiebzigjährigen Mann die Bibel das Buch der Bücher geblieben. Er sieht darin keinen Widerspruch, denn für ihn stellt das Christentum eine irdische Geschichte dar.

Bruce Low ist nicht empfangsbereit für die Schwingungen des Transzendenten.

Dennoch ist er, wie kein anderer Sänger, befähigt, seine Zuhörer zu inspirieren. Wenn es eine Personifizierung der Stimme Gottes geben würde, dann müßte es die seine sein. Wie oft habe ich mich schon ertappt, daß ich in schwierigen Situationen seine sonore Stimme im Geiste höre, die »o.k.« sagt – und dann weiß ich, daß alles gutgehen wird.

Sein einmaliges Timbre weckt aber nicht nur in mir Assoziationen. Millionen spendete er damit Trost, Lebensmut und Glück.

»Wenn ich in meinem Leben nur einen Menschen glücklich machte, so hatte es einen Sinn,« zitiert Bruce Low einen Philosophen im letzten Kapitel.

Was ist das für ein Mensch, der diese Ausstrahlung vermittelt? Diese Frage stellte ich mir bereits im Jahre 1974.

Ich mußte ihn kennenlernen!

Nach einer Fernsehaufzeichnung zu »Zirkus, Zirkus«

lud ich ihn in ein Offenburger Restaurant zum Abendessen ein. Als es zum Bezahlen ging, stellte ich fest, daß ich keinen Pfennig Geld bei mir hatte, geschweige denn einen Scheck oder eine Kreditkarte.
Ungeachtet dessen hatte aber Bruce Low die Rolle des Gastgebers übernommen und mich vor einer blamablen Situation gerettet.
Es wurde eine lange Nacht und meine Neugierde, das Leben dieses Mannes zu entdecken, wurde immer größer.
Daß ich einmal bei der Niederschrift seiner Lebenserinnerungen mitwirken würde, war damals kaum vorstellbar.
Es hat sich gelohnt.
Ich hoffe, daß auch Sie am Ende der Lektüre sagen können, daß das Leben des Sängers Bruce Low mitteilenswert war.

August 1987 Georg A. Weth

Missionsstation

Schon von ferne hörte man die Flößer nahen. Sie sangen ihre improvisierten Blues. Tenoral hoch war die Stimme des Vorsängers, wuchtig kam die Antwort des Chors. Der Text war bei der Missionsstation, die meine Eltern leiteten, immer derselbe:
»Hier ist die Missionsstation,« hob einer an.
»Jawohl, die Missionsstation,« kam die Antwort.
»Hier wohnt Missionar Bielke.«
»Jaja, der Missionar.«
»In dieser Missionsstation.« Endlos wurde der Ruf variiert und vom Chor wiederholt. So trieben sie vorbei. An der Biegung des Flusses konnte man noch hören:
»Hier ist der arme Joe ertrunken.«
»Joe ist hier ertrunken.«
»Der gute alte Joe.«
»Er war stockbesoffen.«
»Stockbesoffen.«
»Keiner konnte ihn retten.«
»Keiner konnte retten.«
Leiser und leiser klang es den Fluß hinab. Dann war es wieder still in der tropischen Nacht.
Es sind die frühesten musikalischen Eindrücke, an die ich mich erinnern kann.
Herrmann Moritz Bielke, mein Vater, saß am Schreibtisch seines Arbeitszimmers und verfaßte den November-Monatsbericht 1917 seiner kleinen Missionsstation in Niederländisch-Suriname, einem Land an der Nord-

ostküste Südamerikas, etwa halb so groß wie die Bundesrepublik Deutschland. Obwohl es erst halb elf am Vormittag war, rann dem kräftig gebauten Holländer der Schweiß unablässig aus dem vollen, dunklen Haar ins Genick. Immer wieder fuhr er sich mit dem längst feuchten Taschentuch über Stirn und Nacken. Auch der Rücken seines weißen Tropenanzuges war schon völlig durchnäßt.

Die Jalousien der beiden Fenster waren herabgelassen. Trotzdem war es nicht dunkel im Zimmer, denn hell schien das Tageslicht durch die Schlitze der Sonnenblenden. Die feuchte Hitze kroch durch die Ritzen der Fenster und Türen in das zweistöckige, weißangestrichene Holzhaus. »Jetzt eine Dusche«, stöhnte der Geplagte. Mit 36 Jahren stand er in der Kraft seines Lebens. Sein kurz getrimmter Schnurrbart und die schlanke, etwas zu große Nase gaben ihm ein strenges, fast militärisches Aussehen. Ein Sturzbad! Aber das war zu dieser Jahreszeit in Surinam ein unerfüllbarer Wunsch. Gegen Ende der Trockenzeit war das Wasser so knapp, daß es kaum für die Küche reichte. Und Kühlung hätte der lauwarme Guß aus dem Zinktank auf dem Speicher, direkt unter dem Wellblechdach, auch kaum gebracht. Zwölf Stunden täglich wurde das Blech von der erbarmungslosen Sonne erhitzt. Mein Vater wußte das. Aber der bloße Gedanke, sich den Schweiß vom Körper spülen zu können, lenkte ihn einen Moment von der drückenden Wirklichkeit ab. Er tröstete sich mit dem Gedanken, daß die Regenzeit ja bald käme. Dann würden die Wolkenbrüche den großen Tank innerhalb weniger Tage wieder bis zum Rand füllen. Dann konnte er sich duschen, anstatt den Körper nur mit Schwamm und Handtuch zu reinigen. Er überlegte, ob er hinauf ins Wohnzimmer gehen sollte, um mit meiner Mutter ein Glas Saft zu trinken. Doch dann hätte er hinterher ja um so mehr schwitzen müssen. Seufzend ging er zu einem Wandschrank und nahm einen neuen Stoß Briefpapier heraus. Als er sich umwandte, sah er durch die schmalen Lücken der Jalousien, wie sich jemand dem Hauseingang näherte. Es war van Mook, der Gefangenenwärter.

Alle paar Wochen kam der kleine, einäugige Holländer mit seiner Sträflingskolonie am Missionshaus vorbei. Die Häftlinge glätteten den Sandweg, der von der Hauptstadt Paramaribo an der Station entlang zu den Plantagen im tiefsten Dschungel führte. Immer wieder mußte die Trasse ausgebessert werden.

Van Mook brachte stets Neuigkeiten aus aller Welt: vom Krieg in Europa, dem Leben in der Stadt, Plantagenklatsch. Fast immer wurde er beim Missionar zu einem Glas Tamarindensaft ins Wohnzimmer hinauf gebeten. Dabei brauchte er sich um seine Schwerverbrecher nicht zu sorgen. Die arbeiteten draußen mit Hacke und Schaufel brav weiter. Van Mook hatte da sein eigenes Kontrollsystem.

Fluchtversuche wären sowieso aussichtslos gewesen. Zwar hätte der dichte Urwald zu beiden Seiten des Weges den Ausreißer schon nach wenigen Metern auch dem schärfsten Auge entzogen, doch weit wäre er nicht gekommen. Denn jedem Gefangenen war mittels einer Eisenkette eine kindskopfgroße Metallkugel ans Fußgelenk geschmiedet.

»Komm mit rauf,« sagte mein Vater, als er aus seinem Zimmer in den kleinen Flur am Fuße der Holztreppe getreten war und van Mook erkannte. Der grinste. Das eine, ihm verbliebene Auge blitzte auf. Er wurde also empfangen. Das war zwar üblich, aber keineswegs selbstverständlich. Man konnte ja nicht wissen, ob Herrmann Bielke schon an seiner Sonntagspredigt arbeitete. In einem solchen Fall war nichts zu machen, van Mook kam nicht ins Haus. Der Missionar wollte nicht gestört werden und ließ auch meine etwas ängstliche Mutter nie mit Fremden allein. Schon gar nicht mit einem grauhaarigen früheren Seemann, der in Surabaja ein Auge verloren hatte, als er mit einem Norweger wegen einer Balinesin aufs Messer ging. Die Frau hätte er zwar bekommen, hatte er erzählt, ... aber jeden Samstag, wenn er beim Rasieren in den Spiegel schaue, würde er an den hohen Preis seiner damaligen Eroberung erinnert.

Vater stieg die Treppe hinauf. Zwei Stufen hinter ihm folgte der Aufseher. Auf halber Höhe stand auf einem Absatz die Königin der Nacht. Mit gebührender Dezenz gab sie sich nur während einer einzigen Nacht im Jahr mit einer märchenhaften, in unschuldigstem Weiß prangenden Blüte preis.

Ansonsten aber stank sie unnahbar und war deshalb aus dem Wohnzimmer verbannt worden.

Meine Mutter kam ihnen am Ende der Treppe entgegen. Vom Schlafzimmer aus hatte sie beim Bettenmachen van Mook über die Kreekbrücke kommen sehen.

»Goeden morgen, van Mook!« begrüßte sie den Gast.

Die zierliche Frau fühlte sich immer verunsichert, wenn der Verstümmelte aufkreuzte. Es entging ihr nicht, daß sein Auge an ihr entlang glitt, als stünde sie in der Unterwäsche vor ihm. Dabei fiel es ihr sowieso schwer, dem Mann unbefangen entgegenzutreten. Gräßlich war das Loch in seinem Kopf, aus dem unablässig Tränenwasser rann, das der Mann mit immerfeuchtem Handrücken abwischte. Doch sie beherrschte sich. »Möchten Sie einen Saft?« fragte sie.
Ein doppelter Genever, gut gegen die Hitze, wäre dem Aufseher lieber gewesen. Aber er wußte aus Erfahrung, daß man in dem frommen Haus weder Alkohol trank noch Tabak rauchte. Und der selbstgezogene Tamarindensaft der Missionarsfrau war ja wirklich nicht von schlechten Eltern.
»Sehr gern,« sagte er also.
»Mir bitte auch ein Glas!« schloß sich mein Vater an. Durst schien ihm nun doch unerträglicher als Schwitzen.
Die beiden Männer setzten sich in bequeme, ächzende Rattansessel. Vier dieser unverwüstlichen starken Stühle aus daumendickem, einheimischem Rohr standen, gleich rechts neben der Treppe, um einen runden Tisch aus demselben Material. Über dem Tisch hing eine Petroleumlampe an einer dünnen Kette. Mit der Hand konnte man die Lampe anheben oder hinabziehen. Dort, wo die Kette an der Holzdecke befestigt war, hing, wie ein umgekehrter Suppenteller, eine Keramikschale. Sie fing die Hitze aus dem Lampenrohr auf. Der Treppe gegenüber lag die Glastür zur überdachten Ve-

randa. Sie stand meistens offen. Trat man durch sie hinaus, dann sah man hinunter auf den immer blühenden Rosengarten. Hinter den Beeten und Ziersträuchern glitzerte die Kreek, an deren Ufer entlang der Sandweg lief.

Über Garten, Kreek, Sandweg und einen hundert Meter breiten Streifen niedrigen Gebüschs hinweg aber hatte man einen herrlichen Fernblick. Kilometerbreit wälzte sich nach langer Reise der Commewijnefluß dem Meer zu. Jeder Einbaum, jede Flußbarkasse, jeder entwurzelte Urwaldriese, der langsam dem 20 Meilen entfernten Ozean zutrieb, fing den Blick des Betrachters. Und mit dem Feldstecher konnte man sogar die Negerjungen am anderen Ufer baden sehen.

Trat man ins Zimmer zurück, so schimmerte rechts der stets blankgeputzte, zwei Meter hohe Schrank aus jungem, rötlichem Mahagoniholz. Links neben der Verandatür stand das Harmonium mit acht Registern. Die Mitte des Wohnzimmers nahm der viereckige Holztisch für sechs Personen ein. Auch über diesem hing eine Petroleumlampe, etwas größer als die in der Sitzecke. Ferner vervollständigten ein kleiner Nähtisch sowie eine Kommode die einfache Einrichtung des Zimmers. Der Fußboden bestand aus glattgehobelten, dunkelbraun gebeizten Dielen.

Zu beiden Seiten des Wohnzimmers lagen die Schlafzimmer, links das der Eltern, rechts das Kinderzimmer. Neben dem elterlichen Gemach führte eine Tür ins Badezimmer. Es enthielt neben der Toilette ein mit Zink ausgeschlagenes Viereck, in dem auf einem Raster aus

Holzlatten die Sitzbadewanne stand. Aus der Decke schaute die Dusche herab, wie der Trichter einer Gießkanne.

Lydia brachte den Tamarindensaft.

»Kruithuizen ist da!« platzte van Mook heraus, »gestern abend hat er bei Fort Zeelandia festgemacht.« »Kruithuizen?« wunderte sich der Missionar, »noch nie von ihm gehört.« »Mein alter Kapitän! Sieben Jahre lang sind wir zwischen Amsterdam und Batavia hin- und hergeschippert. Stückgut hin, Reis, Tee und Tabak zurück. Jetzt ist der Alte bei der Marine. Er hat ein Torpedoboot.« »Um Himmels willen!« erschrak meine Mutter. Sie hatte aus der Küche eine Schale selbstgemachter Kokosplätzchen geholt. Nun blieb sie neben dem hohen Geschirrschrank aus Mahagoniholz stehen und wiederholte leise: »Ein Torpedoboot!«

In Europa tobte der Weltkrieg, das wußte jeder. Aber die Entfernung zu dem unchristlichen Gemetzel war so groß, daß man hier in Surinam kaum etwas von seiner Entwicklung wahrnahm. Gewiß, es kam selten mehr ein Schiff aus Holland, die Post blieb monatelang aus. Auch war das Mehl knapp, seit Amerika die Ausfuhr verboten hatte. Der Reis aber, aus dem benachbarten Demerara-Delta des gleichnamigen Flusses, war nicht schlechter als der eigene, und mit dem Mais aus Venezuela ließ sich allerhand für den Mittagstisch zubereiten. Nun aber war ein Kriegsschiff da, ein speziell für den Kampf gebautes Boot. Meiner Mutter war, als wäre mit diesem Torpedoboot der Krieg in Surinam gelandet.

»Die ›Jacob Cleydijck‹ hat Post gebracht und gebunkert,« beschwichtigte van Mook. »Kruithuizen ist unterwegs nach Afrika. Vor Kapstadt holt er drei holländische Frachter ab, die aus Semarang kommen und nach Hause wollen.«

»Hast du mit diesem Kruitmans ...«

»Kruithuizen,« korrigierte van Mook Vater.

»Mit diesem Kruithuizen, hast du mit ihm gesprochen?«

»Aber ja doch!« ereiferte sich van Mook, »ich hatte meinen freien Tag und saß gestern abend nichtsahnend im ›Kolibri‹. Sie wissen, die Bar in der Saramaccastraat, wo die Seeleute und Holzfäller ihre Mädchen ...«

»Ja, ja. Schon gut,« fiel mein Vater dem abgehalfterten Seemann ins Wort, der zu vergessen schien, wessen Gast er war.

»Eh,« fuhr van Mook fort, »ich sitze also nichtsahnend hinter meinem Glas Bier, und wer kommt mit einem Dutzend Matrosen im Schlepp hereinspaziert? Kruithuizen, mein alter Kapitän!«

»Ich versteh' das Ganze nicht,« meinte Vater, »was wollen die denn eigentlich? Wie will denn, wenn es wirklich darauf ankommt, ein holländisches Torpedoboot drei Frachter gegen die deutsche oder gar englische Flotte schützen?«

»Was will die Flotte gegen uns?« konterte van Mook. »Wir sind neutral! Das weiß Kruithuizen, das wissen die deutschen U-Boote und das weiß natürlich auch die englische Marine. Kruit – so nannten wir ihn – Kruit hat es denen gezeigt, bei der Ausfahrt, oben, über Schottland, bei Scapa Flow.«

»Was wollte er denn in Schottland?« fragte Vater. »Ich denke, der will nach Kapstadt.«

»Will er ja auch. Aber im Ärmelkanal schwimmen neuerdings mehr Minen als Heringe. Darum bekam er von Den Haag den Auftrag, um Schottland herum zu navigieren. Dort geriet er bei diesigem Wetter mitten in einen englischen Flottenverband. Links ein schwerer Panzerkreuzer, rechts ein Linienschiff, daneben sieht ein Torpedoboot aus wie eine Flußbarkasse.«
Einen kurzen Moment hielt van Mook inne. Gespannt lauschte er in die Richtung der offenen Verandatür. Als man das regelmäßige Arbeitsgeräusch von Hacken und Schaufeln hörte, fuhr er fort.
»Die ›Jacob Cleydijck‹ also tastet sich bei leichtem Nebel mit ›langsam voraus‹ zwischen den großen Brocken vor, als plötzlich zwei Meilen vor ihr an Backbord das englische Flaggschiff auftaucht, die ›War Spite‹.«
Erwartungsvoll sah van Mook meine Eltern an. Doch die erhoffte Reaktion auf die Erwähnung dieser ungeheuerlichen Begegnung blieb aus. Der Name der größten Kriegsschiffe der Welt sagte den beiden offensichtlich gar nichts. Kopfschüttelnd nahm der Altmatrose einen Schluck Tamarindensaft, setzte das Glas ab und fuhr fort. »Verstehen Sie? Die ›War Spite‹ ist das größte Schlachtschiff der englischen Flotte! Sie hat vier Panzertürme, acht Kanonen vom Kaliber 38 cm und zwölf von 15. Eine einzige Breitseite hätte die ›Cleydijck‹ aus dem Wasser gepustet und in der Luft zerrissen.«
»Mitsamt den unschuldigen Menschen!« warf meine Mutter ein. Van Mook hob beschwichtigend die Hand. »Es ist nichts passiert,« raunte er, um sich nicht um die Pointe zu bringen. Laut nahm er den Faden wieder auf.

»Der Engländer also morste plötzlich ›Stop‹. Und schon schwenkt ein Turm leicht nach Backbord und starrt die ›Cleydijck‹ aus zwei ihrer Riesenrohre drohend an. Aber mein Kruit läßt sich doch nicht bluffen. Ohne auch nur eines seiner drei Torpedorohre zu bemannen, stellt er den Maschinentelegraf auf ›Voll voraus‹ und morst persönlich:
IHRER MAJESTÄT KÖNIGIN WILHELMINAS SCHIFF TORPEDOBOOT JACOB CLEYDIJCK – KLAR ZUM GEFECHT – KRUITHUIZEN KAPITÄN. Ha, ha!« Mit heiserem Lachen genoß van Mook die Situation, als hätte er selbst neben seinem Kapitän auf der Brücke gestanden.
»Wie reagierte der Engländer?« fragte mein Vater.
»Das muß ein toller Bursche gewesen sein,« meinte van Mook bewundernd. »Er ließ mit Flagge grüßen, er, der Riese den neutralen Zwerg, und morste zurück:
GRATULIERE IHRER MAJESTÄT KÖNIGIN WILHELMINA ZU IHREM KAPITÄN – WÜNSCHE GUTE FAHRT UND IMMER EINE HANDBREIT WASSER UNTERM KIEL – BEATTY ADMIRAL.«
Van Mook nahm einen letzten Schluck aus dem Sirupglas, wischte sich mit dem Handrücken den Mund und sagte:
»Mein Gott, waren wir gestern abend bes ... Oh, ich wollte sagen, wir haben viel getrunken.«
»Schon gut,« verzieh ihm der Missionar.
Eine gewisse Unruhe war über den Gottesmann gekommen. Sie hatte scheinbar keinen äußeren Anlaß. Sie stell-

te sich immer ein, wenn ein Thema eingehend erörtert, eine Geschichte ausführlich erzählt wurde. Als gönne sich der Missionar keinen gedanklichen Ausflug in weltliche Dinge, als könnten sie ihn weit von seiner geistlichen Pflicht abbringen, das Evangelium zu verkünden. Oder ahnte er damals schon, daß er sich irrte, wie er mir Jahre später zu verstehen gab?

»Herr van Mook, möchten Sie noch einen Saft?« fragte Mutter.

»Nein, vielen Dank,« antwortete er fast traurig. Die Erinnerung an den gestrigen »Saft« in der Kolibri-Bar war ihm zu mächtig. »Ich muß jetzt auch weiter mit meinen Musterknaben, sonst schaffe ich das Tagespensum nicht.« Wieder lauschte er in Richtung Verandatür. Die Arbeitsgeräusche waren verstummt. Keine Kette rasselte mehr, keine Spitzhacke bohrte sich mit dumpfem Schlag in den Sand und Kies der Urwaldstraße.

Wie in den Hintern gestochen federte van Mook aus seinem Sessel hoch. Schnell trat er durchs Zimmer auf die Veranda.

»Godverdomme!« schrie er wütend, »das war der Neue.« Ohne sich zu verabschieden, rannte er quer durchs Wohnzimmer die Treppe hinunter ins Freie.

Sprachlos und neugierig traten meine Eltern auf die Veranda. Die Gefangenen hatten ihr Werkzeug niedergelegt und saßen am Straßenrand. Einer mußte wohl den Aufschrei des Wärters auf der Veranda gehört haben, denn aller Augen richteten sich auf die Kreekbrücke. Soeben kam van Mook mit Riesenschritten um die Hausecke.

Der Trupp sprang auf.
Ein baumlanger, rothaariger Mulatte raffte Kette und Kugel zusammen und lief zu einem Baumstumpf. Dort ergriff er einen ausgefransten Strohhut und setzte ihn blitzschnell auf seinen Krauskopf. Dann nahm er seine Hacke zur Hand.
Was der aufgebrachte van Mook durch die Gegend schrie, konnten die beiden auf der Veranda zu ihrem Heil nicht verstehen. Sie sahen, wie der Aufseher etwas von dem Baumstumpf zu nehmen schien und sich damit über das Gesicht fuhr. Wild gestikulierend rannte er anschließend um das Häuflein seiner zehn, zwölf Gefangenen herum. Die waren schon wieder bei der Arbeit. In gemeinsamem Rhythmus hoben und senkten sich die Hacken, hell blitzten die von der Erde blank gescheuerten Spaten in der Sonne auf. Nach einer Weile schien sich van Mook an das Ehepaar zu erinnern. Er wandte sich dem Haus zu, sah die beiden in der Ferne auf der Veranda stehen und warf entschuldigend die Arme in die Höhe, als wolle er sagen: Was fang' ich bloß mit dem Sauhaufen an? Noch einmal wurde die schmale Walze von vier Mann über die ausgebesserte Stelle gezogen, dann setzte sich die Rotte in Bewegung. Bevor er hinter der Biegung des Weges verschwand, drehte sich van Mook noch einmal um und winkte.
»Was hat er gemeint mit dem Neuen?« fragte meine Mutter.
»Keine Ahnung,« antwortete mein Vater. »Vielleicht schaut er auf dem Rückweg noch einmal herein.« Er gab

Mutter einen Kuß auf die Stirn und stieg die Treppe hinab zu seinem Monatsbericht. Sie ging in die Küche. Es war Zeit, sich um das Essen zu kümmern.
Mitten in der Küche hing an einem Eisenstab der sogenannte Fliegenschrank, ein Gerüst von dünnen Holzlatten. Die drei Flächen des Schränkchens waren von feinem Maschendraht umschlossen. Dadurch wurde den Fliegen der Zuflug zu den Speisen verwehrt. Aber auch die allgegenwärtigen Ameisen durften nicht ans Ziel ihrer Wünsche gelangen. Dazu lief der Eisenstab, an dem das Kästchen hing, auf halber Höhe durch ein trichterförmiges Gefäß, das gefüllt war mit Petroleum. Alle zwei Wochen mußte diese Ameisensperre geleert und wieder mit frischem Petroleum gefüllt werden. Sie war dann schon wieder gesättigt mit einem Teppich toter Ameisen, die versucht hatten, das tödliche Hindernis schwimmend zu überwinden, und über deren Leichen die krabbelnde Schar der Nachfolger den Proviantschrank erreichen konnte.
Dem Fliegenschrank entnahm meine Mutter ein frisch geschlachtetes, bereits ausgenommenes Huhn und legte es auf die Anrichte. Sie ließ zwei Handvoll Reis in den Wadjan rieseln, einen halbkugelförmigen, eisernen Tiegel und fügte Lombok (Pfeffer), Djahé (Ingwerpuder), Kurkuma (Gelbwurzel) und eine Prise Salz hinzu. Dann zündete sie den mittleren der drei Brenner des Spirituskochers an und setzte den Reis mit etwas Wasser auf eine kleine Flamme, bevor sie sich dem Huhn widmete. Auf einer zweiten Flamme brachte sie eine Tasse voll Wasser zum Kochen, befeuchtete damit ein Tuch und rieb das

Huhn innen und außen kräftig ab. Sie entfernte Knochen und Haut vom Hühnerfleisch und schnitt dieses in dünne Scheiben. Auf der dritten Flamme erhitzte sie einen Eßlöffel Salatöl und tat eine Ingwerwurzel und ein dreifach geknicktes Stück Knoblauchliane hinein. Später drückte sie vorsichtig das Fleisch gegen die heiße Wand der Pfanne, bis es die rosarote Farbe verlor, und dämpfte gleichzeitig das Gemüse: eine feingeschnittene Zwiebel und zwei gleichfalls zerkleinerte Tomaten. Als Nachtisch gab es zwei »gebackene Bananen«. Dazu schnitt sie die Früchte der Länge nach in zwei Hälften und briet sie im Öl. Mit Kochsalz abgeschmeckt ergaben sie ein bekömmliches Dessert.

Wenig später stand das Missionarsmahl dampfend auf dem Tisch.

Die Kreek entsprang den Sümpfen in der Tiefe des Urwalds. Ihr Wasser war schwarz wie das des Rio Negro, obwohl bis zu einer gewissen Tiefe klar und durchsichtig. Tauchte man die Hand hinein, so konnte man die Finger wie durch den hauchdünnen Schleier eines Damensonnenhutes sehen. Stieg man bis zur Hüfte ins Wasser, so sah man die Knie noch in gespenstigem Grau, die Füße aber überhaupt nicht mehr.

Von oben gesehen war die Kreek schwarz wie die Nacht. Sie floß aus dem Busch gerade auf die Commewijne zu, unterquerte bei der Missionsstation die Brükke und bog nach dem Garten im rechten Winkel um das Haus herum. Dann strebte sie in gleichem Abstand mit der Commewijne dem Ozean zu. Weiter flußabwärts vereinigte sie sich mit dem Strom.

Hinter der Biegung der Kreek lag zwischen ihr und dem Haus ein etwa fünfzig Meter breiter Streifen, der Garten. In ihn hatte Lydia Bielke, meine Mutter, eine Fülle tropischer Pflanzen, Sträucher und viele, viele Rosen setzen lassen. In allen Farbschattierungen von weiß über gelb zu rosa, orange und dunkelrot hielten die Blumen ihre Kelche der Sonne entgegen. Dazwischen spendeten »Koffiemamma-Bäume« ihren Stunde um Stunde wandernden Schatten. Erythrina glaucas, »Koffiemammas« genannt. Die hohen Bäume mit den dichten, roten Blütentrauben wurden in den Kaffeeplantagen als Schattenspender für die jungen Kaffeebüsche verwendet. Aus den Achseln ihrer Äste hingen die schönsten Orchideen herab, Cattleyas von zartestem Lila bis zu tiefstem Violett, während Bougainvilleas die Stämme dicht umrankten. In der Fruchtzeit lockte der Eugenia-Strauch mit seinen zuckersüßen, immer pärchenweise wachsenden Surinam-Cherries Menschen und Tiere heran.

Eine Reihe kurzgehaltener Tamarindenbäumchen lieferten den Grundstoff für Mutters Tamarindensaft. In der Mitte des Gartens aber stand seit eh und je, viele, viele Jahre lang, eine Agave, die Furcraea. Um sie herum hatte Lydia den Garten anlegen lassen. Die wertvollen, zwei Meter langen, schwertförmigen Blätter neigten sich allerdings schon seit mehreren Wochen abgeknickt und bräunlich vermodernd aus der riesigen Pflanzenrosette der Erde zu.

Die Agave war verblüht. Innerhalb von achtundvierzig Stunden hatte die Pflanze zum ersten und letzten Mal in ihrem Leben einen vier Meter hohen, von bläulichen

Glöckchen übersäten Rispenstamm senkrecht emporgetrieben, um nach dieser Blütenorgie für immer zugrunde zu gehen. Bald würde der »Hauer«, das Buschmesser, die Reste entfernen und »ihre Stätte würde sie nicht mehr kennen«, wie es im Psalter heißt.

Einem würde die Agave besonders fehlen, dem französischen Sträfling Ledoux. Alle paar Wochen kam der Verbannte zur Missionsstation und erbat sich die Erlaubnis, ein Blatt abzutrennen. Aus den langen Fasern des riesigen Blattes knüpfte er kunstvolle Sets, die er zum Kauf anbot. Zwar hatte die niederländische Regierung ein Abkommen mit der französischen, Flüchtlinge auszuliefern, doch ließ man in der Praxis die Verbrecher ungeschoren, sofern sie nicht unangenehm auffielen. Sie waren der nahen Teufelsinsel (»Papillon«) entflohen, und die Haie des Atlantiks, die Häscher Cayennes, die Krokodile des Marowijneflusses waren ihrer nicht habhaft geworden. Sollte man den Gejagten nicht ihre Ruhe gönnen?

Von der Brücke am Wasser entlang bis zum alten Mangobaum schloß eine feuerrote Fajalobbihecke das farbenfrohe Eden von der Außenwelt ab. Faja, Feuer, und Lobbi heißt Liebe. Hinter dem Haus, dort wo das Arbeitszimmer meines Vaters und der Hauseingang lagen, stand ein Brotfruchtbaum. Um ihn herum hatte man das Unterholz mit Stumpf und Stiel gerodet, das Unkraut gejätet, den Boden geglättet und mit einer dicken Schicht Muschelsand bedeckt. Täglich wurde der Hof mit einem Reisigbesen gefegt, jeder Keimling sofort herausgerissen.

Quer zum Missionshaus stand eine Reihe niedriger Hütten, einst Behausungen der Sklaven, jetzt die Wohnungen der Angestellten. Teils halfen diese im Haushalt, einige arbeiteten aber auch im kleinen Kakaogrund hinter dem Hof, kläglicher Überrest einer blühenden Plantage. Laut einer Chronikeintragung vom 31. Dezember 1846 wurde sie einst von 331 Sklaven bewirtschaftet. Zwischen den Hütten und dem Haus befand sich ein breiter Durchgang, in dessen Mitte eine große, faßförmige Zisterne lag. Sie war bis zur Hälfte in den Boden eingelassen, der Kühlung wegen. Wenn der Zinktank auf dem Speicher leer war, wurde das Wasser aus der Zisterne mit einer von Hand bedienten Pumpe in einen kleinen Nebentank ins Missionshaus gepumpt. Erst wenn dieser Tank überlief, konnte man einem Wasserhahn draußen das kostbare Naß entnehmen. So war der Tagesbedarf im Haus immer gesichert. Denn Durst hatten in der Trockenzeit alle.

Ein schmaler Pfad führte vom Hof zwischen der Zisterne und dem Missionshaus an der Pumpe vorbei zum Kinderheim und zu der Hütte Kasans, des Evangelisten. Das Heim, ein zweistöckiges Holzhaus, beherbergte zwei Dutzend Javanerkinder zwischen vier und zehn Jahren. Teils waren es von den Eltern ausgesetzte, teils verwaiste Kinder, teils auch unerwünschte Nachkommen der vielen, von Plantage zu Plantage ziehenden javanischen Dirnen. Im Untergeschoß des Kinderheims lagen die drei Tagesräume. Oben schliefen die Kinder nicht in Betten, sondern auf dünnen Schilfmatten, so

wie es »zu Hause« der Brauch war. Als Kopfkissen diente eine halbmondförmige, glatte Holzstütze.
Betreut wurde die Schar von zwei Kreolinnen, »Nenne« Jacoba und »Nenne« Albertina.
Zweimal täglich, morgens hin, abends zurück, klapperte die Dampfbarkasse aus der Stadt die Dörfer und Stationen am Ufer der Commewijne ab. In der Früh brachte sie frisches Brot und, falls vorhanden, die Post. Abends legte sie nur an, wenn die gebleichte, ursprünglich knallrote Fahne am Mast der Landungsbrücke gehißt war.
Die Pfähle und Dalben des Stegs waren tief in den Flußschlamm gerammt. Die braune, glitschige Fläche tauchte bei fallendem Wasser aus den Fluten empor und war so weich, daß ein herabgeworfenes Steinchen ohne das geringste Geräusch lautlos in ihr verschwand. Wer je in den Schlamm fiele, wäre verloren.
Morgens kamen manchmal Buschneger in ihrem Korjaal, dem ausgehöhlten Wanastamm, an der Station vorbei. Sie fuhren in die Stadt, um einzukaufen oder ihre Waren auf dem Markt anzubieten: Holzschnitzereien, seltene Kräuter oder auch gefangene Jungtiere, Affen, Papageien, vielleicht ein Faultier. Abends oder nachts, je nach den Gezeiten, kamen sie wieder, wenn die Flut das Wasser in die Flüsse zurückstaute und alles, was schwamm, vor sich herschob.
Nur nachts allerdings und nur bei Ebbe flößten die Holzfäller ihre Stämme flußabwärts zur Stadt. Von den mehr als tausend Holzarten des Landes waren besonders die sogenannten »Constructie«-Hölzer wirtschaftlich interessant: das Purpurhart, Bruinhart, Groenhart, Ij-

zerhart, das Gudu, Mora, der rote und schwarze Kabbes, sie alle sind hart wie Metall und schwerer als Wasser. Wirft man den Stamm hinein, so treibt er nicht, er sinkt. Um die Hölzer überhaupt transportieren zu können, band man die Flöße an Bündel extrem leichter Holzarten. Das Hauptfloß lag unter Wasser und bildete eine Gefahr für Schiffe jeder Art. Deshalb durfte nur nachts geflößt werden.
Schon von ferne hörte man die Flößer nahen. Ihre improvisierten Lieder höre ich noch heute, wenn sie an der Missionsstation vorbeischipperten:
»Hier ist die Missionsstation,« hob einer an.
»Jawohl die Missionsstation,« kam die Antwort.
»Hier wohnt Missionar Bielke.«
»Jaja, der Missionar.«
»In der Missionsstation.«
»In der Missionsstation.« Endlos wurde der Ruf variiert und vom Chor wiederholt. So trieben sie vorbei. An der Biegung des Flusses konnte man noch hören:
»Hier ist der arme Joe ertrunken.«
»Joe ist hier ertrunken.«
»Der gute alte Joe.«
»Der alte Joe.«
»Er war stockbesoffen.«
»Stockbesoffen.«
»Keiner konnte ihn retten.«
»Keiner konnte retten.«
Leiser und leiser klang es den Fluß hinab. Dann war es wieder still in der tropischen Nacht.

Kind in Surinam

Es war nachmittags, die größte Hitze war vorbei. Ich hockte in meinem grauschwarzen Spielanzug unter dem Mandelbaum am anderen Ende der Kreekbrücke und schaute versunken dem Treiben der Blattschneiderameisen zu. In zwei Reihen, dicht nebeneinander, zogen sie an mir vorbei. Die eine stieg, rötlich-braun, kritzelnd am Mandelstamm empor, die andere kroch in Reih und Glied wieder hinab. Jede Ameise dieser wiederkehrenden Reihe trug, wie fahnenschwenkend, ein rot-, grün- oder gelbleuchtendes Blattschnipsel zwischen den starken Kiefern. Das ganze Völkchen schien unterwegs zu einer fröhlichen Geburtstagsfeier.

Hinter mir auf der Kreekbrücke knarrte eine Diele. Ohne Angst sah ich mich um. Es konnte ja nicht der Vater sein. Den Schritt seiner Schuhe hätte man längst gehört. Der da kam, lief barfuß. Es mußte ein Javaner sein. Javaner waren Freunde.

Es war Kasan, der Evangelist.

Der kleine, energische Mann war wie immer, auch an Wochentagen, tadellos angezogen. Seine weite, schwarze Hose, die Komprang, war frisch gewaschen und gebügelt. Wie auch sein Sabok, der breite Kummerbund. Fleckenlos leuchtete das weiße Hemd, der Kemedjan. Kunstvoll und fest umschloß das gefaltete Kopftuch, der Iket, das lange, zu einem Wulst zusammengedrehte blauschwarze Haar. In seiner Niederländisch-Indischen Heimat hatte jeder Stamm, sei es auf Bali, Lombok,

Borneo oder wo immer sonst, seine eigene Art, den Iket zu knoten.
»Kasan, schau, die Ameisen feiern«, rief ich ihm zu. Kasan trat heran und schaute kurz auf die Prozession. Sein Blick glitt zum Mandelbaum hinauf. Dort, wo dichtes Laub sonst keinen Sonnenstrahl durchläßt, streckte hie und da schon kahles Geäst die nackten Arme wie verzweifelt zum flimmernden Himmel empor. Die verstümmelten Zweige waren wie mit einem Pelz von dünnem Stoppelhaar bedeckt. Ein feines Gerüst von Nerven und Adern war alles, was übrig blieb, wenn die nimmermüden Räuber das Laub Blatt für Blatt entfleischten.
»Bald hören sie auf«, sagte Kasan.
»Warum?« fragte ich enttäuscht.
Der Javaner hockte sich neben mich.
»Die schneiden nie alle Blätter auf einmal ab«, erklärte er. »Die feiern nicht, die arbeiten. Die Blätter brauchen sie zum Leben. Wenn sie alle Blätter abschneiden, stirbt der Baum. Und von einem toten Baum können die Ameisen nichts mehr holen.«
»Aber es gibt so viele Bäume. Warum nehmen sie nicht einen anderen Baum?«
Kasan sah den weißen Jungen einen Moment an. Er schaute noch einmal zur Baumkrone hinauf: »Die hören bald auf«, sagte er. »Nächstes Jahr kommen sie wieder.«
Ich begriff nicht. Aber ich glaubte Kasan aufs Wort. Kasan wußte alles. Er wußte mehr als alle anderen. Mehr als Vater und Mutter. Kasan trug keine Uhr, aber er wußte immer genau, wann es halb zwölf war und man

ins Haus mußte, der Hitze wegen. Wenn ich nach der großen Trockenzeit noch gar nichts hörte, sagte Kasan: »Still, der Regen kommt.« Erst lange danach hörte ich, wie der Regen erst ganz fern und leise, dann immer stärker und schließlich ohrenbetäubend auf das dichte Blätterdach des Urwalds trommelte und die Luft sich in fallendes Wasser verwandelte.

Wenn ich am anderen Ufer der kilometerbreiten Commewijne nichts sah als das grüne Band des Waldes, sagte Kasan: »Dort steht ein Buschneger mit Pfeil und Bogen und schießt nach Fischen.« Kasan war der einzige, der es verstand, eine Sicca, einen Sandfloh, mitsamt seiner erbsgroßen Kugel von gelben Eiern schmerzlos mit einer Nadel aus der Zehe zu entfernen, bevor es hieß: »Komm her, du hinkst, du hast eine Sicca.« Man ging zu Kasan und ersparte sich eine ungeschickte, peinliche Behandlung durch den Papa.

Und Kasan verfehlte nie, wenn ein Papageienpärchen die Station überflog, und er die beiden mit einem einzigen Schrotschuß für seine Suppe herunterholte. Eine Suppe, die so gut und würzig schmeckte, von der man den Eltern aber nichts erzählen durfte. Denn es war verboten, den Javanern etwas »weg« zu essen.

Kasan war aufgestanden und ging hinüber zum Bootshaus. Als er den Sandweg überqueren wollte, trat ein Mann aus dem Busch und hielt ihn an. Die beiden wechselten ein paar Worte, wobei der Fremde in die Richtung des Kinderheims zeigte. Dann ging Kasan weiter. Mein Vater hatte ihn gebeten, die Dollen am Ruderboot einzufetten. Der Fremde verschwand wieder im Busch.

Ich hockte noch bei meinen Ameisen, als hoch oben, am andern Ufer der Kreek, ein leises Knacken mich aufhorchen ließ. Gleich darauf rauschte es in den Lüften. Dann gab es einen dumpfen Aufschlag. Mit einem Freudenschrei sprang ich auf. Das Palmenblatt war endlich gefallen. Tagelang hatte es an einer einzigen, dünnen Faser des breiten Schaftes in der Krone der Königspalme gehangen. Die langen, schmalen Blätter des Palmwedels waren von der Sonne längst zu tiefer Bräune ausgetrocknet. Raschelnd hatten sie beim leisesten Windhauch den nahen Sturz aus schwindelnder Höhe angekündigt. Jetzt hatte das meterlange Blatt den letzten Halt verloren, sich in der Luft rauschend überschlagen und die Erde mit dem mächtigen Schaftende dröhnend gerammt. Einen Augenblick blieb es wie unschlüssig senkrecht stehen. Dann legte es sich endgültig auf die Seite.

So schnell ich konnte, rannte ich über die Brücke, um möglichst als erster bei dem Palmenblatt zu sein. Doch die Javaner-Jungen aus dem Kinderheim waren schneller. Sie warfen die Hacken hin, mit denen sie zwischen den Rosensträuchern Unkraut gejätet hatten, und stürmten zum Palmenblatt.

Schon saß Kosso, der stärkste, auf dem Schaftende. Die anderen griffen in die verwelkten Blätter des Wedels, um ihren Kameraden vielspännig spazierenzufahren. In dem Moment kam ich angerannt. »Halt«, rief ich, »ich komme zuerst dran!« Und alle hörten auf mich. Kosso erhob sich. Er war viel größer als ich, der weiße Junge, der wegen seines Standes und seiner Hautfarbe immer bevorzugt wurde. Aber er überließ mir seinen Platz und

übernahm an der Spitze die Führung der Zugmannschaft. Auf mein Kommando »A jo« stürmte das Schlittengespann los. Unter Geschrei wurde der Brotfruchtbaum umrundet. Ich hatte Mühe, mich festzuhalten.
Im Rennen rief Kosso seinen Artgenossen auf javanisch etwas zu. In voller Fahrt ließen sie das Blatt los. Kosso schlug an der Spitze einen Haken und riß das Blatt herum. Das schwere Schaftende gewann an Fliehkraft, und ich flog meterweit über den Muschelsand. Weinend, mit blutigen Schürfwunden an Händen und Knien, stand ich auf. Die Javaner-Jungen standen bewegungslos da. Stumm, mit ausdruckslosen Gesichtern, sahen sie den weißen Jungen an. Ich lief heulend nach Hause. Kaum war ich in der Tür verschwunden, setzten die anderen ihr Spiel unter Freudengeheul fort.
Als ich weinend die Treppe hinaufkroch, wurde plötzlich die Tür zum Arbeitszimmer aufgerissen. Wütend, mit hochrotem Kopf, erschien mein Vater. »Was gibt es denn nun schon wieder?« rief er. Und als er die Schürfwunden sah: »Hab' ich dir nicht hundertmal gesagt, du sollst vorsichtig sein?« Mit zwei Sprüngen war er die Stufen hinaufgeeilt und gab mir einen kräftigen Klaps auf den Hintern. Ich weinte noch lauter und sah hilfesuchend nach oben, wo die Mutter stand.
Sie sah Vater wortlos an. Der schimpfte: »Zum Kuckuck noch einmal!«, bevor er sich umwandte, die Treppe hinunter stürzte und die Haustüre aufriß, um seine Wut an den Javaner-Jungen auszulassen. Doch die waren mit ihrem Palmblatt schon über die Brücke gerannt. Grollend zog sich der Missionar in sein Arbeitszimmer zu-

rück. Die javanische Predigt, die er schrieb, mußte doch schon morgen vormittag um zehn fertig sein. Es war zum Verzweifeln.

Wie ruhig war doch früher alles gewesen, als ich, Ernst Gottfried, noch nicht da war. Meine Mutter hatte sich ausschließlich um ihn, um ihren Mann, gekümmert. Mit ruhiger Selbstverständlichkeit hatte sie sich ihm angepaßt, immer Rücksicht auf ihn und seine schwierige Arbeit genommen. Mit tausend kleinen, täglichen Hilfen hatte sie versucht, ihm das Leben unter diesen für einen Europäer schwierigen, manchmal sogar gefährlichen Umständen tragbar zu machen.

Seit meiner Geburt war das anders. Die Regelmäßigkeit, an die er sich gewöhnt hatte, war dahin. Nichts war mehr selbstverständlich. Essenszeiten richteten sich nicht mehr nach der Uhr, sondern nach dem zufällig mehr oder weniger weinenden Jungen, der natürlich erst getröstet werden mußte. Abends wurde gewartet, bis er eingeschlafen war. Gemeinsame Besuche bei den Schippers, den benachbarten Plantagenbesitzern, waren nicht mehr drin. Er mußte allein durch die Hitze radeln, sie blieb bei dem Kind. Es hätte ja etwas passieren können! Es waren immerhin vier Kilometer und es gab kein Telefon, wie in der Stadt. Seufzend beugte er sich wieder über sein Manuskript.

Meine Mutter nahm mich mit ins Badezimmer und wusch mir die Schürfstellen aus. Dem Medizinkästchen entnahm sie ein kleines, dunkelbraunes Fläschchen. »Es wird weh tun, aber dann wird es besser«, sagte sie. Ich schniefte noch ein paarmal und sah ängstlich nach dem kleinen Pinsel, der in dem Korken steckte. Laut schrie ich auf, als das Jod die gesäuberten Hautflächen berührte. Aber meine Mutter ließ sich nicht beirren. Schlimm eiterten die offenen Wunden, mit denen sich die Eingeborenen oft hilfesuchend an die Missionsstation wandten.

Das feuchte, warme Klima bildete einen idealen Nährboden für Bakterien jeder Art. Sie nahm sich mit fester Hand eine Schürfstelle nach der anderen vor, bis alle Kratzer desinfiziert waren. Dann gab sie dem Heulenden ein Glas gezuckerten Tamarindensaft und las das Märchen von den »Sieben Geißlein« vor. Früher als sonst brachte sie mich zu Bett. Sie wartete, bis ich eingeschlafen war.

Das zweite Auge

Es war halb sechs geworden. Mein Vater las den Bericht noch einmal durch: »Maandverslag van de zendingspost Zorgvliet in Suriname. November 1917.«
Monatsbericht der Missionsstation Zorgvliet.
Zorgvliet, Fluß der Sorgen. Sorgen hatten ihm die acht Jahre, die er auf der ehemaligen Kakaoplantage missioniert hatte, reichlich gebracht.
Alles, was er in Europa auf der Missionsschule seiner Kirche, der Evangelischen »Brüdergemeine Herrnhuter« des Nikolaus Grafen von Zinzendorf, gelernt hatte, war hier anders. Voller Hoffnungen, beseelt vom Heiligen Feuer, war er aus dem kühlen Holland hier angekommen, nicht ahnend, was außer der tropischen Hitze auf ihn zukommen würde.
Zwar war seine allererste Predigt vor den javanischen Plantagenarbeitern des benachbarten »Berg en Dal« ein über seine kühnsten Erwartungen großer Erfolg gewesen. »Missionar Herrmann Bielke wird eine frohe Botschaft verkünden«, dieser Aufruf, vom Plantagenbesitzer Schippers genehmigt, hatte sich in Windeseile auf den Zuckerrohrfeldern herumgesprochen. Fast vollständig waren sie zu Hunderten nach Arbeitsschluß in die große Lagerhalle geströmt, um die frohe Botschaft zu hören.
Doch eine Woche später, bei seiner zweiten Andacht, war die Zahl der Zuhörer auf ganze drei Mann zusammengeschrumpft. Man hatte als »frohe Botschaft« eine allgemeine Gehaltserhöhung erwartet.

Wie hatte sich der junge »zendeling«, der Entsandte, der Missionar, gefreut, als die Bibeln, kostenlos verteilt, in steigender, kaum zu beantwortender Nachfrage reißend Absatz fanden. Wie groß die Enttäuschung, als sich herausstellte, daß ein vorsichtig herausgerissenes Blatt des Seidenpapiers, auf dem das Wort Gottes gedruckt war, sich hervorragend zum Drehen einer Zigarette eignete. Wie schmerzhaft die Erfahrung, daß die meisten Bibelempfänger Analphabeten waren.
Erst als Kasan, ein der Schrift kundiger Mohammedaner, sich die Mühe nahm, den Text vor dem Verglühen zu lesen und den Missionar um nähere Auskunft bat, hatte mein Vater einen Kontaktmann gefunden. Darüber aber waren fast zwei entmutigende Jahre vergangen.
Kettengerassel und die unverkennbare Stimme van Mooks rissen ihn aus seinen Gedanken. »Wakti dja, ju lesi dagu! Wartet hier, ihr faulen Hunde!« Der Wärter hatte dieses Mal seinen ganzen Trupp bis vor die Haustür gebracht. Wenig später stand er verlegen vor meinem Vater. »Ich möchte mich entschuldigen wegen heute vormittag, »begann er, »aber ich mußte schnell zu den Kerlen, weil ...«
»Van Mook!« unterbrach ihn Vater fassungslos. »Du hast ja zwei Augen!«
»Ach so, ja, mein Glasauge,« stotterte der, »aber das ist es ja gerade. Jahrelang ist es gutgegangen, bis dieser Potgieter kam. Der rothaarige Neger hat alles versaut.«
»Wie das?« fragte Vater, »willst du dich nicht setzen?«
»Nein, nein,« wehrte van Mook ab, »ich muß gleich

weiter. Die kann ich jetzt nicht mehr aus den Augen lassen. Ich bin nur gekommen, um mich zu entschuldigen, weil ich heute vormittag so grußlos davongerannt bin.«

»Vergiß es,« sagte mein Vater, »aber wieso kannst du jetzt plötzlich die Gefangenen nicht mehr aus den Augen lassen? Die können doch sowieso nicht fliehen.«

»Das nicht. Aber sie streiten sich oft und dann gibt es Ärger. Die lassen sich gegenseitig die Kugel auf den nackten Fuß fallen, oder die Langen schleudern sie dem Nachbarn an die Rippen.«

»Die Langen?«

»Ja, das sind die leichteren Fälle. Die Mörder und Totschläger haben eine kurze Kette. Sie ist nur einen Meter lang und muß mit beiden Händen von einer Stelle zur anderen getragen werden. Die Diebe, Räuber und Sittenstrolche aber haben eine längere Kette. Sie können die Kugel geschickt auf der Schulter tragen und haben dann die Hände frei. Sie können die Kugel aber auch dem Nachbarn an die Brust schleudern. Die Rippen zersplittern dann wie Glas. Und manche haben schon den Moment abgewartet, bis der Feind sich bückt. Dem sein Kopf sieht dann nachher aus wie eine zerquetschte Zukkermelone.«

»Entsetzlich«, meinte Vater. »Aber das tun diese doch nicht. Die saßen doch heute vormittag ganz friedlich am Straßenrand.«

»Nun ja«, antwortete van Mook. »Da haben sie es ja erst ausprobiert. Jetzt wissen sie es.«

»Langsam, langsam«, sagte Vater. »Ich verstehe jetzt überhaupt nichts mehr. Nun erzähl mal der Reihe

nach.« Van Mook horchte kurz hinaus. Man hörte ruhiges Stimmengemurmel.
»Nun, Sie wissen ja, Herr Bielke, die Leute hierzulande sind sehr abergläubisch. Von unserer Zivilisation haben sie nicht die geringste Ahnung. Wenn ich einem neu eingelieferten Buschneger zeige, daß er den Wasserhahn linksherum drehen muß, um ihn zu öffnen, dann fragt er mich glatt, wie man ihn wieder zumacht. Dann muß ich ihm erklären, daß es rechtsherum geht. Die glauben an Geister, an Voodoo, an verzauberte Gegenstände, aber von Technik verstehen sie soviel wie ein Bauer von der christlichen Seefahrt. Sie schlucken Affenblut, lebendige Kröten, zerriebene Pumakrallen und glauben, sie werden gesund.«
Mein Vater kannte die Symptome aus eigener Erfahrung. Hatte man doch manches Mal ungekochten Reis auf die Spuren seiner Schritte geschüttet, um die bösen Geister, die er gewiß mitgebracht hatte, loszuwerden.
»Also«, fuhr van Mook fort, »dieses Glasauge habe ich immer in ihre Nähe gelegt, wenn ich die Gefangenen einen Moment allein lassen mußte. Ich habe ihnen gesagt, daß ich mit dem Auge alles sehen kann, auch wenn ich nicht da bin. Heute aber hat dieser Potgieter behauptet, das Auge sei blind. Zum Beweis legte er seinen alten Strohhut darüber. ›Wenn es dem jetzt schwarz vor den Augen wird‹, informierte er seine Genossen, ›dann kommt er sofort her, um nachzusehen, was los ist.‹ Zehn Minuten haben sie gewartet und nichts geschah. Ich saß oben mit Ihnen und Ihrer Frau und habe mich

unterhalten. Jetzt ist der ganze Schwindel geplatzt. Für immer ...«

Traurig sah der Wärter den Missionar an. Sein sonst so lebhaftes Gesicht drückte dumpfe Hoffnungslosigkeit aus. Nur das tote Auge starrte ungerührt in weite Fernen. Mein Vater unterdrückte ein Lächeln.

Dann sagte er: »Van Mook, eigentlich sollte man seinen Nächsten nicht betrügen, auch oder gerade nicht, wenn es sich um einen gefangenen Schurken handelt!«

Van Mook zuckte zusammen. Dann drehte er sich um und ging zur Tür.

Draußen stauchte er seine Rotte zusammen und murmelte im Fortgehen:

»Idiot, du frommer!«

Kajem ist tot

Am Sonntagmorgen saß Nenne Albertina in ihrem frisch gewaschenen und gestärkten, bauschigen Kleid, der Koto, auf der kleinen Holzbank hinter dem Kinderheim und flocht einen Sonnenhut aus biegsamen, noch grünen Binsen. Die Sonne würde das fertige Geflecht rasch zu hellgelbem Schutz gegen die eigenen, ultravioletten Strahlen trocknen.

Hin und wieder sah die deftige Kreolin hinüber zu den Kindern, die, zu jung zum Kirchgang, unter dem Mangobaum spielten. Besonders Djilem, ihre eigene Tochter, ließ sie nicht aus den Augen.

Mit dem Säugling im Arm war sie damals zur Station gekommen und mein Vater hatte gleich beide, die unverheiratete Mutter und ihr Kind, dabehalten. Albertina war froh, ein Zuhause gefunden zu haben. Ob sie nun in der Stadt bei immer wechselnder Herrschaft oder hier im Kinderheim Hausarbeit verrichtete, schien ihr völlig egal zu sein.

Später hatte die Ordnung, die auf der Station herrschte, der regelmäßige Tagesablauf, die verständnisvolle Führung meiner Mutter beruhigend auf die vom Leben arg Herumgestoßene eingewirkt. Hier fühlte sie sich auch sicher vor den zumeist betrunkenen Männern, die sie in ihrer Bruchbude in der Stadt Tag und Nacht bedrängt hatten. Und seit Amir, der Vormann der Plantagenarbeiter, ihr Augen machte, empfand sie sogar so etwas wie Glück.

Vor dem offenen Fenster im oberen Stockwerk des Kinderheims saß Kajem und besserte Kinderkleidung aus. Nach ihrem letzten Malariaanfall war sie zwar schon fieberfrei, durfte aber noch nicht hinaus in die pralle Sonne. Vor einem halben Jahr war sie aus dem »Kampong«, dem Javanerdorf Tamanredjo, geflüchtet, als man sie, 13jährig, mit einem ungeliebten, viel älteren Mann verkuppeln wollte. Scheu und in sich gekehrt, war sie bald der ausgesprochene Liebling meiner Eltern. Ihre Schönheit mag dabei eine Rolle gespielt haben, ihr ebenmäßiges Gesicht mit den mandelförmigen Augen, die hellbraune Haut, das blauschwarze Haar, die frühreife Figur. Solch sündhaft weltliche Motive hätten sich meine Eltern bewußt nie und nimmer eingestanden.
Im Erdgeschoß des Missionshauses, direkt unter den Wohnräumen unserer Familie, lag der kleine Versammlungssaal, in dem Zusammenkünfte und sonntags der Kirchendienst abgehalten wurden. Die kleine Gemeinde hatte sich, festlich gekleidet, zum gewohnten Gottesdienst versammelt. In der dritten Reihe, zwischen meiner Mutter und Kosso, saß ich.
Ich hatte versucht, die zweite Stimme zum javanischen Choral Dawegsamimi zu singen. Kosso hatte mir einen sanften Rippenstoß versetzt und dabei heimlich gegrinst. Ich fühlte mich gehänselt und traute mich nicht mehr, den Mund aufzumachen. Ich bewunderte meinen Vater, der hinter dem Stehpult, das ihm als Kanzel diente, seine Predigt verlas. Wie gütig er wirkte, wie wohltätig sanft seine Stimme klang, wie anders als gestern auf der Treppe.

Seitlich öffnete sich leise eine der beiden Flügeltüren, die ins Freie, zum Garten führten. Nenne Albertinas Kopf erschien in der Türspalte. Ängstlich schaute sie zu meinem Vater. Der sah sie nicht in seinem Eifer, Gottes Wort der Liebe aus seinem Manuskript vorzulesen. Kasan hingegen, der Evangelist, bemerkte Albertina sofort. Er saß auf einem Stuhl seitlich hinter dem Stehpult, direkt an der Wand. Ihm bedeutete Albertina mit einem Kopfnicken, herauszukommen.
Leise erhob er sich und verschwand durch die Seitentür. Aber mein Vater bemerkte es, hielt einen Moment inne, bis er seine Rede wieder aufnahm. Aufgeregt kam Kasan nach wenigen Minuten wieder zurück, bleib neben meinem Vater stehen und sah ihn unverwandt an, bis er seine Predigt unterbrach. Niemals zuvor hatte es jemand gewagt, den Prediger zu unterbrechen. Kasan trat dicht an das Stehpult heran und flüsterte meinem Vater etwas ins Ohr. Der wich erschrocken zurück und fragte halblaut: »Ist das wahr?«
Wieder flüsterte Kasan.
Mein Vater schwieg einen Moment. Dann griff er zum Gesangsbuch und sagte: »Ich muß euch einen Moment verlassen. Wir singen mittlerweile die fünf Verse vom Choral Nr. 17. Ich komme gleich zurück. Geht bitte nicht, bevor ich wieder zurück bin.«
Er stimmte die Melodie an und verschwand mit großen Schritten durch die Seitentür. Kasan folgte ihm auf dem Fuß.
Die beiden Männer rannten zum Kinderheim. Albertina kam ihnen entgegen. »Sie rührt sich nicht ...

wenn ich sie rufe ... sie ist ohnmächtig«, keuchte sie. Mein Vater jagte die Treppe des Kinderheims hinauf. Die Tür zum hinteren Schlafzimmer stand offen. Vor dem Fenster, mit dem Rücken zur Tür, saß Kajem. Sie schien geradeaus zu starren.

Rasch traten die beiden Männer an sie heran. Ein feiner, roter Strich zeichnete sich an ihrem Hals ab. »Kajem«, sagte mein Vater leise und dringend. Er legte die Hand auf ihre Stirn, um zu fühlen, ob sie wieder Fieber hatte. Da fiel der Kopf zurück. Eine rote Welle schoß aus dem jungen, aufgeschlitzten Hals und ergoß sich auf das Weiß ihrer Sonntagsbluse. Entsetzt trat mein Vater zurück. Langsam neigte sich Kajems Körper zur Seite und glitt, schlaff wie ein totes Tier, zur Erde.

Zusammen mit Kasan drehte er die Ermordete vorsichtig auf den Rücken. Schubweise kam das Blut aus der klaffenden Wunde ihrer durchgetrennten Kehle. Gellend schrie Albertina auf und jagte die Treppe hinunter. Während der Javaner den Schnitt mit beiden Händen zu schließen suchte, preßte mein Vater der Bewegungslosen seinen Atem von Mund zu Mund in die Lungen. Doch nur ein gräßliches Röcheln war die Folge.

Mein Vater richtete sich auf und fühlte Kajems Puls. Gespannt sah Kasan ihn an. »Ruf Attemo«, sagte mein Vater leise und ließ Kajems Handgelenk fallen. Kasan entfernte sich lautlos.

Als mein Vater die Kinderheimtreppe hinunterstieg, kamen ihm Kirchgänger bereits entgegen. Schon während der zweiten Strophe des Chorals hatte man Nenne Albertinas markerschütternden Schrei gehört. Einige hat-

ten versucht, den Vers noch zu Ende zu singen. Aber dann waren alle, wie auf Kommando, ins Freie gestürzt. Nun standen sie schweigend vor dem Missionar und starrten ihn fragend an.
»Es ist etwas Furchtbares passiert«, sagte er. Seine Stimme, vor wenigen Augenblicken in der Kirche noch fest und überzeugend, klang unsicher. »Kajem ist tot, Kajem ist ermordet worden.«
Die kleine Gemeinde schwieg, konnte es zunächst nicht fassen. Ein Mord? Hier? In den Kampongs vielleicht, ja. Oder in der Stadt, bei den Chinesen, das kam vor. Aber hier in Zorgvliet? Ein Mord?
Kasan kam mit Attemo.
»Attemo«, sagte mein Vater, »radle, so schnell du kannst, zu Doktor Gravenbosch. Sag ihm, ein Mord sei hier geschehen, und er möchte bitte sofort kommen. Dann fahre weiter nach Nieuw-Amsterdam, der Polizeistation und hole Kommissar de Koning. Verstehst du? Nimm mein Fahrrad, es ist schneller.«
Attemo sah Kasan fragend an. »Kajem?« stammelte er, »wieso?« »Beeile dich«, sagte Kasan nicht unfreundlich. Für Attemo war es ein Befehl. Er radelte los. Es dauerte immerhin anderthalb Stunden, bevor Kommisar de Koning von seinem schweißtriefenden Maultier stieg. Die erschütterten Javaner hatten sich nach und nach verlaufen. Auch mein Vater war in sein Büro gegangen, nachdem er Amir als Wache vor dem Kinderheim postiert hatte. Nur Kosso und seine Freunde unterhielten sich aufgeregt unter dem Mangobaum. In Gedanken waren sie dem Mörder schon auf der Spur, um mit ihm mit

ihren Buschmessern, wie sie sich gegenseitig versicherten, kurzen Prozeß zu machen.
De Koning, ein hünenhafter Holländer von geradezu abstoßender Präpotenz, gab sein Maultier einem jungen Platagenarbeiter. »Trockne es mit einem Tuch ab«, sagte er, »und gib ihm was zu saufen, wenn du einen Eimer Wasser auftreiben kannst.« Die Menschen liefen wieder zusammen. Gefolgt von der Menge ging mein Vater mit dem Kommissar zum Kinderheim. Alle wollten die Tote sehen.
»War Gravenbosch schon da?« fragte de Koning im Gehen.
»Nein. Derselbe junge Mann, den ich zu Ihnen geschickt habe, war auch bei Dr. Gravenbosch. Aber der ist heute in der Stadt und kommt erst am späten Nachmittag wieder zurück.«
Auf der untersten Stufe der Treppe im Kinderheim saß Amir. Er hatte dafür gesorgt, daß niemand das obere Stockwerk betrat. Nun gab er den beiden den Weg frei. Die Tür zum Mordzimmer stand noch offen. Kajem lag auf dem Rücken. Der Stuhl, auf dem sie gesessen hatte, und der Boden waren blutverschmiert.
»Es war niemand hier«, sagte mein Vater mit einem Blick zu Amir. »Wir haben alles so gelassen, wie wir es fanden. Nur habe ich versucht, Kajem zu retten durch Mund-zu-Mund-Beatmung. Sie saß noch auf dem Stuhl, als ich sie fand. Ich habe sie berührt und sie glitt zu Boden.«
Unbemerkt kam Kasan zu ihnen.
Der Mörder hatte nicht die geringste Spur hinterlassen.

Eine Waffe wurde nicht gefunden. Nach Fingerabdrükken zu suchen, wäre müßig gewesen. Die Klinke der offenen Tür hatte der Täter gewiß nicht berührt. Nenne Albertina, die kurz heraufgerufen wurde und nach der Befragung schleunigst verschwand, versicherte wiederholt, sie habe niemand ins Haus gehen sehen und auch nichts Außergewöhnliches gehört.

»Missionar Bielke«, fragte de Koning, »haben Sie irgendeinen Verdacht? Hatte dieses junge Geschöpf Feinde?«

Meinem Vater fiel der Mann in Tamanredjo ein, der Mann, der die Kajem heiraten wollte. Aber durfte man so einen furchtbaren Verdacht äußern?

»Was meinen sie, Herr Bielke?« fragte de Koning wieder, während er meinen nachdenklichen Vater beobachtete.

»Ich weiß nicht recht«, sagte der schließlich. »Also, da war ein Mann, aber ich kenne ihn gar nicht.«

»Was war mit dem Mann?« bohrte de Koning weiter.

»Nun ja«, zögerte er, »er wollte die Kajem heiraten.«

»Wagimin Napurno«, mischte sich Kasan ein. »Der war es nicht.«

»Wagimin Napurno«, wiederholte de Koning hastig. »Wo wohnt dieser Napurno?«

»Soviel ich weiß, in Tamanredjo«, gab mein Vater widerstrebend an.

»Den knöpf' ich mir gleich mal vor!« erklärte der Kommissar übereifrig. Wenn sein Sonntag schon kaputt war, so wollte er wenigstens Resultate sehen.

»Wann hat dieses Mädchen sich ans Fenster gesetzt?« fragte er noch.

»Das kann nur Nenne Albertina sagen«, antwortete Vater.
Albertina wurde noch einmal heraufgerufen. Scheu blickte sie nach der Toten, als könne diese jeden Moment wieder aufstehen. De Koning redete in sachlichem Ton mit ihr und notierte sich Daten in ein kleines Notizbuch. Kajem hatte zunächst den großen Kindern, die zur Kirche gingen, beim Ankleiden geholfen. Um neun hatte die Predigt begonnen. Später hatte Kajem um Arbeit gebeten, da sie nicht hinaus durfte und sich langweilte. Albertina hatte ihr ein paar Flicksachen gebracht und war dann wieder hinunter gegangen, um auf die spielenden Kinder zu achten. Das dürfte so um Viertel nach neun gewesen sein.
»Und wann wurde die Tote entdeckt?« fragte de Koning weiter. Das wußte Albertina nicht genau. »Ich ging hinauf, um eine Mullbinde für die kleine Sadidja zu holen. Die hatte sich am Ellenbogen verletzt«, berichtete sie. »Da sah ich Kajem durch die offene Tür. Irgend etwas kam mir seltsam vor. Ich rief sie. Zweimal. Sie rührte sich nicht. Da bin ich zur Kirche gerannt und habe Kasan geholt.«
Bielkes Predigt war kurz nach Beginn unterbrochen worden. Also mußte die Tat zwischen neun und Viertel nach neun geschehen sein.
»Wie konnte der Mörder ins Haus kommen?« fragte de Koning abschließend, indem er sein Büchlein einsteckte.
»Durch die Haustür«, antwortete mein Vater, »die steht immer offen, tagsüber. Des Durchzugs wegen.«

»Herr Bielke, ich reite jetzt nach Tamanredjo. Bitte schließen Sie die Türe ab und lassen Sie niemand hinein. Außer Doktor Gravenbosch. Sie können die Tote mit einem Tuch zudecken, wegen der Fliegen. Aber lassen Sie alles, so wie es ist. Der Arzt soll seinen Befund hier lassen. Ich komme nachher noch einmal vorbei, auf dem Heimritt, und hole mir seinen Bericht ab. Guten Tag.«

Er ritt über die Brücke und auf dem Sandweg zur Javanersiedlung Tamanredjo. Trotz seiner Eile ließ er sein Tier Schritt gehen. Traben wäre in der Hitze des Mittags für Mensch und Tier lebensgefährlich gewesen. Die Uhr wies zwanzig nach zwölf.

Wie gefährlich das Surinamer Klima war, bevor man die Erreger von Malaria und Gelbfieber entdeckt und Schutzimpfungen gefunden hatte, davon zeugen im Busch manche Grabsteine. Ein Missionar Larisch etwa, kam am 20. Dezember 1735 in Paramaribo an. Sechs Wochen später, am 4. Februar 1736, war er tot.

Missionar Grabenstein landete am 5. November 1756. Einen Monat später erlag er der Malaria.

Missionar Möser erreichte das Ziel seiner Berufung am 15. August 1779. Noch vor Ende des Jahres, am 26. November, starb er auf der Urwaldstation Gwafu-Bambay. Hat man die fiebrige Krankheit heutzutage auch weitgehend im Griff, so war sie zu Beginn unseres Jahrhunderts noch für jeden Weißen in Surinam ein Problem. In der Kindheit wurde meine Gesundheit immer wieder durch den Stich einer Anophelesmücke angegriffen. Ich mußte die gallenbittere Lösung des weißen Chininpulvers in immer größeren Mengen hinunterwürgen, bis auch sie keine Wirkung mehr hatte. Doktor Gravenbosch gab mir eine streng dosierte Arsenikmixtur als letzten Versuch, und ich überlebte.

Wer ist der Mörder?

Willem de Koning war unverrichteter Dinge von Tamanredjo zurückgekommen. Zwar hatte er Wagimin Napurno sofort gefunden und sich gewundert, daß der sich nicht längst aus dem Staub gemacht hatte. Aber bald stellte sich heraus, daß Napurno nicht der Mörder sein konnte. Er sei, so sagte er aus, zur fraglichen Zeit bei Masra Schippers gewesen. Auf dessen Plantagen war er angestellt.

»Was wolltest du heute, am Sonntag, bei Masra Schippers?« hatte de Koning gefragt. »Ich habe den Masra gebeten, mir morgen freizugeben«, kam die Antwort. »Ich möchte mir morgen in der Stadt eine Nähmaschine kaufen.«

De Koning war gleich weitergeritten zu den Schippers, die Napurnos Aussage bestätigt hatten.

Als der Kommissar wieder am Tatort erschien, war der Arzt schon dagewesen und hatte den Tod durch Unterbrechung des Blutkreislaufes festgestellt. »Die Schlagadern haben sich durch den plötzlichen Druckverlust krampfartig zusammengezogen«, hatte er erklärt, »und es kam zum Herzstillstand.«

Mit einem Seufzer gab de Koning die Tote zur Beerdigung frei. Er erzählte, was er bei den Schippers erfahren hatte, und ritt zu seiner Station Nieuw-Amsterdam zurück. Ununterbrochen beschäftigte ihn der Mord. Der Fall mußte unbedingt geklärt werden. Mancher Anwärter wartete nur darauf, den gutbezahlten Doppelposten des Gefängnisdirektors und Chefs der Distriktpolizei übernehmen zu können. Der Mörder mußte gefunden werden!

Unruhig wälzte sich de Koning in der Nacht vom Sonntag zum Montag auf seinem Lager hin und her. Er konnte keinen Schlaf finden.

Am nächsten Morgen saß er mißmutig und seine Untergebenen drangsalierend an seinem Schreibtisch. Den ganzen Tag gebärdete er sich wie ein Tyrann. Für seine Umgebung war er absolut ungenießbar.

Während er gegen Abend den Bericht über die Vorkommnisse des Vortages verfaßte, schien ihm plötzlich etwas einzufallen. Wie versteinert starrte er vor sich hin. Da war doch was, ging es ihm durch den Kopf, da war doch was, als der Name Napurno das erste Mal fiel. Er versuchte, sich die Situation ins Gedächtnis zurückzurufen. Napurno ist der Mörder, hatte er gedacht, als er den Namen zum ersten Mal hörte. Den schnappe ich mir! Nach dem Verhör von Schwester Albertina war es nach Tamanredjo und anschließend zu den Schippers geritten. Aber vorher, vorher war doch noch irgend etwas gewesen. Und plötzlich durchzuckte es ihn. »Der Javaner«, sagte er laut. Der Evangelist war ihm eingefallen. Der hatte den Namen Napurno genannt und im gleichen Atemzug gesagt: ›Der ist es nicht.‹ Also wußte er mehr. De Koning sah auf die Uhr. Es war schon fünf, zu spät, um noch etwas zu unternehmen. Aber er hatte eine Spur. Zufrieden holte er sich eine Flasche Whisky aus dem Schreibtisch und goß sich einen Doppelten ein.

Am nächsten Morgen übergab er die Aufsicht seinem

Vertreter Jaarsma, ließ satteln und machte sich auf den Weg nach Zorgvliet. Kaum hatte er meinen Vater begrüßt, fragte er nach Kasan. »Ich brauche unbedingt den Javaner, der gestern den Namen Wagimin Napurno nannte.«

Mein Vater fragte forschend: »Was wollen Sie von dem Evangelisten?«

»Das werden Sie gleich erfahren«, war die finstere Antwort. Als der kleine Javaner vor dem großen Holländer stand, begegneten sich zwei Welten. Wie ein Stier vor der Charge, die Arme auf die Hüften gestemmt, den Kopf vorgebeugt, stand der Europäer da. Völlig gelokkert dagegen der Asiate, ein in sich ruhender Pol, weder Haltung noch Miene verrieten die leiseste Spur von dem, was in ihm vorging.

»Wer war es?« herrschte de Koning ihn an, »osuma en kiri?« Unbewegt erwiderte Kasan den wütenden Blick des Kommissars. Er schwieg. Mein Vater sprach Kasan leise auf javanisch an. De Koning verstand kein Wort dieser fremd klingenden Sprache.

»Kasan«, flüsterte Vater, »du mußt nun alles sagen. Wir müssen den Mörder finden, damit er nicht noch mehr Schaden anrichtet. Du mußt uns helfen.«

Kasan schwieg.

»Herr Bielke«, donnerte de Koning los, »gestern hat dieser Mann gesagt, Napurno sei es nicht gewesen. Also muß er wissen, wer es war.« Er starrte Kasan böse an. Aber mein Vater wußte, daß man so nicht weiterkam.

»Herr Kommissar«, bat er den Polizeibeamten, »lassen Sie uns einen Moment allein. Vielleicht ruhen Sie sich

oben ein wenig aus. Meine Frau hat einen ausgezeichneten Saft.« Mürrisch, hin- und hergerissen zwischen Unmut und den Geboten der Höflichkeit, stieg de Koning die Treppe hinauf zu meiner Mutter.
Mein Vater ging mit Kasan in sein Arbeitszimmer.
Mit einem: »Bitte setz dich«, schob er ihm einen Stuhl zu. Zögernd nahm der Javaner Platz.
Wieviel Geduld hatte es gekostet, ihn soweit zu bringen, daß er sich jetzt auf einen Stuhl setzte. War er es doch gewohnt, mit einem höher stehenden Menschen, dem Sultan etwa, zu reden, indem er sich hinhockte und mit dem Rücken zum Erlauchten dessen Frage beantwortete. Ihn anzuschauen oder gar anzusprechen, lag jenseits des primitivsten Adats des javanischen Sittengesetzes. Erst nach Wochen war es meinem Vater gelungen, ihm klarzumachen, daß vor Gott alle Menschen gleich sind.
»Weißt du etwas?«
Er beobachtete den Javaner scharf. Doch dessen Züge verrieten ihm nichts. Kasan blickte in Gedanken versunken vor sich hin. Sein Gesicht war wie zu einer herrlich geschnitzten Maske aus hellbraunem Zedernholz erstarrt.
Vater ließ ihm Zeit. Er wartete geduldig, bis Kasan die Zeit zu antworten für gekommen halten würde.
»Ich weiß, wer es war«, sagte er schließlich.
»Wer war es, Kasan?«
»Ich kenne ihn nicht.«
»Du weißt, wer es war, aber du kennst ihn nicht?«
»Nein. Vor einiger Zeit spielte Ihr Sohn hinter der Kreekbrücke bei den Ameisen«, fing er an. »Als ich wei-

ter zum Bootshaus ging, um die Dollen zu schmieren, trat ein Mann aus dem Busch. Er fragte, ob eine gewisse Kajem hier wohne.«

»Kasan, würdest du den Mann wiedererkennen?«

»Ja, aber ich würde es nicht sagen.«

»Weshalb nicht?«

»Er ist aus meiner Gegend, aus Tjirebon. Ein Tjirebonese verrät keinen Tjirebonesen.«

»Wie weißt du, Kasan, daß der Mann aus Tjirebon war?«

»Ich sah es an der Art, wie er sein Kopftuch gebunden hatte.«

»Es ist gut«, sagte nach einiger Zeit des Überlegens mein Vater. »Geh jetzt! Wenn wir dich brauchen, lasse ich dich rufen.«

Kasan stand auf. Er verbeugte sich, indem er die flach aufeinandergelegten Hände vors Gesicht brachte, und ging hinaus.

»Adat«, dachte mein Vater, »gegen Adat sind wir machtlos.«

»Nie und nimmer darf den Adat das überlieferte Eingeborenenrecht verletzen!« Diese Regel wurde ihm auf der Missionsschule wieder und wieder eingeschärft. Daran hielt er sich, als wäre es ein elftes Gebot. Hatte Kajem nicht den Adat verletzt, als sie dem Mann, den ihr Vormund für sie bestimmt hatte, davongelaufen war? Mit ihrem Leben hatte sie dafür bezahlt. Jeder Kolonial-Holländer wußte, daß man einen Indonesier niemals schlagen, ja ihm nicht einmal einen leichten Stoß geben durfte, ohne seines Lebens verlustig zu gehen. Diese

Verletzungen der Eigenwürde eines Eingeborenen würde man, vielleicht erst Jahre später, aber ohne den geringsten Zweifel auf jeden Fall mit dem Tode büßen. Von den zahlreichen Methoden, einen Menschen langsam und unbemerkt umzubringen, war die Reiskornkette die bekannteste. Dazu zupfte sich der Javaner eines seiner hüftlangen Haare aus und reihte eine Anzahl gekochter Reiskörner darauf. Die Körner schnitt er einzeln aus der so entstandenden Kette. So befand sich in jedem so präparierten Reiskorn ein kleines Stück Haar. Diese Reiskörner mischte man unter die tägliche Reismahlzeit. Haare sind unverdaulich und verlassen den Magen nicht, sind sie einmal hineingekommen. Sie durchstechen im Lauf der Zeit die Magenwand. Der Verurteilte geht langsam aber sicher und qualvoll ein.
Es war meinem Vater klar, daß Napurno, wenn nicht der Täter, so doch vielleicht der Anstifter zu dem Verbrechen war. Aber, wie konnte man es beweisen? Seufzend ging er die Treppe hinauf.
»De Koning«, sagte er, »aus dem bringen wir nichts heraus.«
»Dann nehme ich ihn fest!«
»Sie können ihn lebenslänglich einsperren – das heißt, wenn Sie dazu berechtigt sind, – aber reden wird er nicht.«
»Der Javaner weiß etwas«, beharrte de Koning.
»Ja. Aber wie Sie ganz richtig sagen, er ist Javaner. Javaner denken anders, leben nach anderen Grundsätzen. Und ich bin nicht sicher«, fügte er leise hinzu, »ob die manchmal nicht besser sind, als unsere ...«

De Koning schwieg. Was sollte er mit dem theoretischen Gefasel. Den Mörder wollte er dingfest machen.
Meine Mutter hatte still zugehört. Es war ihr peinlich, so sachlich über die Fahndung nach einem Mörder diskutieren zu hören, dessen beklagenswertes Opfer vor noch nicht einmal vierundzwanzig Stunden begraben war. Doch nun mischte sie sich ins Gespräch.
»Wollte Napurno nicht eine Nähmaschine kaufen?« fragte sie.
De Koning horchte auf. »Allerdings, Frau Bielke.«
»Dann müßte er doch schon gestern hier vorbeigekommen sein. Oder spätestens heute früh, um das Morgenschiff zu erreichen. Aber es ist niemand vorbeigekommen. Gestern nicht und heute nicht.«
De Koning schaute auf die Uhr. Es war zehn nach halb elf.
»Vielleicht hat er das Geld gar nicht mehr«, überlegte sich mein Vater. Er wußte, wie oft der ganze Wochenlohn, alles Ersparte, ja sogar die eigene Frau beim lasterhaften Würfelspiel in einer einzigen Wochenendnacht eingesetzt und verspielt wurden.
De Koning lehnte sich erstaunt zurück, faltete langsam die Arme vor die Brust und starrte beide fassungslos an.
»Frau Bielke«, sagte er, »Sie haben mich eben auf eine Idee gebracht.« Er leerte sein Glas, stand mit einem Ruck auf und verabschiedete sich. »Heute nachmittag komme ich noch einmal vorbei, wenn es recht ist. Jetzt reite ich nach Tamanredjo.«
Damit verschwand der Kommissar.

Der Neue

Ich erfuhr von alledem erst viel später, als längst Gras über Kajems Grab gewachsen war, auf dem kleinen, viereckigen Kahlschlag am Ende der Plantage, dem Friedhof. Denn als Nenne Albertinas Schrei die Kirchengemeinde aufgeschreckt hatte, nahm mich meine Mutter an der Hand und eilte schnurstracks die Treppe hinauf in die Wohnung: Sie ahnte Unheil, und vor schlimmer Nachricht, der das Kind noch nicht gewachsen war, wollte sie mich behüten. Bald sollte sich ihr unheilahnendes Vorgefühl in doppelter Weise als richtig erweisen. Nicht nur durch Kajems Ermordung ...

Da alles Verstorbene, sei es Mensch oder Tier, in Surinam binnen 36 Stunden unter der Erde sein mußte, wurde die Beerdigung für den frühen Montagvormittag angesetzt. Ich sollte davon nichts bemerken. So wurde ich mit Nenne Jacoba gleich nach dem Frühstück zu den Schippers geschickt. In einem Brief, den sie der Nenne mitgab, schilderte meine Mutter die Ereignisse des Vortages und bat Frau Schippers, mich bis nach dem Begräbnis bei sich zu behalten.

Auf dem Rückweg, so gegen fünf, war es dann passiert. Etwa zwanzig Minuten, nachdem Nenne und ich die Schippers verlassen hatten, kamen wir an van Mook und seiner Rotte vorbei. Dabei fiel mir sofort auf, daß einer dabei war, ein besonders großer, der noch keine gestreifte Gefangenenuniform trug. Ich hatte den riesigen Kerl noch nie gesehen, es mußte ein Neuer sein. Ich blieb stehen und sah den Hünen mit offenem Mund an. »Ajo«, rief er mir zu, »tapuh juh moffo, schließ deinen Mund, sonst fliegt eine ›fremusso‹, eine Fledermaus rein.« Ängstlich lief ich zur Nenne, die bereits den Weg zur Schleuse einschlug.

Zwischen Zorgvliet und Berg en Dal, der Plantage der Schippers, schlägt die Kreek einen Haken, unterquert eine Brücke des Sandwegs und mündet nach ein paar hundert Metern in die Commewijne. Seitlich der Brükke, kreekabwärts, war damals ein schweres Balkenhubtor in ein Gemäuer eingelassen. Das tonnenschwere Hubtor der Schleuse schloß die Kreek ab und konnte mittels eines windmühlenhohen Speichenrades von einem einzigen Mann mühelos an zwei Führungsnuten auf- und abgelassen werden.

Wenn die Ebbe das Wasser aus den sieben großen und zahllosen kleineren Flüssen ins offene Meer hinaussaugt, scheint das flache Land im Küstenbereich zu wachsen. Noch kilometerweit flußaufwärts steigen die Mangroven langsam auf hellen, von Salz, Sonne und Wind gebleichten Luftwurzeln aus den Fluten empor. Die Krabdagus, die surinamer Waschbären, kommen einzeln oder in einer Gruppe aus ihrem Versteck hervor und folgen schnüffelnd der weichenden Wasserlinie auf der Suche nach Krabben und Muscheln, die auf dem Schlick gestrandet sind.

Denn Schlick, nicht harter Sand, bildet den Strand der Küste und die Ufer der unteren Flußläufe Surinams. Schlick vom Amazonas, den der ewig wehende Süd-Ost-Passat mit der südäquatorialen Meeresströmung

fast tausend Kilometer weit vor sich hertreibt und an der Küste Surinams wieder absetzt.
Wenn nun die Flut die Ebbe ablöst, drückt sie ein brakkiges Gemisch in die Flüsse zurück und preßt auf dem Festland das Grundwasser aus der Tiefe empor. Den Busch an der Küste und am Ufer der Flüsse verwandelt sie in einen fiebrigen Sumpf.
Als Nenne Jacoba und ich zur Brücke kamen, war die Schleuse geschlossen. Es war Flut, das Hubtor war herabgelassen, damit das brackige Stauwasser der Commewijne sich nicht mit dem süßen der Kreek vermischen und deren Fischbestand gefährden konnte. Beim Anblick des großen Speicherrades war der Schreck, den mir »der Neue« eingejagt hatte, vergessen. Ich stürmte, ehe Nenne Jacoba es verhindern konnte, an ihr vorbei zum schmalen Holzsteg, der hinter dem großen Rad über das metertiefe Wasser lief. Eines der Bretter war im Laufe der Zeit wohl morsch geworden. Mein Gewicht genügte, es zu durchbrechen. Klatschend fiel ich ins Wasser. Nenne Jacoba schrie aus Leibeskräften. Sie konnte nicht schwimmen und sah sich in panischer Angst nach Hilfe um.
Sie kam in der Person Potgieters, des »Neuen«.
Er hatte den Schrei gehört, mich nicht mehr gesehen und sofort begriffen, was sich dort, ein paar Sprünge von seiner Arbeit entfernt, zugetragen hatte. Er warf seine Hacke hin, riß Kugel und Kette mit einer Hand hoch, griff sich mit der anderen einen starken Ast und rannte zur Schleuse.
»Potgieter!« brüllte van Mook und zog seinen Revolver.

Aber der »Neue« stand schon auf dem Steg und streckte mir den Ast entgegen. In meiner Todesangst griff ich sofort zu und stand bald triefend und nach Atem ringend auf dem Trockenen. Der Verbrecher fischte noch meinen großen Strohhut aus dem Wasser und stülpte ihn mir auf den Kopf.

»Nowan lowerman!« rief er van Mook zu, der atemlos herbeigerannt kam, »kein Ausreißer!« Seelenruhig begab sich Potgieter wieder an die Arbeit.

Mein Vater empfing mich mit einer ordentlichen Tracht Prügel. Das ängstliche, schuldbewußte Gesicht Nenne Jacobas, mein noch nicht trockener Matrosenanzug hatten ihn gleich stutzig gemacht. Als er dann den Sachverhalt erfuhr, entlud sich der jähe Schreck, die Erkenntnis der Lebensgefahr, in der ich mich befunden hatte, die Spannung nach seiner Rede am offenen Grab Kajems, der noch unaufgeklärte Mord, in prügelnder Aktivität.

»Marsch, hinauf ins Bett!« befahl er.

Oben an der Treppe stand bereits die Mutter. Atemlos hatte sie Nenne Jacobas Worten gelauscht, nicht wagend, sich zu bewegen, aus Furcht, ein Teil des Berichts könnte ihr entgehen. Dann nahm sie mich in ihre Arme und brachte mich ins Wohnzimmer.

»Es ist ja alles vorbei«, beschwichtigte sie mich und nahm mich auf den Schoß. »Du mußt nur immer auf dem Weg bleiben, dann kann gar nichts passieren. Jetzt gehen wir erst einmal ins Badezimmer und trocknen deine Tränen.«

Nachdem sie mich gewaschen und in ein Badetuch gewickelt hatte, holte sie ein Gläschen Abendmahls-Wein

und flößte es mir ein. Es brannte wie Feuer in der Kehle.
»Der liebe Gott sieht alles«, besann sich meine Mutter, die Missionarsfrau. »Er hat dich heute beschützt. Wenn wir heute abend beten, wollen wir ihm dafür danken. Und nun erzähl', was geschehen ist.«
»Die Brücke«, begann ich stockend, »die Brücke ging plötzlich kaputt ... und ich fiel ganz tief. Dann brauste es in meinen Ohren und es wurde immer dunkler. Ich sah hinauf ... und es war erst gelb und dann dunkelgrün. Und oben war ein schwarzer Kreis. Und dann wurde es schwarz und ich sah euch um mich stehen.«
»Du hast was gesehen?« fragte die Mutter ungläubig.
»Euch. Dich und Papa und Kasan und alle Jungens. Und niemand hat etwas gesagt und keiner hat sich bewegt. Ihr habt mich alle nur ganz still angeschaut. Und meine Spielsachen und das Schaukelpferd waren auch da, und das Ohr war immer noch ab. Und Nenne Albertina und Nenne Jacoba waren auch da."
»Nenne Jacoba?« unterbrach mich die Mutter, »aber die war doch oben auf der Brücke!«
»Sie stand auch da!« erklärte ich kategorisch, »sie stand zwischen Kasan und Nenne Albertina. Aber niemand hat sich bewegt«, wiederholte ich.
»Und dann? Wie bist du herausgekommen?«
»Dann wurde es wieder heller, immer heller, und ich kam wieder an die Luft. Und neben mir schwamm mein Hut.«
»Dein Strohhut«, warf die Mutter ein, »du hast von unten seinen Schatten gesehen.«
»Ich wollte mich an ihm festhalten, aber er war zu weit weg.«

»Und dann?«

»Es knackste in meinen Ohren und das Summen hörte auf. Dann sah ich Blätter vor mir und jemand rief: ›Fasi taki, fasi tranga, fasi, fasi. Halte den Ast fest, faß' ihn, faß' ihn.‹ Da habe ich die Zweige gefaßt und wurde hinaufgezogen. Und dann kam ich zu einem braunen Fuß und sah den Eisenring und die Kette. Ich sah hinauf, und es war der Neue. Der reichte mir die Hand, und ich dachte, wenn ich die Hand ergreife, dann muß ich den Ast loslassen, und mit einer Hand kann ich mich nicht halten, und dann falle ich wieder ins Wasser. Aber ich habe dann doch losgelassen, und er packte mich ganz schnell und zog mich auf die Brücke.«

»Und was hat der Neue dann getan?« fragte meine Mutter.

»Ich weiß nicht. Nenne Jacoba hat geweint und der Neue hat etwas zu van Mook gesagt und dann sind wir nach Hause gegangen.«

Meine Mutter drückte mich ganz fest an sich. »Mein Gott«, schoß es ihr durch den Kopf, »wenn van Mook mit seinen Leuten ein paar hundert Schritte weiter gewesen wäre, dann ...«

Ich glaube, noch während des Gutenachtgebetes schlief ich ein.

Der Mann aus Tjirebon

Es war Vollmond.
Wie ein helles Band schlängelte sich der Sandweg durch die Schatten des Urwaldes. Auf den Fluten der Commewijne sprangen Lichtreflexe von Welle zu Welle dem Mond entgegen, vereinigten sich zu einem leuchtenden Pfad, fächerten in die Breite aus und mündeten drüben in ein spiegelndes Meer von flüssigem Gold.
Die Tiere der Nacht waren erwacht.
Unablässig wurde die schweigende Natur vom Zirpkonzert der Zikadenheere berieselt. Quietschend flatterten die fliegenden Hunde, die Fremusus, hin und her, immer hungrig auf der Jagd nach Insekten. Unheimlich klang das Owru-owru der Uhus aus dem Wald. Dort schrie manchmal ein Tjambarafru-Papagei erschreckt auf, wenn eine Tikrikati, ein Ozelot, ihn zu erschleichen suchte. Und von ferne hörte man den Liebesschrei des Babun, des Brüllaffen: zwei kurze Heultöne, gewissermaßen der Auftakt zu dem endlos langgezogenen, orgelnden Brunftschrei des Stimmgewaltigen. Kichernd schien der Kwas-Kwasi, der Nasenbär, ihn auszulachen.
Über den Weg bewegte sich eine seltsame Gruppe. Sie wurde angeführt von einem Javaner. Mit der linken Hand schlug er sich die Moskitos von Gesicht und Beinen, die Rechte war mittels einer Handschelle an einen langen Strick gefesselt, dessen Ende am Knauf des Maultiersattels befestigt war. Zehn Schritte hinter dem Ge-

fangenen schritt zu Fuß Willem de Koning, der Kommissar. Mit der Linken führte er sein Maultier, diesen Bastard aus Eselhengst und Pferdestute, der vom Vater Ausdauer und Zähigkeit, von der Mutter Gestalt, Kraft und Geschwindigkeit geerbt hatte. Die Rechte schlenkerte er locker und griffbereit neben der geöffneten Pistolentasche. Die kleine Gruppe kam zur Missionsstation. Fast taghell hob sich das weiße Haus im Mondlicht von seiner Umgebung ab. Alles lag in tiefster Ruhe. Kein später Lichtstrahl drang aus irgendeinem Fenster. »Die werden sich gewundert haben, wo ich bleibe«, dachte der Kommissar. »Morgen werden sie erfahren, daß ich den Mörder gefaßt habe.«

Das Trio war fast an der Station vorbei, als der Javaner stehenblieb. »De!« sagte er und wies auf eine Stelle im Gras. »A nefi, das Messer.«

»Bibri ju suku, schnell, such' es«, befahl de Koning. Er legte die Hand an den Pistolenknauf. Der Javaner war zwar schmächtig, aber die Kerle waren schnell wie Wasser und kannten tausend Tricks, um einen größeren und stärkeren Gegner unschädlich zu machen. Auch im Messerwurf verstanden sie sich schon seit frühester Jugend. Aber ruhig ging der Gefangene zur bezeichneten Stelle, suchte einen Moment mit der freien Hand im Gras und hatte den blitzenden Kris in der Hand, jenen flammenartig geschmiedeten Dolch fernöstlicher Machart.

»Leg ihn auf die Straße und geh weiter, hoppo, hoppo«, befahl de Koning. Der Mann gehorchte. Im Weitergehen hob der Kommissar die Waffe auf und schob sie in den Gurt.

»Merkwürdig«, dachte er, »daß der Kerl mich nicht angegriffen hat. Er weiß, daß er in spätestens vierzehn Tagen am Galgen baumelt, was hat er zu verlieren?«
Die drei verfolgten ihren nächtlichen Weg zum Gefängnis, nach Nieuw-Amsterdam.
Als der nächste Morgen anbrach, wurde meine Mutter bald nach dem Erwachen von einer unerklärlichen Schwellung ihrer linken Gesichtshälfte beunruhigt. Zunächst vermutete sie einen kranken Zahn. Doch am Kiefer verspürte sie keinerlei Schmerzen. Hingegen hatte sie Kopfweh.
Ehe man sich entschloß den Arzt zu holen, wurde Kasan, der alles wußte, zu Rate gezogen.
Er besah sich die Schwellung und bat meinen Vater, ihm das Bett zu zeigen, in dem seine Frau geschlafen hatte. Als man ihn in das elterliche Schlafzimmer führte, wollte er wissen, ob das Fenster die ganze Nacht geöffnet gewesen sei.
»So ist es«, sagte mein Vater, »gegen die Moskitos haben wir ja unsere Klambus, unsere Gazenetze.«
»Sie haben in diesem Bett geschlafen, Missi Bielke?« fragte Kasan weiter.
»Ja, das ist mein Bett«, bestätigte Mutter.
»Dann war es der Mond«, entschied Kasan. »Sie haben einen Mondstich.«
Meine Eltern staunten. Gewiß, das Licht des Vollmondes war so hell, daß man draußen die Bibel lesen konnte, ohne sich die Augen zu verderben. Aber daß der Mond stechen konnte, hatte ihnen noch niemand erzählt.

Nachdem Kasan die Ursache der rätselhaften Schwellung, die bald nachließ, gefunden hatte, war er beim Fortgehen einen Moment oben an der Treppe stehengeblieben, bevor er langsam die Stufen hinunterging. Vater hatte begriffen und war ihm sofort gefolgt.

»Was gibt es?« fragte er den Evangelisten, als sie in seinem Büro waren.

»Man hat ihn«, sagte Kasan.

»Wen? Den Mörder?«

»Ja.«

»Wie weißt du das, Kasan?«

»Heute nacht hat man ihn vorbeigeführt.«

»Hast du ihn gesehen?«

»Ja. Er war gefesselt. De Koning lief hinterher. Zu Fuß, neben seinem Maultier.«

»Wie spät war das?«

»Nach Mitternacht. Der Mond stand schon hoch. Wir schliefen schon. Meine Frau hat die Schritte des Maultiers gehört und mich geweckt.«

»War es der Mann aus Tjirebon?«

»Er war es.« Kasan schwieg einen Moment. »Man wird ihn hängen.«

Er sah meinen Vater ohne Ausdruck an.

»Es ist gut«, sagte der schließlich. »Ich danke dir, Kasan. Ich werde mich um deinen Landsmann kümmern. Ich muß sowieso zum Gefängnis, um den Mann zu besuchen, der gestern unseren Sohn aus dem Wasser gezogen hat.«

Kasan hob wieder die flach aufeinandergelegten Hände vors Gesicht und verbeugte sich, eine Gewohnheit, die

der bekehrte Mohammedaner nicht ablegen konnte. Lautlos verschwand er aus der Tür.
Mein Vater blätterte in seiner Bibel. Dann ging er hinauf.
Nach dem Frühstück wählte der Missionar dieses Mal jene Stelle aus dem 121. Psalm, in der es heißt:

> »Siehe, der Hüter Israels schläft und schlummert nicht. Der Herr behütet dich; der Herr ist dein Schatten über deiner Hand, daß dich des Tages die Sonne nicht steche noch des nachts der Mond. Der Herr behüte dich vor allem Übel, er behüte deine Seele. Amen.«

»Er hat Mama aber gar nicht behütet heute nacht», sagte ich vorlaut zu meinem Vater.
Mit ernstem Blick entgegnete er mir: »Mit der Bibel spottet man nicht, mein Sohn!«

Jagdgeld

Besuch war aus der Stadt gekommen.
Torwald de Wit, ein junger leitender Angestellter der Amsterdamer Holzfirma Sloperman, war vor wenigen Wochen aus Holland über New York und La Guayra angekommen. Er hatte den Auftrag, die Plantagen systematisch der Reihe nach zu besuchen, um in den angrenzenden Wäldern nach Vorkommen der wertvollen Harthölzer zu forschen.
Mit dem Morgenschiff war er nach Zorgvliet gefahren, hatte sich vorgestellt und die Einladung, über Nacht als Gast auf der Station zu bleiben, aus reiner Höflichkeit angenommen. Gespräche über religiöse Fragen waren ihm suspekt. Lieber sah er sich den Tatsachen dieses irdischen Lebens gegenübergestellt, als über Spekulationen des keineswegs erwiesenen Lebens nach dem Tode zu debattieren.
Ich hatte voll Spannung zugehört, als der fremde Mann mit dem rötlichen Haar beim Mittagessen von der Arbeit als freiwilliger Feuerwehrhauptmann in seiner Heimatstadt Alkmaar berichtet hatte. »Kann wirklich ein ganzes Haus brennen?« hatte ich atemlos gefragt.
»Und ob es kann«, hatte Torwald geantwortet.
»Und was macht ihr dann, Onkel?«
»Dann muß ich schnell mit meinen Männern zu Hilfe kommen, sonst brennt alles.«
»Schmeißt ihr dann wie Kasan, wenn er sein Cassavebrot geröstet hat, Erde auf das Feuer, damit es ausgeht?«

»Nein«, sagte der Gast, »wir spritzen Wasser auf das Feuer. Mit einer Pumpe. Genauso eine, wie ich sie hinter eurem Haus gesehen habe, nur viel größer.«

Ich staunte. Gab es größere Pumpen als die hinterm Haus? Nur zwei starke Jungen konnten sie bewegen.

Torwald de Wit bat sich am nächsten Nachmittag Vaters Flinte aus. Hinter dem Kahlschlag im Wald wollte er sich noch etwas umsehen. Er hatte dort am Vormittag, bei seiner Inspektion, Affen gesehen. Ich bettelte so lange, bis ich mit durfte. Es war mir eigentlich aufs strengste verboten, durch das Holzgatter hinter dem Friedhof in den Busch zu gehen. Dort gab es die Daguwasneki, die Boa Constrictor und den Penitigri, den Jaguar, Jaguar, ein indianisches Wort, das bedeutet: »Der mit einem Satz Tötende«. Aber im Schutz des Mannes aus Europa ließ mich Mutter gehen.

Feucht, schwül und unheimlich still war es im Urwald. Torwald voran, ich hinterher, folgten wir der Andeutung eines Pfades, der immer wieder zuwuchs. Jedesmal, wenn ein Mensch in den Busch ging, mußte der Pfad ausgekappt werden. Torwald trug das abgeknickte Gewehr unterm Arm, ich durfte an einem breiten Band die Patronentasche über der Schulter tragen.

Es wurde immer dunkler. Obwohl die Sonne hell am Himmel stand, drang kein noch so gleißender Strahl durch das geschlossene Blätterdach. Die sternblättrigen Buschpapayas, die von den Indianern als heilig verehrten Kankantririesen, die bis zu fünfzig Meter hohen Wannabäume legten den Wald, auch um die heißeste Mittagszeit, in ewiges Halbdunkel. Alles, was nicht zur

Sonne emporreichte, wurde durch Lichtmangel in seinem Wuchs gehemmt. Armdicke Lianen und bindfadendünne Schlingpflanzen, breite, helle Bänder der Luftwurzeln, Nester wilder Orchideen verwirkten sich mit dem dichten Unterholz zu einem duftenden, manchmal aber auch zu einem stinkenden Teppich. Überließ man den Pfad länger als einen Monat sich selbst, so konnte man sich nur mit schärfster Klinge einen Weg bahnen. Langsam, jedes unnötige Geräusch vermeidend, gingen wir voran. Zu unserem Glück hatte Kasan vor wenigen Tagen einem Affen nachgestellt. Dem Pfad war verhältnismäßig leicht zu folgen. Längst war jeder Laut der Plantage in der Ferne verhallt: Der Schrei des Pfaues, das Meckern von Kasans Ziege, der blecherne Klang der Glocke des Kinderheims …

Ich folgte dem fremden Mann auf den Fersen. Oft mußte er sich bücken, um schon wieder nachgewachsenem Gestrüpp auszuweichen oder schnell wachsende Bambusstämme zur Seite zu biegen. Manchmal hielt er eine zurückgebogene Gerte fest, bis ich vorbei war, bevor er sie wieder losließ. Der Dschungel war dabei, den Schnitt in seinem Pelz schleunigst zu vernarben.

Wir waren etwa eine dreiviertel Stunde gegangen, als Torwald plötzlich stehenblieb. Er drehte sich nach mir um, legte den Finger auf den Mund und zeigte nach vorn auf eine kleine Lichtung. Dahinter sah man das Wasser der Kreek. Und an der anderen Seite, hoch oben in den Baumkronen, spielten ein paar Kwatta-Affen.

Mit spitzen Schreien schleuderten sie sich von Ast zu Ast, oder hockten sich in eine Astgabel, um eine Frucht

geschickt mit den Zähnen zu schälen und schmatzend zu verzehren. Nervös sicherten sie dabei nach allen Seiten vor futterneidischen Kollegen.
Torwald ging leise in die Hocke, nahm eine Schrotpatrone, schob sie in den Lauf und ließ das Gewehr zuschnappen. Dann legte er den Sicherungsflügel vor und spannte den Kammerstengel. Langsam richtete er sich auf.
Ich wagte kaum zu atmen. Ich begriff, daß Torwald schießen wollte. Gern sah ich immer dem Spiel der Affen zu, wenn sie sich mal in die Nähe der Plantage vorwagten. Wenn Kasan sich hin und wieder einen zur Mahlzeit schoß, dann knallte es furchtbar, und hinterher war ein Affe tot.
Die Kwatta-Affen schienen etwas bemerkt zu haben. Sie hielten in ihrer Turnerei jäh inne und starrten bewegungslos hinab in den Busch am jenseitigen Ufer der Kreek. Dann krachte der Schuß.
Unter mörderischem Geschrei stob die Herde davon. Ich sah einen Affen wie einen leblosen Sack herunterfallen. Ein paarmal schlug der Körper gegen Äste, die unter seinem Gewicht nachgaben, dann krachte er ins Dickicht. Gespannt sah ich den Mann an. Was würde er nun tun? Die Kreek war für einen Sprung zu breit. Vielleicht konnte man den Affen mit einer langen Bambusstange herüberziehen. Aber man sah ihn ja gar nicht. Er lag irgendwo im Gebüsch.
»Wie holen wir ihn?« fragte ich.
Torwald ließ die Hülse aus dem Lauf fallen und blies den Pulverdampf aus dem Rohr. Er schaute kurz hinüber zu

der Stelle, wo der Affe ungefähr liegen mußte, ließ das Gewehr wieder ins Schloß fallen und schulterte es, mit dem Lauf nach unten weisend.
»Komm nur«, sagte er statt einer Antwort, »wir müssen zurück, es wird gleich dunkel.«
Mit einem großen Schritt ging er an mir vorbei und trat den Heimweg an.
»Aber«, drang ich weiter, »wie sollen wir ihn holen?«
»Wir brauchen ihn nicht zu holen, Kleiner, komm nur.«
Ich begriff nicht.
Niemand außer uns wußte doch, wo der Affe lag. Wie sollte der jemals gefunden werden? Ob wir am nächsten Tag noch einmal hingehen würden?
»Holen wir ihn morgen früh?« fragte ich.
»Das geht nicht«, antwortete Torwald. »Morgen bin ich nicht mehr hier. Ich muß weiter.«
»Dann werde ich Kasan holen«, sagte ich. »Ich finde die Stelle bestimmt wieder.«
Als Torwald am nächsten Morgen zum Landesteg ging, schenkte er mir zum Abschied einen Stuiver, ein holländisches, viereckiges Fünfcentstück.
»Weil du die Patronentasche getragen hast«, lachte er. »Weidmannsheil!«
Ich erzählte Kasan die Geschichte vom Affen.
»Willst du ihn mit mir holen?« fragte ich. »Ich weiß, wo er liegt.«
Kasan schüttelte den Kopf.
»Nein«, sagte er. »Den hat der Puma heute nacht längst geholt.«
Ich begriff meine Welt nicht mehr.

Fest umklammerte ich mein Jagdgeld, als ich meinen Freund Kosso suchen ging. Mit Kosso wollte ich zum Chinesen gehen, der gegenüber der Landungsbrücke seinen Laden hatte, in dem man vom vielfarbigen Drachenpapier bis zu frisch gerösteten Erdnüssen alles kaufen konnte, was das Herz begehrte.

Ich fand Kosso und die anderen bei den Cassavesträuchern hinterm Kinderheim. Mit ihren Buschmessern schlugen die Jungen das meterhohe Unkraut ab, das auch während der Trockenzeit hemmungslos nachwucherte. Geschickt vermieden die Buben mit ihren blitzenden Messern die schlanken Stämme der Cassaven. Auch ich hatte einen »Hauer«. Meistens allerdings lag er irgendwo herum, weil er stumpf war und nicht richtig schnitt. Ich begriff nicht, weshalb es meinem Freund Kasan offensichtlich nie gelang, das Buschmesser auf wirkliche Schärfe abzuziehen. Ich ahnte nicht, daß sich mein Vater sowie Kasan darüber im klaren waren, daß Javaner-Jungen wesentlich geschickter im Umgang mit der gefährlichen Machete waren als ein weißes Kind.

Die Jungen sahen mich kommen und hielten in der Arbeit inne. Es war noch früh am Morgen, aber schon trieb ihnen die warme Luft den Schweiß aus den Poren.

Mit dem Handrücken wischte sich Kosso den Schweiß von der Stirn und sagte: »Die Apfelsinen sind reif.« Dabei blickte er zu einem jungen Baum, der vor lauter saftiger, reifer Orangen förmlich strahlte.

»Der Baum gehört mir«, sagte ich, »ihr könnt pflükken.« Kaum hatte ich ausgesprochen, als schon zwei, drei Jungen im Baum saßen. Innerhalb kürzester Zeit

war der Baum seiner allerletzten Apfelsine beraubt. Bald hockte die ganze Gesellschaft schmatzend und Kerne durch die Gegend spuckend am Boden.
Ich nahm Kosso beiseite und zeigte meinen Stuiver.
»Den hab' ich von unserem Besuch bekommen«, sagte ich, »wir teilen. Nachher gehen wir zum Chinesen und kaufen Sukru Pinda.«
Diese aus zerlassenem Rohrzucker, Butter und frisch gerösteten Erdnüssen zusammengeschmolzenen Tafeln waren für den Gaumen jedes Kindes das höchste der Genüsse.
»Gib mal her«, sagte Kosso. Aufmerksam betrachtete er die viereckige Münze.
»Wir teilen?«
Ich nickte.
Kosso stellte die Münze hochkant auf einen Stein und nahm mit dem Hauer Maß, um das Geldstück zu spalten.
»Nein!« rief ich. »Für zwei Teile bekommen wir gar nichts. Nur wenn der Stuiver ganz ist, gibt der Chinese uns Sukru Pinda.«
Niemals hatte Kosso von einem Erwachsenen etwas über den Wert einer unbeschädigten Münze gehört.
»Gib her!« sagte ich. Widerwillig gab Kosso den Stuiver zurück. Noch am selben Vormittag erstanden wir für den heilen Stuiver zwei frische Tafeln Sukru Pinda.

Lange Kette und Gemüsegarten

Mein Vater stellte sein Fahrrad an die Mauer des Gefängnisses. Er zog an einem Seil, das neben der Tür durch ein Mauerloch ins Innere führte. Ein dumpfes Dröhnen erfüllte die Luft, als der Missionar den Strick losließ. Bald darauf öffnete sich eine Luke in dem schweren Tor aus eisenhartem Swartziaholz. Van Mooks Gesicht erschien. Sekunden später wurde das Tor geöffnet und der Missionar betrat den Gefängnishof. Die Eisenbahnschiene, die am abgesägten Ast eines hohen Baumstumpfes hing und beim Seilzug gegen den Stamm geschleudert wurde, dröhnte noch leise nach.

Eisenbahnschienen gab es noch nicht, als das Fort und spätere Gefängnis im Jahre 1734 von den Holländern am Zusammenfluß von Suriname und Commewijne gebaut wurde. Der Name Nieuw-Amsterdam sollte wohl weniger an die Siedlung gleichen Namens erinnern, die gut hundert Jahre früher an der Südspitze der Indianerhalbinsel Manhattan entstanden war.

(Bekanntlich kaufte der Holländer Peter Minuit im Jahre 1625 die Insel Manhattan von den Indianern für Nippes und Flitterkram im Werte von sechzig holländische Gulden. Die Siedlung nannte sich Nieuw-Amsterdam. Der Gouverneur Pieter Stuyvesant ließ 1653 eine Mauer [holländisch: wal] gegen die Überfälle der Indianer errichten. An ihrer Stelle liegt heute die Wallstreet. 1664, gut zehn Jahre nach dem Bau des Walles, eroberten die Engländer die Niederlassung und benannten sie in New York um.)

Nein, die namentliche Beziehung des surinamer Forts Nieuw-Amsterdam galt wohl mehr seiner typischen Bauart. Wie die Mutterstadt in Holland wurde auch das neue Amsterdam in Surinam auf Pfählen errichtet, die kundige Ingenieure in den weichen Schlick der »Modderbank«, der Schlickbank, gerammt hatten.
Später hatte sich der Boden um den Pfahlraster gefestigt, und die Wurzeln einer üppigen Vegetation hatten dem Ufer Halt gegeben. Das Fort mit seinen Kanonen hatte bis ins 19. Jahrhundert die Flußmündung, den Zugang zur Kolonie, beherrscht.
Das Strafgefängnis wurde erst 1873 in das Fort verlegt, und dort behielt die Vollzugsanstalt ihren Sitz, auch als 1907 die letzte Garnison abgezogen und ans andere Ufer, in die Nähe Paramaribos, verlegt wurde. Nur die langgezogenen, niedrigen Zellentrakte, die ehemaligen Kasematten, erinnerten an die frühere, längst überholte Aufgabe Nieuw-Amsterdams.
Kommissar de Koning saß an seinem Schreibtisch. Der spartanisch eingerichtete Raum, der ihm als Büro diente, lag im »Kruithuis«, dem früheren Pulvermagazin. De Koning verfaßte den Bericht über die Festnahme des Mörders, eines Javanen namens Sidoredjo.
Er zog die Augenbrauen hoch, als van Mook eintrat und den Missionar anmeldete. Das hatte ihm gerade noch gefehlt. Seufzend sagte er: »Soll reinkommen.«
Seine Laune war sowieso schon miserabel beim Erledigen des verfluchten Papierkrams. Daß nun ausgerechnet noch mein Vater kommen mußte, den man nicht mir nichts dir nichts zu seinen Betern zurückschicken konn-

te, war eine zusätzliche Belastung seiner unguten Situation. Immerhin stand er auf, als der Gast eintrat.
»Schon fleißig?« fragte mein Vater statt einer Begrüßung. Wie in ihrer Heimat, war es auch in Surinam nicht üblich, daß Holländer sich die Hand gaben.
»Warum soll ich nicht fleißig sein?« knurrte de Koning.
»Weil es vorgestern abend doch sehr spät geworden ist«, antwortete Vater. »Ich möchte nicht wissen, wie spät Sie ins Bett gekommen sind, nachdem Sie den Täter eingeliefert hatten.«
De Koning stutzte.
Wie in aller Welt konnte der Missionar schon wissen, was geschehen war? Mein Vater erzählte ihm den Sachverhalt, wie Kasan ihn in der Nacht beobachtet hatte, als er mit dem Gefangenen an Zorgvliet vorbeigekommen war.
»Was wird nun mit ihm?« fragte er.
»Gehenkt wird er«, sagte de Koning. »Und um ihn zu finden, dafür habe ich Ihren Javanen, Ihren Kasan, gar nicht gebraucht.« Er war immer noch verärgert über das beharrliche Schweigen des Evangelisten.
»Wie haben Sie es angestellt?« frage Vater wieder.
»Ich ritt zu den Schippers und ließ mir Napurno aus der Plantage holen. Das Geld für die Nähmaschine hatte er tatsächlich noch im Kummerbund. Ich fragte ihn, warum er denn nicht die Nähmaschine gekauft hätte. Er blickte mich traurig an und sagte: ›Kajem ist tot. Kajem braucht keine Nähmaschine mehr.‹«
Mein Vater sagte: »Das Geschenk sollte wohl der Versuch sein, sie doch noch zur Ehe zu bewegen.«

Unbeeindruckt fuhr de Koning fort:
»Ich blieb am Nachmittag bei den Schippers. Als der Cocktail serviert wurde, fragte ich das javanische Hausmädchen nach den Gewohnheiten in Tamanredjo. Das Dorf sei als Spielhöhle berüchtigt, sagte sie. König aller Würfler sei eben dieser Napurno. Viele seien ihm mit Hab und Gut, manche sogar mit der Ehefrau verpflichtet.«
»Ich kenne das«, sagte Vater ernst.
»Als die Arbeiter am späten Nachmittag nach Hause kamen, ritt ich nach Tamanredjo«, berichtete de Koning weiter. »Von Napurno ließ ich mir die Liste seiner Schuldner zeigen. Ich konnte die javanische Schrift nicht lesen. Aber es fiel mir auf, das Napurno beim Verlesen der Namen an einer bestimmten Stelle stockte. Es war beim Namen seines größten Schuldners, Sidoredjo. Den nahm ich mir vor. Und Sie werden lachen, Sidoredjo gestand den Mord sofort ein.«
»Hat Napurno ihn dazu angestiftet?« fragte Vater.
»Das habe auch ich ihn gefragt. Aber dem war offensichtlich nicht so. Es war ganz anders.«
De Koning zündete sich genüßlich eine Zigarette an. Wie bei der Erwähnung seiner Cocktailstunde bei den Schippers schien es ihm heimliches Vergnügen zu bereiten, den Missionar zu ärgern.
»Nein«, fuhr er nach ein paar tiefen Lungenzügen fort, »dieser Sidoredjo hatte wochenlang beobachtet, wie sehr Napurno unter der Absage des Mädchens Kajem litt. Wenn Kajem tot wäre, so des Mörders Überlegung, hätte Napurno keinen Grund mehr, sich über die Ab-

fuhr zu ärgern und würde ihm, Sidoredjo, aus Dankbarkeit die Schulden erlassen.«

Mein Vater schüttelte ungläubig den Kopf. Er wußte, welche Rolle das Geld, der »schnöde Mammon«, bei den Kontraktarbeitern spielte. Manche hielten sich ihre Schuldner als regelrechte Sklaven, die zwar Essen und Trinken bekamen, jeden Cent aber, den sie auf der Plantage verdienten, abgeben mußten. So kamen diese Spielbosse auf den drei-, vierfachen, oder gar noch höheren Lohn.

»Napurno aber dachte nicht daran, dem Mörder zu danken,« erzählte de Koning. »Und nachdem er nun seine letzte Chance verspielt hatte, ergab er sich widerstandslos seinem Schicksal, er hatte nichts mehr zu verlieren.«

Vater schwieg betroffen. Dann fragte er: »Was wird nun geschehen?«

»Er wird gehängt«, antwortete de Koning sachlich. »Er hat gestanden.«

»Und wann soll das geschehen?«

»Das hängt von Paramaribo ab. Ich schätze, in spätestens drei Wochen.«

»Herr Kommissar«, sagte mein Vater, »ich bitte Sie, mich rechtzeitig zu benachrichtigen. Ich möchte dem Verurteilten beistehen.«

»Wird gemacht«, versprach de Koning und meinte, die Störung seiner Arbeit hätte nun ein Ende. Aber Vater hatte noch ein weiteres Anliegen.

»Da hat am Montag einer Ihrer Gefangenen meinen Jungen gerettet«, fing er an.

»Richtig«, antwortete de Koning halblaut. »Van Mook hat mir von der Sache berichtet.«

»Kann ich etwas für den Mann tun? Ohne seine Hilfe wäre der Unfall nicht so glimpflich verlaufen.«

De Koning kratzte sich hinterm Ohr. »Kaum, kaum«, sagte er von vornherein abwehrend und bequemte sich zu einem Schrank. Er entnahm ihm eine Mappe und fing im Stehen an, darin zu blättern.

»Richtig, Potgieter heißt er. Raubüberfall mit schwerer Körperverletzung. Sieben Jahre. Da hat er noch Glück gehabt.«

Im Lesen war er zu seinem Schreibtisch zurückgegangen und legte die Mappe vor sich hin. »Da ist nichts zu machen.« Demonstrativ klappte er die Mappe zu.

»Potgieter hat, soviel ich weiß, die kurze Kette«, hielt ihm mein Vater entgegen, »vielleicht kann man ihm eine lange geben.«

De Koning sah den Missionar mißtrauisch an. Wo der überall seine Nase reinstecken mußte ... Um ihn loszuwerden, sagte er nach kurzem Überlegen:

»Also gut, die lange Kette. Aber wenn er Schwierigkeiten macht ...«

Unbeirrt fuhr Vater fort: »Und dann haben manche Gefangenen doch einen Gemüsegarten, in dem sie für sich ...«

»Ja, was denn noch!« polterte de Koning los, »Soll ich ihm etwa noch das Unkraut jäten?«

»Herr de Koning«, sagte mein Vater scharf, »ohne Potgieter wäre ich jetzt nicht hier, sondern hielte aller Wahrscheinlichkeit nach eine Rede am Grab meines ertrunkenen Sohnes.«

De Koning starrte den Missionar an. Eigentlich hatte der Mann recht.

»Verzeihung«, sagte er. »Die viele Arbeit, der elende Schreibkram ... Selbstverständlich, der Mann kriegt seinen Garten.«

Mein Vater trat an den Kommissar heran. »Danke«, sagte er und gab seinem Landsmann die Hand.

Versuchung

Die Hufe der Maultiere und Esel hatten im Lauf der Jahre drei deutliche Spuren in den Sand des Uferweges festgetreten. Heute ist der Weg längst von der Pflasterung einer modernen Autostraße zugedeckt worden. Damals trabten die Doppelgespanne vor den Rädern ihrer Kutschen und Karren einher, während sich in der Mitte der Hufschlag der Reiter und Einzelgespanne hinzog. Zwischen diesem Mittelpfad und den beiden äußeren Spuren wuchsen zwei schmale Grünstreifen aus Gras und Unkraut, die der fruchtbare Boden so schnell und beharrlich durch den Sandbelag preßte, daß sogar der Gefangenentrupp sich längst darauf beschränkte, die täglich frequentierte Dreispur auszubessern und die beiden Grasnarben nur zu beschneiden, statt sie zu jäten.
Fußgänger und Radfahrer benutzten meist die mittlere Spur. Sie war weniger ramponiert als die beiden äußeren und gab größeren Schutz vor Schlangen, die sich allerdings lieber im hohen Gras zu beiden Seiten des Weges aufhielten als in den schmalen Grasnarben der Urwaldstraße.
Auf der Rückfahrt über den Mittelstreifen ging mein Vater seinen Gedanken nach. Was hatte er erreicht? Herzlich wenig. Für den Retter seines Kindes eine minimale Straferleichterung. Für den Mörder Sidoredjo nichts. Mein Gott, betete er, gib mir Kraft, die Menschen zu überzeugen.
Potgieter hatte einen Chinesen molestiert und ausge-

raubt. Daran war nichts zu ändern. Aber er hatte doch auch ein Menschenleben dem Tod entrissen. Lag da nicht irgendwo eine ausgleichende Sühne? Und der Mörder sollte gehängt werden. Aber es war doch möglich, diesen Mann zur Einkehr zu bewegen. Seine Seele zu befreien. Wie einfach es sich diese Beamten machten: Hier Gesetz, hier Strafe. Von Buße, Gnade, Vergebung hatten die offenbar noch nie etwas vernommen. Warum machte mein Vater es sich selbst eigentlich so schwer? Warum um alles in der Welt war er Missionar geworden? Warum hatte er jemals den Wunsch geäußert, Mitternachtsmissionar werden zu wollen? Warum hatte er sich dann von seiner Umgebung in die Herrnhuter Mission drängen lassen, in deren Dienst er nun stand? Hätte er nur nie jenes phantastische Mädchen gesehen, das in einem enganliegenden, schwarzen Seidenkleidchen auf die Straßenbahn wartete, tief ihr Ausschnitt, der den Ansatz ihrer Brüste freigab, »wie junge Zwillinge von Gazellen, die unter Lilien weiden«, hieß es in König Salomons Hohem Lied. Durch diese junge Prostituierte war er überhaupt auf die Idee gekommen, Mitternachtsmissionar in der Nähe solch wunderbarer, leider »verlorener Geschöpfe« zu werden. Der Gottesmann erschrak über seine sündigen Gedanken.

»Herr, verzeih' mir, ich will deine Gebote halten«, sagte er halblaut vor sich hin.

Sein Vorderrad überfuhr einen dünnen Stab. Der aber schlängelte sich plötzlich um Felgen und Speichen. Hastig sprang Vater vom Rad. Es war eine junge Makkasneke, eine hochgiftige Bushmaster. Sie hatte sich bei der Umdrehung des Rades am Schutzblech verletzt und kringelte sich mit weitgeöffnetem Rachen im Sande, ohne sich fortbewegen zu können. Die langen Giftzähne waren hoch aufgerichtet.

Mit dem Absatz zertrat er ihr drei-, viermal den Kopf. Dann faßte er das tote Reptil beim Schwanz und schleuderte es weit in den Busch. Wie ein Zeichen des Herrn, dachte er im Weiterfahren. Wie die Schlange, die Sünde im Paradies. »Und der Nachkomme des Weibes wird dir den Kopf zertreten.«

Ich muß unbedingt zum Gouverneur nach Paramaribo, nahm er den Faden seiner Gedanken wieder auf. Nur dieser höchste Beamte, Stellvertreter Königin Wilhelminas, konnte etwas für die armen Teufel tun. Kopermans, der Gouverneur, war ein gottesfürchtiger Mann und der Missionsarbeit sehr zugetan. Sei es auch, daß er ihre Bedeutung mehr auf dem gesellschaftlich-zivilisierenden Sektor sah als im Sinne der christlichen Seelenrettung.

»Ich bin wieder da«, rief er die Treppe hinauf, als er sein Fahrrad im Geräteschuppen abgestellt hatte. Dann ging er am Kinderheim vorbei zu Kasans Haus und berichtete von seinem Gespräch mit de Koning.

»Ich werde den Gouverneur dieses dringenden Falles wegen um Audienz bitten«, sagte er. »Mit Gottes Hilfe können wir vielleicht noch etwas erreichen. Den Brief schreibe ich heute noch, morgen nimmt ihn das Vormittagsschiff mit.«

Auf dem Rückweg zum Missionshaus erst fiel ihm der geplünderte Apfelsinenbaum auf. Er erstarrte.

Vergessen waren die Verbrecher, vergessen Kasan, vergessen der Gouverneur. Wie eine kochendheiße Welle schoß die Wut ihm ins Gesicht.

»Wer hat die Apfelsinen gepflückt?« schrie er die Jungen an, die hinten im Cassavegrund dabei waren, die letzten gejäteten Unkrautbüschel zu verbrennen. Die Jungen wollten in den Boden versinken.

»Wer war es? Sukkinam, komm her! Wer war es?« herrschte er den Jungen an.

Der sah sich ängstlich nach seinen Freunden um.

»Wer hat die Apfelsinen gepflückt?«

»Ihr Sohn«, stotterte Sukkinam.

»Ernst?«

»Er hat gesagt, wir dürfen!«

Schon waren die Jungen vergessen, schon stürmte der Missionar ins Haus. Vergessen war die Gefahr, in der sein Sohn sich befunden hatte und seine wunderbare Rettung. Die Apfelsinen, die ersten, die der junge Baum getragen hatte, waren fort. Na, warte!

Aus seinem Arbeitszimmer griff er sich die Ballatawippie, einen Gummiknüppel, aus natürlichem Kautschuk mit einem dünnen, peitschenähnlichen Ende, und rannte die Treppe hinauf. Ich saß auf dem Boden und spielte mit Dominosteinen, die ich reihenweise aufstellte und dann nacheinander umfallen ließ. Ich hörte unten die Tür zuknallen, dann die hastigen Schritte meines Vaters. Ängstlich sah ich zur Tür.

Mit drei Schritten war der große Mann, die Peitsche hoch erhoben, über mir. »Hast du den Jungen gesagt, sie dürfen die Apfelsinen pflücken?« schrie er.

»Nein!« log ich in meiner Angst und bückte mich, um

dem Schlag auszuweichen. Die Peitsche sauste herab, aber im letzten Moment zuckte Vaters Arm zurück. Nur ein leichter Schlag berührte meinen Rücken. Ich schrie wie am Spieß auf.
»Herrmann, wie kannst du nur?« Es war Mutter, die zur Tür hereinstürzte. Vater kam zu sich.
»Immer der Junge!« schimpfte er und zog sich grollend in sein Arbeitszimmer zurück.

Meine Mutter

Sie konnte nicht schlafen. Ihre Gedanken drehten sich quälend in einem Kreis, aus dem sie vergeblich auszubrechen versuchte. War es richtig gewesen, als Siebzehnjährige, als halbes Kind noch, ihrem Mann in den Dschungel zu folgen?

Liebte sie ihren Mann eigentlich? Wäre sie lieber allein? Ohne ihn? Ohne ihren Sohn? Niemals, um alles in der Welt. Nein, sie liebte ihn von dem Moment an, in dem der junge Holländer den Salon ihrer Pflegemutter in Genf betrat. Und ihre Liebe hatte sich bei manchem Spaziergang im Park, bei manchem Gespräch am Ufer des Sees vertieft. Er sei arm, hatte er erklärt, und würde nie reich werden. Denn er sei entschlossen, sein Leben dem lieben Gott zu widmen und die Heiden aus ihrer von Dämonen beherrschten Finsternis zum Licht des Heilands zu führen. Das Gehalt, das er bezöge, als Missionar der Herrnhuter Brüdergemeine, genüge zwar einem einfachen Leben zu zweit, sei aber in keiner Weise so reichlich bemessen, daß an eine Kapitalanlage welcher Art auch immer gedacht werden könne. Überdies sei der Vorstand seiner Kirche, die Unität, der traditionellen Meinung, daß ein Missionar die innere und äußere Not der Heiden besser begreifen würde, wenn er selbst arm wäre. Er sei sich darüber im klaren und wolle auch ihr gegenüber nichts beschönigen, die Erfüllung seiner Lebensaufgabe sei schwer, sehr schwer. Aber um so mehr würde er sie, Lydia, lieben, wenn sie sich ent-

schließen könnte, mit ihm zu gehen. Die Weltabgeschiedenheit des Urwaldes entbehre überdies auch nicht einer gewissen Romantik, von der die Menschen in Europa sich keine Vorstellung machen könnten.
Ihre Pflegemutter hatte ihr gut zugeredet, und so hatte sie sich eines schönen Tages zu dem entscheidenden Schritt entschlossen. Meine Eltern hatten sich über die gewisse Romantik des Urwaldes zwar eine Vorstellung gemacht, aber leider nicht die richtige. Gewiß, die Vollmondnächte waren heller, die Sterne schienen näher und größer am Himmel zu stehen als in Europa. Die Rosen im Garten durfteten betörender, die handtellergroßen Schwingen der Schmetterlinge leuchteten in tieferem Indigo, in satterem Purpur als beim schönen heimatlichen Admiralsfalter. Aber neben den Schmetterlingen gab es auch die giftigen Buschspinnen mit ihren langen, schwarz-behaarten Beinen, im Geäst der Rosenstöcke verkrochen sich die kleinen, buntschillernden Makkatuda-Schlangen, deren Biß fatal war für Mensch und Tier, und sogar die Strahlen des »guten Mondes« waren hierzulande gefährlich.
Die härteste Lektion aber, welche die Wirklichkeit ihnen täglich erteilte, war die Enttäuschung bei der Missionsarbeit. Vater erfuhr täglich die Aussichtslosigkeit seines Kampfes gegen Laster und Unglauben. Meine Mutter selbst kam sich als Versager vor, wenn es ihr nicht gelang, ihn aus seinen Depressionen herauszureißen, ihm den Jähzorn von der Stirn zu wischen.
Hatte ihre Pflegemutter ihr nicht gerade deshalb zugeredet, den jungen holländischen Missionar zu ehelichen,

weil er in seinem Busch mehr als in der zivilisierten Welt auf das Verständnis und die Hilfe seiner Frau angewiesen sein würde und sie sich somit zu einem dem lieben Gott wohlgefälligen Menschenkind entwickeln könne? War sie aber ihrem Mann nicht eher ein zusätzliches Problem geworden, mit ihrer labilen Gesundheit, dem Unvermögen, ihm in der Ausübung seines evangelisierenden Berufes sachkundige Hilfe zu leisten?

Ein Geräusch aus dem Kinderzimmer unterbrach sie in ihren Selbstvorwürfen. Ich weinte.

Leise, um Vater nicht zu wecken, öffnete sie die Tür und ging zu mir.

Ich saß aufrecht im Bett. »Das Tier war wieder da«, stieß ich geängstigt hervor. Meine Mutter legte den Arm um meine Schulter. »Es ist nun alles wieder gut«, besänftigte sie mich. »Wir sind ja beide bei dir, Papa und ich.«

Sie kannte meinen wiederkehrenden Alptraum. Ich sah ein Tier mit einem riesigen Kopf, groß wie die Kommode im Eßzimmer, glatt wie der Kopf einer Monster-Schnecke ohne Fühler, und mit einem Maul voll scharfer Zähne. Das Tier lugte drohend hinter der Zisterne im Hof hervor. Plötzlich war es da. Lauerte auf, wenn ich unterm Brotfruchtbaum spielte. Ich bekam jedesmal Angst und wollte nach Hause fliehen. Aber schon beim ersten Schritt kam das Tier weiter hinter der Zisterne hervor. Es war viel näher bei der Haustür, und ich wußte, daß ich verloren sein würde, längst bevor ich das rettende Haus erreicht hätte. Also machte ich einen Schritt zurück, worauf das Tier sich ebenfalls zurückzog und mich weiter belauerte. So wurde ich hin- und hergerissen zwischen der Sehnsucht nach der Geborgenheit des Heims und der Angst vor dem drohenden Tier.

Meine Mutter hatte mich wie immer bald beruhigt, wartete einen Moment, bis ich wieder schlief, und ging zu Bett. Vater lag noch in derselben Haltung. Als sie den Klambuvorhang zuzog, drehte er sich mit einem Seufzer um und fragte im Halbschlaf: »Ist was?«

»Nichts«, sagte sie, »Ernst hat wieder geträumt. Schlaf nur.« Vater tat es bereits.

Sie nahm ihre Gedanken wieder auf. Vernachlässigte sie vielleicht ihren Mann? Kümmerte sie sich zuviel um den Jungen? Er sollte doch eine andere Jugend haben, als sie es hatte erleben müssen. Konnte sie sich überhaupt noch an ihre eigene Mutter erinnern, die jetzt im fernen Hongkong lebte? Nein, ihr Kind sollte es anders haben. Sie horchte noch einmal hinüber. Ernst schien fest zu schlafen. Mit einem beglückenden Gedanken an ihren Sohn fielen ihr bald die Augen zu.

Der Vater meiner Mutter war im Auftrage einer schweizerischen Missionsgesellschaft als Junggeselle nach Hongkong gesegelt. Die zahlreichen chinesischen Huren der betriebsamen britischen Kronkolonie hatten dem einsamen jungen Europäer aber derart zugesetzt, daß er seine Heimatgemeinde schriftlich und dringend um Abhilfe gebeten hatte. Man möge ihm doch eine Braut schicken, schrieb er, als Ehemann würde es ihn keine Mühe kosten, immun zu sein gegen die Versuchungen der Fleischeslust. Tatsächlich hatte sich eine »höhere Tochter« aus christlichen Kreisen bereit gefun-

den, in Gottes Namen das Risiko einer Fernverlobung auf sich zu nehmen.
Aus welchem Holz diese Maria Speicher, so hieß sie, geschnitzt war, stellte sie schon auf der langen Seereise unter Beweis. Als ihr Segelschiff im Frühjahr 1881 Afrika umrundete, befahl der Kapitän am Kap der Guten Hoffnung: »Alle Mann unter Deck, es kommt Sturm.« Maria Speicher weigerte sich. »Ich bin der Kapitän!« brüllte der Alte sie an. »Gott ist mein Kapitän«, erwiderte Maria, »ich will seine Gewalt in der Natur kennenlernen.« Zähneknirschend und boshaft ließ der Kapitän sie mitsamt ihrem Sessel am Besanmast festzurren, damit sie nicht über Bord gespült würde. Maria überlebte klaglos den Orkan und später, was Wunder, ihren Mann. Als er im heimatlichen Bern starb, hatte er sich nach fünfunddreißigjähriger Bevormundung durch seine Frau zu einem ungewöhnlich guten Koch fernöstlicher Spezialitäten entwickelt.
Fünf Kinder entsprangen der Ehe. Der Reihe nach wurden sie, je eher je lieber, im zartesten Kindesalter nach Europa geschickt, um eine mögliche Infizierung ihrer reinen Seelchen durch die lasterhafte Umwelt Hongkongs von vornherein auszuschließen. Wann immer eine vertrauenerweckende Person sich auf die drei- bis sechsmonatige Heimreise begab, wurde ihr ein Missionskind mit einem »Gott befohlen« in Verwahr gegeben.
So kam Lydia, meine Mutter, als jüngste der fünf mit vier Jahren in ein streng pietistisches Schweizer Mädchenpensionat. Man glaubte dort zunächst, das Kind sei

stumm. Der Schock hatte ihr buchstäblich die Sprache verschlagen. Erst als man sie, selbstverständlich nicht unbekleidet, zum ersten Mal ins Bad heben wollte, rief sie erschreckt: »Mein Hemdchen!« und fand die Sprache wieder.

Nacktheit war Sünde und wurde demzufolge nicht praktiziert. Sexualität stand unter strengstem psychischen Erfahrungsverbot. Die Wahrnehmung der von Gott geschaffenen Organe für die Fortpflanzung und für die Freude der Menschen, ja die bloße Erwähnung derselben, war untersagt. Fand man ein schlafendes Kind mit den Armen unter der Decke, so wurde es geweckt und mußte »zur Strafe«, auch bei winterlichen Temperaturen, eine Stunde neben dem Bett stehen. Es hätte sich ja im Schlaf sündig berühren können!

Als ein Kind eines Nachts, mit Schaum vor dem Mund, zusammengebrochen aufgefunden wurde und tags darauf starb, wurde nicht die Lehrerin zur Verantwortung gezogen, nein, denn das Kind sei »in Strafe« gestorben!

Es war das Glück meiner Mutter, daß eine liebenswerte, kinderlose Millionärswitwe bei einem Vorstandsbesuch Gefallen an dem hübschen Kind fand und die Zwölfjährige zu sich in ihre Genfer Villa nahm. Dort legte sie allmählich einen Teil ihrer Menschenscheu ab, lernte die Schweizer Küche kennen und unter Anleitung einer altgedienten Haushälterin den Haushalt führen, vor allen Dingen aber fand sie in der gutherzigen Frau Spöri zum ersten Mal eine Kontaktperson, zu der sie Vertrauen hatte. Es war im Salon dieser Frau Spöri, daß meine Mutter meinen Vater kennenlernte anläßlich eines Emp-

fangs, der zu Ehren des Superintendenten der Missionsgesellschaft ihres Vaters gegeben wurde.
Kurz vor ihrer Abreise nach Surinam lernte sie dann ihre Eltern kennen, als diese zu einem Urlaub nach Europa gekommen waren. Die Begegnung war eher höflich als herzlich, mehr offiziell als familiär. Zu ihrem Verlobten, Herrmann Bielke, hatte meine Mutter bereits eine tiefere seelische Bindung als zu ihren eigenen Eltern, ganz zu schweigen von der innigen Verbundenheit zu ihrer Pflegemutter, Frau Louise Spöri, in der Schweiz.
Von ihren Geschwistern starb eines an einer verschleppten und falsch behandelten Blinddarmentzündung, die anderen zwei Schwestern waren bereits verheiratet und lebten ebenfalls in der Schweiz, ihr einziger Bruder in Württemberg. Daß die lebhafte Korrespondenz durch den Krieg unterbrochen war, trug auch nicht gerade zur Besserung ihres Befindens in der Einsamkeit des Surinamer Urwalds bei.

Der Gehenkte lebt

Es war führ morgens halb fünf und stockdunkel. Der schwache Schein der Kerze in Kasans Fahrradlampe huschte über den Weg nach Nieuw-Amsterdam. Mit seinen Katzenaugen sah der Evangelist mehr als mein Vater, der Kasans hellem Kemedjan-Hemd wie einem Leitstern folgte.

Beide Männer radelten schweigend hintereinander her. Sie gingen dem gleichen Gedanken nach. Bei Sonnenaufgang, kurz nach sechs, sollte Sidoredjo gehängt werden.

Vergeblich hatte mein Vater versucht, beim stellvertretenden Gouverneur zu intervenieren und eine Begnadigung zu lebenslänglicher Gefängnisstrafe für den Mörder zu erreichen. Das hätte ihm die Gelegenheit gegeben, die Seele des Missetäters vor seiner Hinrichtung zu retten und ihn zum wahren Glauben zu bekehren. Doch der Stellvertreter, ein Beamter, der jedes Risiko scheute und sich streng an den Buchstaben des Gesetzes hielt, traute sich nicht, die Verantwortung für eine so schwerwiegende Entscheidung auf sich zu nehmen. Wäre nur Kopermans, der Gouverneur, wieder zurück von seiner Reise nach Holland, wohin ihn Königin Wilhelmina zur Berichterstattung über die Lage der Kolonie im Kriegsgeschehen beordert hatte. Kopermans war der Mission gewogen, aus sozial-politischen Gründen zwar, wie wir bereits wissen, aber immerhin.

Kasan hatte den Verurteilten ein paarmal besucht, und

auch heute war es ihm gesetzlich gestattet, seinen Landsmann ein letztes Mal zu sehen.
»Je ruhiger der Javaner die paar Minuten auf dem Schafott sein wird«, so hatte de Koning gemeint, »um so reibungsloser wird die Exekution vor sich gehen.«
Kasan überlegte, was er dem Sidoredjo denn überhaupt noch sagen sollte. Sein Versuch, ihn religiös aufzuklären, ihm die Befreiung seiner Seele durch das Blut Christi nahe zu legen, ihn in letzter Minute zu bekehren, war fehlgeschlagen. Sidoredjos Kommentar war stets derselbe gewesen: »Es ist mein Schicksal, daß ich sterben soll. So ist es eurem Christus auch ergangen. Und daß er noch lebt, wie die Geister unserer Ahnen, das glaubst du doch selber nicht. Sonst würdest du ihm Speisen opfern, wie wir es tun. Statt dessen ißt und trinkst du selbst, beim Abendmahl in eurem Bethaus. Nein«, hatte der Resignierte immer wieder gebeten, »Kasan, laß mich in Ruhe. Es ist gut so. In Java hätte mir ein Verwandter Kajems längst seinen Kris-Dolch zwischen die Rippen gestoßen. Hier habe ich noch ein paar Wochen gelebt, habe zu essen und zu trinken bekommen. Und Napurno, der Schuft, er soll am Grab seiner Söhne stehn!« Nach dieser Verwünschung hatte sich der Mann aus Tjirebon jedesmal in Schweigen gehüllt und blieb, ungeachtet weiterer christlicher Argumente, beharrlich unansprechbar.
Sidoredjo stand unter dem Galgen. Er starrte geradeaus. Er schien gar nicht zu bemerken, was um ihn herum vor sich ging. Wie man ihm die Hände auf den Rücken fesselte, ihn auf die Falltür stellte, rasch die Füße zusam-

menband, die Schlinge über den Kopf schob und um den Hals legte. Es war, als ginge ihn das alles gar nichts an. Van Mook trat zurück und ergriff den Hebel. De Koning, der neben meinem Vater und Kasan stand, nickte kurz. Lautlos glitt der Verurteilte hinab, die Falltür knallte rückwärts gegen einen Pfosten.

Was dann geschah, war so unwahrscheinlich, daß keiner der Anwesenden seinen Augen zu trauen glaubte. Der Gehängte lag am Boden unter dem Schafott. Das Seil war gerissen.

Van Mook war der erste, der sich bewegte. Mit einem raschen Schritt stand er an der Luke und blickte fassungslos hinab.

Dann hörte man de Konings Stimme.

»Van Mook«, brüllte er, »du gottverdammter Maulesel! Hol' ein neues Seil, der Mann muß hängen!«

Der Gefesselte lag gekrümmt unter dem Galgen und versuchte, sich aufzurichten. Dabei sah er hinüber zu Kasan. Der ging ein paar Schritte auf seinen Landsmann zu. Doch er kam nicht weit. De Konings Stimme zerriß die Stille des Morgens. »Zurück!« schrie er. »Bringt den Mann wieder nach oben!«

Mein Vater trat an den Kommissar heran. »Sie können den Mann nicht noch einmal hinrichten«, stieß er erregt hervor, »das war Gottesurteil.«

»Sie können es nennen, wie Sie wollen«, konterte de Koning, »ich halte mich an meine Vorschriften.«

»Dann erlauben Sie wenigstens meinem Evangelisten, mit dem Mann zu sprechen. Oder haben Sie überhaupt keinen Rest menschlicher Gefühle mehr?«

Unwirsch willigte de Koning ein. Kasan machte sich auf den kurzen Weg.
In dem Moment traf der Arzt ein. Er hatte gehofft, die Exekution nicht mitansehen zu müssen. Leben zu retten, war seine Aufgabe, nicht mitzuerleben, wie man es absichtlich verkürzt. Nun sah er, wie zwei Wärter dem Gefangenen die Fesseln lösten und ihn zum Fuß der Leiter führten. Sprosse für Sprosse stieg Sidoredjo hinauf, gefolgt von einem Wärter und Kasan, dem Evangelisten.
»Was ist geschehen?« fragte Doktor Gravenbosch.
»Nichts ist geschehen«, kam de Koning dem Missionar zuvor. »Das ist ein Mörder. Er wird gehängt.«
Vater klärte den Arzt auf. »Das ist doch nicht möglich«, wunderte er sich. »Der obere Halswirbel muß doch durch den Ruck abgeknickt sein.« Erst ein halbes Jahrhundert später würde erwiesen sein, daß nicht der Genickbruch, sondern die plötzliche Abschnürung der Halsschlagader zu raschem Tod beim Erhängen führt.
»Das Seil muß schon halb verfault gewesen sein«, stellte mein Vater fest. »Wer weiß, wie lange es schon in dem feuchten, dunklen Verlies herumgelegen hat ... Aber sehen Sie den Verurteilten. Unglaublich, wie gefaßt der Heide ist!«
Sidoredjo stand wieder auf der geschlossenen Falltür. Kasan sprach leise auf ihn ein. Aber der Todgeweihte antwortete nicht. Nur ein einziges Mal drehte er den Kopf leicht zur Seite und schien etwas zu sagen. Dann starrte er wieder vor sich hin.
Hastig kletterte van Mook mit dem neuen Seil die Leiter empor. Während Sidoredjo erneut gefesselt wurde, legte

der Aufseher die Schlinge ins Tau. Van Mook legte in Eile den Tampen nicht mit einem Dutzend halben Schlägen röhrenförmig um das Tau, sondern machte eine einfache Lassoschlinge.

Zum zweiten Mal legte sich der Strick um den Hals des Delinquenten. Zum zweiten Mal knallte die Falltüre hinab. Sidoredjos Körper fiel, wurde ruckartig gebremst und glitt langsam zur Erde hinab. Der Mann blieb stehen. Er blieb stehen. Neben ihm pendelte das neue, unverknotete Seil. Die Lassoschlinge war aus dem nagelneuen, glatten Tau geglitten. Ein breiter, roter Halsring bezeichnete die Stelle, an der das Würgetau entlanggeglitten war.

Auch de Koning war nun sprachlos. Van Mook rührte sich dieses Mal nicht von der Stelle. Er glaubte, ein Opfer der heidnischen Zauberkraft, des Voodoo, geworden zu sein. Nur das immer leiser werdende, quietschende Ausschwingen der Falltür unterbrach die Totenstille.

Der Arzt fing sich als erster. Entschlossen trat er an de Koning heran und sagte: »Kommissar de Koning, ich erkläre den Mann hiermit für nicht hinrichtungsfähig. Ich empfehle erneut Einschließung und Aufschub der Exekution.«

De Koning schluckte. Dann rief er: »Van Mook. Legen Sie den Mann wieder in Zelle siebzehn.«

Die hellen Tropenhelme der Europäer und das Kopftuch des Javanen schützten die drei Männer vor der bereits brütend schwülen Glut der Morgensonne. Der Arzt, der neben dem Missionar fuhr, meinte: »Dieser de Koning ist ein ganz widerlicher Streber. Mit Mühe habe

ich erreicht, daß er mit der Hinrichtung wartet, bis ich den Mann gründlich untersucht habe. Am liebsten hätte er ihn schon heute nachmittag zum dritten Mal auf das Schafott geschickt.«
»Wann werden Sie ihn untersuchen?« fragte mein Vater.
»Frühestens in einer Woche«, antwortete der Arzt, »der Mann weiß ja gar nicht, unter welchem Schock er steht.« Und nach kurzer Pause: »Freilich wäre es vielleicht das Beste für ihn, die eigene Hinrichtung im Unterbewußtsein über sich ergehen zu lassen.«
Wachend, aber unbewußt, geistig abwesend in den Tod gehen, war das überhaupt möglich? Es ist ein Fall für die Psychiatrie meiner Universität Leiden, dachte er, Leiden in Holland. Die frische Luft, der weite Blick über die saftigen Weiden, die hohen Wolken, der Wind, das Wasser, die Segel ...
»Ich werde ihn morgen besuchen«, holte ihn mein Vater aus seiner Fata Holland zurück. Der Arzt kam wieder zur Sache. »Sie haben eine Woche Zeit, um die Seele zu retten«, sagte er mit leichtem Spott.
Schweigend radelten sie weiter. »Kasan«, rief Vater nach einer Weile, »hat Sidoredjo noch etwas gesagt?«
Kasan trat in die Pedale, um näher heranzukommen.
»Nur ein Wort«, sagte er, »Nasib - Schicksal.«
In der besagten Woche erreichte Bielke beim stellvertretenden Gouverneur buchstäblich eine Galgenfrist. Die Hinrichtung Sidoredjos wurde bis zur Rückkehr des Gouverneurs Kopermans vertagt. Als dieser ein halbes Jahr später mit einem Schiff aus New York eintraf, willigte er ein, die Todesstrafe in lebenslanges Gefängnis abzuwandeln.

Der Mörder wurde später begnadigt, und zwar bereits nach der Hälfte der damals in Surinam üblichen zwanzig Jahre, weil er doch zweimal gehängt worden war.
Den Rest seines Lebens verbrachte Sidoredjo als Angestellter eines Lebensmittelgeschäftes in Albina, möglichst weit von der Szene seiner Schuld und Sühne entfernt.
1932 starb er eines natürlichen Todes.

Vom Kind zum Jungen

Die erste erotische Beunruhigung, den ersten zuchtlosen Drang zur Frau, empfand ich in dem treuherzigen Alter von sieben Jahren. Schon damals war ich ein Spätentwickler.

Noch dämmerte mir nicht, welch weites Feld sich da vor mir auftat, wieviel Furchen dieses immer hungrigen, stets aufs Neue brachliegenden Ackers ich zeit meines Lebens würde bestellen dürfen.

Anlaß meiner nächtlichen Erregung war Lilly Schippers, die Frau des Nachbarn. Sie war jung, vital, ein Halbblut von natürlicher Sinnlichkeit. Zu meinem Geburtstag war sie mit ihrem Mann in Zorgvliet erschienen. Als Geschenk brachten die beiden eine Schachtel mit zwölf vergoldeten Teelöffeln mit, auf denen das Monogramm E.G.B. prangte

»Die kannst du später deiner Frau schenken, wenn du einmal heiratest,« lachte Herr Schippers. Ich quittierte das Geschenk mit der Bemerkung: »Etwas zum Naschen wäre mir lieber gewesen,« was mir einen strafenden Blick des Vaters eintrug.

Später, während die Erwachsenen sich unterhielten, starrte ich die junge Mulattin schweigend und unentwegt an. Nachts darauf erwachte ich mit einer Erektion. Ich hatte geträumt, ich sei Arzt und untersuche meine Nachbarin liebevoll, wobei ich ihr ermutigend zusprach und genau beobachtete, wie sie auf dem Holzraster im Badezimmer Wasser ließ. Wie eine Frau gebaut war,

wußte ich ja schon, seit ich denken konnte. Nacktheit war bei den Kindern der Eingeborenen und Javaner etwas Selbstverständliches.
Aber noch wußte ich nicht, daß ich ein paar Wochen später, in Paramaribo, von einer jungen Lehrerin träumen würde, in einer sehr intimen Situation.
Kurz nach meinem siebten Geburtstag bekam mein Lebenslauf zum ersten Mal einen Knick. Meine Eltern entschlossen sich – die Mutter blutenden Herzens, der Vater nach sachlicher Überlegung – ihren Sohn einer befreundeten Familie in der Stadt in Pflege zu geben. Ich sollte etwas lernen, und im Busch gab es keine Schulen. Zwar hätte man den Beginn des Unterrichts gerne bis zum Antritt des einjährigen Urlaubs in Europa hinausgeschoben, aber der Krieg wollte immer noch kein Ende nehmen. Und Deutschlands uneingeschränkter Einsatz seiner U-Bootwaffe verbot jeden Gedanken an eine Reise nach Übersee. Also mußte ich nach Paramaribo.
Der Abschied von Zorgvliet bedeutete das Ende meiner Kindheit, den Verlust meiner Freiheit ohne Wiederkehr. Ich wußte es allerdings noch nicht. Vorbei waren die traumhaft durchspielten Stunden endlos langer Tage, die leuchtenden Farben tropischer Blumen, die in der Sonne gaukelnden riesigen Schmetterlinge, die winzigen, schillernden, schwirrenden Kolibris, Kasan, die Freunde, die Papageien, Schlangen, Affen im Kakaogrund, der nächtliche Gesang der Flößer. Ich meinte, Zorgvliet für ein Weilchen verlassen zu müssen. Ich sollte es nicht wiedersehen.
Jeder Übergang in eine neue Lebensphase erfordert den

Mut zum Risiko. Nur bei den größten, Geburt und Tod, werden wir nicht gefragt.
Ich brauchte dieses Mal nichts zu riskieren. Das besorgten die Eltern für mich. Ich kam in Pflege bei einem Ehepaar Bakker. Es hatte sechs eigene Kinder und darüber hinaus ein Internat für dreißig eingeborene Jugendliche. Auch die Zöglinge Zorgvliets, die das schulpflichtige Alter erreicht hatten, kamen in das Internat Bakker.
Das Internat lag in der Heerenstraat, einer breiten Allee riesiger Mahagonibäume, deren Kronen sich über der Straße zusammenschlossen und wohltuenden Schatten spendeten. Das Haus, wie alle Häuser Paramaribos aus Holz gebaut, bestand aus einem Erdgeschoß, in dem sich das Internat befand, und aus der oberen Etage, der Wohnung der Bakkers. Diese wurde ringsherum von einer breiten Veranda umfaßt. In jedem Raum der Wohnung befand sich auf dem Boden eine kleine Luke, die man herausnehmen konnte. So hatte man Einsicht in die Räumlichkeiten des Internats. Das Spionagesystem war perfekt.
Hinter dem Haus war das »erf«, ein Hof von der Größe eines Fußballfeldes. Am anderen Ende lag die Schule für die nichtweißen Kinder. Zum Hof und zur Schule gelangte man durch ein Tor, das zwischen dem Internat und dem Nachbarhaus eingelassen war. Auf dem Hof waren sechs Pfosten in die Erde gerammt. Vier für die beiden Fußballtore. Und, direkt beim Internat, zwei, die zwischen sich eine Reckstange trugen. Herr Bakker hatte im Haus nichts zu melden und war die Güte in Person. Seine Frau, von aller Welt »Mama« Bakker ge-

nannt, genoß den Ruf, ein goldenes Herz zu besitzen und eine gute Pädagogin zu sein. Das heißt, sie war ein selbstgerechter Drachen.

Klein und robust gebaut, den wippenden Kneifer auf die Nase geklemmt, das dunkle Haar, Jahrzehnte vor der Erfindung der Bubikopfmode praktisch kurz geschnitten, strahlte sie eine fremde, weibliche Macht aus, die mich beängstigte. War es zu Hause meine Mutter gewesen, die alles verstand, und hatte die Unberechenbarkeit meines Vaters mich oft erschreckt – bei den Bakkers waren die Rollen vertauscht. Wie ein General herrschte Mama Bakker über Haus und Internat, schweigsam und verständnisvoll ließ ihr Mann sie gewähren, was ihm um so leichter fiel, als er tagsüber außer Haus war und seiner Arbeit an der »Surinamschen Bank« nachging.

Die ungemein tüchtige Pflegemutter hatte gewiß ein Herz für die eigenen Kinder, mich aber ließ sie nicht auf Tuchfühlung herankommen. Im Gegenteil, meine Scheu, von der ungewohnten Betriebsamkeit der Stadt überwältigt, irritierte sie.

Jeder Tag brachte mir eine Fülle neuer Eindrücke. Da waren die vielen, zweirädrigen, oft viel zu schwer beladenen Eselskarren, die lauten Schimpfkanonaden der Karrenführer, die wenigen, unablässig hupenden Automobile, die ohrenbetäubend knatternden Motorräder.

Ängstlich sah ich bei einem Spaziergang mit dem eingeborenen, rabenschwarzen Kindermädchen undefinierbaren Alters zwei Weibern zu, die sich auf dem Markt lautstark in die Wolle gerieten. Die Körbe mit der Ware auf dem Kopf, standen sie sich wie zwei Kampfhennen gegenüber, mit schriller Stimme Gott und die Welt als Zeugen anrufend für die bodenlose Verworfenheit der Widersacherin.

Dabei kamen sie sich langsam, Schritt für Schritt, näher und zeigten mit ausgestrecktem Zeigefinger genau auf die Nasenspitze der Feindin.

Schließlich standen sie sich hautnah gegenüber und nur noch Millimeter trennten Nasenspitze von provozierendem Zeigefinger. Dann geschah es. Eine Nase war berührt worden.

Gleichzeitig setzten die Kreolinnen ihre Kopflast ab und gingen aufeinander los. Die jüngere faßte die ältere ins dichte Kopfhaar und zerrte sie hin und her. Welche am lautesten schrie, war unmöglich festzustellen.

Wie aus dem Boden gewachsen tauchte plötzlich ein schwarzer Polizist auf. Mit brachialer Gewalt trennte er die beiden Furien. Breitbeinig stellte er sich zwischen die beiden, zeigte der einen nach links, der anderen nach rechts, schimpfend entfernten sie sich.

Mama Bakker hatte weder Zeit noch Interesse, über meine Verwirrungen nachzudenken. Zuviel hatte sie mit Haushalt und Führung des Internates um die Ohren, zu schwer war es überhaupt, heil durch den Alltag zu kommen. Zutrauen und Verständnis fand ich zum Glück bei eben jenem rabenschwarzen Kindermädchen undefinierbaren Alters, der »Nenne« Polka. Sie fühlte sich als die Graue Eminenz der Familie Bakker. Bei ihr fand ich Trost, wenn mir die Strenge der Mama Bakker – »Pfui, wie kannst du nur mit so dreckigen Ohren herumlaufen, ich will dich nicht sehen, geh' weg!« – wieder mal zuviel wurde und ich mich weinend zu Nenne Polka in die Küche flüchtete. Da halfen mir geflüsterte Trostworte, mißbilligende Blicke in Richtung des Wohnzimmers schnell über jeden Kummer hinweg. Vor Nenne Polka hatte sogar Mama Bakker Respekt. Noch heute erinnere ich mich an einen Satz, den Nenne Polka prophetenhaft aussprach, ehe sie eines gewissen Tages das Zimmer erhobenen Hauptes verließ: »Gott segnete Potiphars Haus um Josefs willen!« Josef wurde von seinen Brüdern als Sklave verkauft und landete als Diener und späterer Verwalter im Hause des Ägypters Potiphar. (1. Mose 39,5). Mama Bakker hütete sich, zu widersprechen. Nenne Polka war unersetzlich.

Die Schule hinter dem »erf« wurde, wie erwähnt, ausschließlich von nichtweißen Kindern besucht. Meine Schulkameraden und ich gingen zur Stuyvesandtschool. Auf dem Zehnminutenweg zur Schule wurde das Grüppchen, sechzehn die Älteste, ich der Jüngste, von der eingeborenen Jugend oft angepöbelt. Um so fester schloß man sich zusammen. Man ließ es sich sogar nicht nehmen, hin und wieder für das »Schattenspiel« stehen zu bleiben. Wenn die Sonne um zwölf auf dem Nachhauseweg senkrecht am Himmel stand, mußte man sich in den Schatten des großen Strohhuts stellen, den jeder Weiße, ob Mann, Frau oder Kind, wegen der Gefahr eines Sonnenstichs tragen mußte. Bei diesem Spiel durfte kein Ärmel- oder Kinnschatten den Kreis der runden, schwarzen Schattenscheibe, in der man stand, zerstören.

Meine Lehrerin, die mir und meiner Klasse die Grundbegriffe des Lesens und Schreibens beibrachte, hieß Anni. Fräulein Anni war ein lebenslustiges, junges Ding von dreiundzwanzig Jahren mit hübschem Gesicht, blondem Haar und aufregender Gestalt. Nur der immer rücksichtsloseren Eskalation des furchtbaren Krieges war es zuzuschreiben, daß sie nicht längst schon wieder in der holländischen Heimat war. Der Vertrag, den sie leichtsinnigerweise vor vier Jahren in Amsterdam unterschrieben hatte, war schon vor Monaten ausgelaufen. Und Anni wollte weg von Surinam. Das »Verhältnis« mit einem ledigen, jungen, weißen Bankangestellten hatte mit einer Enttäuschung geendet. Der Charmeur infizierte erst sich selbst und demzufolge auch sie mit einer Geschlechtskrankheit, die er nur durch den Umgang mit einer anderen Frau bekommen haben konnte. Nach der langwierigen, aber erfolgreichen Salvarsan-Kur war Anni nun jeder Mann in den Tropen suspekt. Sie blieb lieber allein und mußte sich die anzüglichen Blicke, die Pfiffe, die obszönen Gesten der Neger gefallen lassen, statt am Arm ihres »Verlobten« zu gehen. Wieviel lieber hätte sie sich auf den Parties der fernen Heimat amüsiert. Anni hatte vom ersten Moment an eine Schwäche für mich, den blonden Jungen mit den großen, blauen Augen empfunden. Und da ich schnell begriff und meine Zaghaftigkeit in ihrer Nähe sehr bald nachließ, entstand zwischen uns eine Vertraulichkeit, die ich als Schutz, sie als Bestätigung ihrer Weiblichkeit empfand. War doch hier ein Junge, immerhin ein männliches Wesen, dem man die eigenen Gefühle ungeniert zeigen konnte, den man anfassen, manchmal sogar, auf die Wange zumindest, küssen konnte. Ich fühlte mich bei Fräulein Anni befreit vom Druck des Pflegeheims.

Daß die kleine, tüchtige Frau des Prokuristen, Mama Bakker, doch sehr wohl ein Herz hatte, zeigte sich anläßlich eines kleinen Unfalls. Es war, als ich mit den größeren Jungen des Internats am Hochreck turnte. Der eingeborene Turnlehrer hob mich hinauf, bis ich mich mit gestreckten Armen auf die Stange stützen konnte, so, wie man sich auf eine Stuhllehne stützt. Die einfache Aufgabe war, sich vorn über die Stange hinunterzubeugen, die Beine nachzuziehen und am Reck hängend abzuspringen.

Der Turnlehrer nahm Hilfestellung ein, um mich gegebenenfalls auffangen zu können. Aber ich wollte die Übung, bei der alle anderen zuschauten, ganz allein machen. »Geh weg,« rief ich dem Turnlehrer zu. Der dachte an seine Verantwortung und blieb stehen. Ich aber war es von der Missionsstation her gewohnt, daß jeder Eingeborene mir gehorchte. »Weg!« schrie ich noch einmal, und als der Lehrer sich nur einen kleinen Schritt entfernte: »Ganz weg, sag ich!« Da trat der Lehrer zur Seite.

Der Schwung kopfüber riß mir aber die Hände von der Stange. Flach wie eine Flunder landete ich mit einem Knall auf Kinn und Bauch. Mein Geschrei war so laut, daß Mama Bakker aus dem Haus stürzte. »Er ist vom Reck gefallen,« erklärte der Lehrer. »Sonst nichts?« fragte Frau Bakker und rief mich, als ich schon wieder aufgestanden war, zu sich. »Hör auf zu weinen,« überschrie sie mein Gezeter und als das nichts half, verpaßte

sie mir eine schallende Ohrfeige. Ein hellroter Blutstrom schoß ihr aus meinem Mund über die Bluse.
Entsetzt starrte sie mich an. Dann legte sie beschwichtigend die Hand auf meine Stirn und sagte besorgt: »Mach den Mund mal auf.« Blut quoll mir über die Lippen. »Streck mal die Zunge raus,« sagte Mama Bakker. »I.. ka... nich,« lallte ich. Beim Sturz, als mein Kinn hart aufschlug, hatte ich die Zunge zwischen den Zähnen gehabt.
Abends waren die Schmerzen noch nicht vergangen. Ich verweigerte jede Nahrung und wollte auch nichts trinken. Meine Zunge war zu einem roten Kloß angeschwollen. Mama Bakker rief den Arzt. Der besah sich den Schaden, ließ sich mit der Klinik verbinden, und sprach kurz mit dem Chefarzt. »Fahren Sie mit dem Jungen in die Klinik,« sagte er dann, »ich kann hier nichts machen.«
So kam ich zu meiner ersten Fahrt in einem Automobil. Vorn, neben dem Chauffeur, saß Mama Bakker. Hinten, bereits im Schlafanzug, von Nenne Polka mütterlich im Arm gehalten, der Patient. Mit dem flackernden Schein seiner Karbidlampen, gewohnheitsmäßig an jeder Ecke hupend, rollte der T-Ford durch die menschenleere, schlafende Stadt. Trotz der Schmerzen staunte ich über die Geschicklichkeit des Negerfahrers, der mit einer kleinen Drehung am Steuerrad dem ganzen Automobil eine neue Fahrtrichtung gab. Das ging viel schneller vor sich als beim Zweispänner Herrn Schippers', mit dem ich manchmal hatte mitfahren dürfen.
Der Chirurg, Doktor Willemse, erwartete die kleine

Gesellschaft schon am Eingang des »Militair Hospitaal«. Mama Bakker stieg aus und flüsterte kurz mit dem Arzt. Ich sah beunruhigt, wie sie plötzlich zurückwich und fragte: »Wirklich?« Der Doktor machte eine beruhigende Handbewegung. Daraufhin drehte Mama Bakker sich um, öffnete die Türe zum Rücksitz und sagte zu mir: »Komm nur, mein Junge. Der Doktor will dir helfen, damit du keine Schmerzen mehr hast. Schau nur, ich hab' das schon oft gehabt!« Dabei deutete sie ein paarmal auf ihr eigene, weit herausgestreckte Zunge. Ich konnte nichts Außergewöhnliches entdecken.
An Armen und Beinen festgeschnallt, lag ich auf dem Operationstisch. Ich starrte hinauf in die Lampen. Vier Leuchtkörper aus feinstem, feuerfestem Netzgewebe warfen den Schein des Gaslichts in die kreisrunden Spiegel an der Innenseite des Lampenschirms. Noch nie hatte ich ein so helles Licht gesehen.
Ich war allein mit dem Arzt und zwei Krankenschwestern. »Es ist gleich vorbei,« hatte Mama Bakker versichert, »wir warten hier auf dich.« Und mit einem »Mi lobbi boi, mein lieber Junge,« hatte Nenne Polka ihren Schützling vorsichtig an sich gedrückt, ehe sie mich in den Operationssaal entließ. Meinen Schlafanzug hielt sie im Arm. Ich sah noch, wie sie sich mit dem Ärmel die Augen wischte. Dann schloß sich die Tür hinter der kleinen Gestalt im weiten, weißen Anstaltskittel.
»Bleib ruhig liegen,« sagte der Arzt leise. Er hatte mir erklärt, weshalb sie mich festgebunden hatten. »Damit du nicht herunterfällst, wenn du plötzlich an das Fußballspiel denkst,« hatte er gelacht. »Wenn du ruhig

bleibst, ist es ganz schnell vorbei. Streck doch mal die Zunge heraus.« Im selben Moment fühlte ich, wie zwei Hände ruhig, aber fest meinen Kopf umschlossen. Ich verdrehte meine Augen und sah in das freundlich lächelnde Gesicht einer hellbraunen Krankenschwester. Dann fühlte ich einen rasenden Schmerz. Die andere Schwester hatte meine Zunge mit einer Gaze in die Hand genommen. Mit einem Aufschrei zog ich die Zunge zurück. »Es muß sein!« sagte der Arzt ruhig entschlossen. Wieder streckte ich die Zunge heraus. Diesmal wurde sie nicht berührt. Doktor Willemse besah sich den tiefen Schnitt, den die Vorderzähne in die Zunge gebissen hatten. »Jetzt versuch mal die Zunge nach oben, an die Nasenspitze zu legen.«

Es gelang nur andeutungsweise. Es schmerzte.

Tief beugte sich der Operateur über meine Brust, um die Unterseite der Zunge zu besehen. »Nichts,« sagte er. Nur die Oberseite war lädiert.

Kurz nickte er den beiden Schwestern zu. Wie ein Schraubstock hielten sie mit beiden Händen meinen Kopf umklammert. Blitzschnell ergriff eine Schwester meine Zunge. Aber wieder zog ich sie zurück.

Da donnerte mich der Arzt an: »Wenn du sie noch einmal zurückziehst, dann hol' ich sooo eine große Zange und halte deine Zunge damit fest!« Dabei zeigte er mit ausgebreiteten Armen die Abmessungen dieses Zangenungeheuers. Das half. Schnell waren die fünf Stiche gelegt, der Silberfaden abgeheftet und ich losgeschnallt.

»Sie haben da einen tüchtigen Jungen,« meinte der Arzt, als er mich zu Mama Bakker zurückführte.

Tagelang konnte ich mich nur mit einem dünnen, fast flüssigen Brei ernähren, den Nenne Polka speziell für mich zubereitete. Vorsichtig schob ich jeweils einen Teelöffel an der Zunge vorbei und ließ die Speise in den Hals gleiten.

Am vierten Tag nach meinem Mißgeschick bekam ich Besuch. »Ernst, kon djaso, komm hierher«, rief Nenne Polka mich am Nachmittag zu sich. Ich hörte am Ton ihrer Stimme, daß sie mir etwas Nettes zeigen oder schenken wollte. Nenne stand oben an der Treppe, die zum Hof hinab führte, und nickte lächelnd nach unten.

Es war meine Lehrerin, Anni.

Sie war schon fast auf der Hälfte der Treppe, als ich neben der Nenne auftauchte. Anni blieb auf der Stelle stehen. Wir sahen uns an. Zwei ungleiche Liebende. Beide waren froh, sich wiederzusehen. Aber erschrocken sah Anni, wie schlecht ich aussah, wie blaß ich im Gesicht war. Fast gelblich war mein an sich sonnengebräunter Teint.

Noch mehr erschrak sie über sich selbst. Ein plötzliches, keineswegs mütterliches Verlangen, als Frau den Jungen zu umarmen, ergriff sie. Überrascht, ertappt, drehte sie sich schnell zur Seite. Das Blut stieg ihr ins Gesicht. Doch die Unsicherheit dauerte nur die Zeitspanne eines Gedankens. Sie hatte sich sofort wieder in der Gewalt und ging mit raschen Schritten die letzten Stufen der Treppe hinauf. »Wie geht es meinem kleinen Turner?« fragte sie, während sie mich in die Arme schloß.

Ich war völlig verwirrt.

Alles hätte ich erwartet, nur nicht, Fräulein Anni zu sehen. Die war doch in der Schule. Dort war es immer gut. Dort half sie mir. Auch wenn ich etwas falsch machte, war sie nie böse.

Aber hier im Haus, bei Mama Bakker, war alles streng. Hier mußte man immer nur gehorchen, oder hätte gehorchen sollen, oder man war zu dumm oder zu faul. Hier paßte Fräulein Anni doch gar nicht hin.

Meine Verwirrung stieg bei der Umarmung, als meine Wange Annis Busen berührte. Ein seltsamer, wundervoller Duft kam aus dem Einschnitt ihrer Bluse.

»Du hast dir ein Stück Zunge abgebissen?« fragte Fräulein Anni. »Zeig' mal, oder geht das noch nicht?«

Ich öffnete den Mund, als hätte ich eine heiße Kartoffel auf der Zunge. Deutlich mußte Anni die Silberfäden und die scheußliche, rotumränderte Narbe gesehen haben. Sie hielt den Atem an.

Inzwischen hatte Nenne Polka Frau Bakker herbeigeholt. »Ach, Fräulein Anni!« begrüßte sie die Lehrerin, und lud sie spontan zu einer Tasse Tee auf der Veranda ein. Im Hineingehen meinte sie: »Der Junge wird bald wieder in Ordnung sein. Nächste Woche werden die Fäden gezogen und dann kann er wieder in die Schule gehen.«

Ich ging hinter den beiden Damen her. »Die Fäden gezogen?« dachte ich. Das hatte mir noch niemand gesagt. Mit Schrecken dachte ich an das Heften der Naht.

Die Unterhaltung beim Tee spielte sich zwischen den Erwachsenen ab. Ich konnte immer noch nicht sprechen, nur ja oder nein nicken und unartikulierte Laute ausstoßen, Vokale, ohne die geringste Andeutung eines

Konsonanten. Staunend hörte ich, wie Mama Bakker meinen Fleiß, meine Klugheit lobte, wie wenig Schwierigkeiten sie angeblich mit mir hatte. Bald wechselte man das Thema, man sprach über Kindererziehung und ich hörte nicht mehr zu. Schweigend starrte ich unentwegt auf Fräulein Anni, so wie ich es auf Zorgvliet bei Frau Schippers getan hatte.
Ich sah ihre klaren, klugen und lieben Augen, die Geschmeidigkeit, mit der sie ihren Körper vorneigte, wenn sie mit schlankem Arm und schmaler Hand ihre Tasse absetzte. Ich sah ihr Haar, das sie straff nach hinten gekämmt und fest mit einer Schleife im Nacken zusammengebunden hatte. Unter der Fessel fiel es, sich wieder lösend, wie ein Wasserfall aus Goldfäden bis zur Hälfte des Rückens hinab.
Diese Frisur war, wie auch die zwar völlig andere Mama Bakkers, einzig in der Stadt. Die weißen Frauen Paramaribos trugen das Haar, der Mode entsprechend, zu einem Knoten zusammengesteckt, im Nacken.
Anni trug ein helles Kleid, weiß-grün sehr schmal gestreift, mit weitem, lockeren Rüschenkragen. Der tiefe Ausschnitt wurde zusammengehalten von einer Goldnadel mit kleinem Nugget, einem zentimetergroßen Erzstück des Edelmetalls, so, wie man es in den Gruben des Binnenlandes fand, auch noch zu Beginn unseres Jahrhunderts. (Selbst im Jahr 1932 fanden die Brüder Gever in einer längst stillgelegten Grube einen Riesenklumpen mit einem Gewicht von siebenundvierzig Kilo.)
Ohne zu verstehen, worum es ging, lauschte ich dem Klang von Annis ruhiger Stimme, mit der sie unbeirrt

den herrischen Lauten Mama Bakkers entgegnete. Am liebsten wäre ich zum Stuhl meiner Lehrerin gegangen und hätte den Kopf in ihren Schoß gelegt. Aber Mama Bakker hätte dann gewiß gesagt: »Setz dich hin und sei ruhig! Wenn große Menschen reden, sind Kinder ganz still!« So blieb ich auf meinem Platz sitzen und war beglückt, daß Fräulein Anni überhaupt da war.
In der Nacht hatte ich wieder einen Traum. Meine Lehrerin lag neben mir im Bett. Sie war barfuß und hatte nur ein dünnes Nachthemd an. Das Haar war nicht mehr zusammengebunden, sondern fiel ihr offen über beide Schultern auf die Brust. Sie legte den Arm unter meinen Nacken, und wieder war da der herrliche, warme Duft, den ich bei der Begrüßung oben an der Treppe wahrgenommen hatte.
Dann geschah etwas Unbegreifliches.
Anni öffnete ihre Schenkel, und gleichzeitig legte ich mich auf ihren Leib. Ich wußte nicht, weshalb das so geschah. Ich wußte nur, daß es so sein mußte, daß ich so nah wie irgend möglich bei meiner Lehrerin sein wollte. Als ich aufwachte, hatte ich eine Erektion. Im Halbschlaf griff ich nach meiner linken Brustwarze. Behutsam zog ich mit den Fingerspitzen einen Kreis um den jugendlichen Hof. Da durchströmte mich ein unbeschreibliches, unwiderstehlich starkes Sehnen nach einem fernen, nie gekannten Glück. Das muß das Paradies sein, dachte ich. Und ich betete, fast wie es mich meine Mutter gelehrt hatte: »Lieber Heiland, mach mich fromm, daß ich mit der Anni in den Himmel komm'.«

Elektrizität

Von der Veranda konnte man ihn schon sehen, den Antennenmast der neuen, internationalen Telegraphenstation Paramaribo. Gleich außerhalb der Stadt, auf einem Kahlschlag des nahen Urwalds, wurde die Zentrale mit ihrem Maschinenhaus und dem zick-zack-verstrebten Stahlturm errichtet. Die Spitze des Turms konnte man über den First des Hauses auf der anderen Seite der Heerenstraat hinweg als fernen, dünnen Strich in den Himmel ragen sehen.
»Er ist schon wieder gewachsen,« meinte Herr Bakker eines Morgens, als das frühe Sonnenlicht noch nicht jede Ferne zu flimmender, undurchdringbarer Glut erhitzt hatte, »da muß doch einer arbeiten.« Er ging ins Zimmer, holte sein Fernglas und justierte sorgfältig die Schärfe. »Tatsächlich,« sagte er leise, ohne das Glas abzusetzen, »da oben steht ein Mann!«
»Bitte, bitte, wir möchten es auch sehen,« riefen die Kinder im Chor. Als ich an die Reihe kam, sah ich die winzige Figur eines Mannes, der ganz oben völlig frei auf der Spitze stand und sich dort gebückt an irgend etwas zu schaffen machte. Wie unendlich hoch und gefährlich mußte der Mann dort oben stehen! Wie kam er hinauf, wie wieder hinunter, wie himmelhoch sollte der Mast eigentlich noch werden, wozu war er eigentlich da? Mit hundert Fragen bestürmten die Kinder den guten Papa Bakker. Sie ließen ihm keine Ruhe. Noch bevor er sich aufs Rad schwang, um zur Bank zu fah-

ren, versprach er: »Also gut, am Sonntag fahren wir hin!«
Und so geschah es. Ein paar Tage später, an einem Sonntagnachmittag, machte sich eine kleine Karawane auf den Weg zur Telegraphenstation. Herr Bakker und die Älteren bestiegen ihre Räder, die Jüngeren wurden auf den Gepäckträgern mitgenommen. Mama Bakker blieb zuhause.
Quer durch die Stadt ging die lustige Fahrt. Vorbei an flanierenden schwarzen, braunen, gelben, rothäutigen Menschen, alle im Sonntagsstaat der Tracht ihrer fernen Heimat, vorbei an Gewürz- und Bratenduftwolken der einheimischen Kochkünste, vorbei an vielen herumstreunenden, heimatlosen Hunden, die jede Vollmondnacht zum Anlaß einer schlafstörenden, städtischen Heul- und Jaulorgie nahmen, sofern der Hundefänger sie nicht schon geschnappt hatte.
Die Radler kamen an der Stadtgrenze zu einer Brücke, bei der auch die Polizeistation Pulupantje war. Pulu, vom englischen »pull«, ziehen, und »pantje«, vom französischen »pantalon« abgeleitet. Hier war es, wo Indianern, die aus dem Busch kamen, um die Stadt zu besuchen, von Amts wegen eine Hose geliehen wurde, damit sie nicht nackt durch die Straßen liefen. Das taten sie übrigens, auch mit Hose, immer im Gänsemarsch, wie sie es im Urwald gelernt hatten. Ein beliebtes Kinderspiel war es, dem Vorangehenden eine leere Kiste in den Weg zu stellen und diese, sowie der erste sie umgangen hatte, mittels eines Seils wegzuziehen. Die ganze Sippe, Erwachsene wie Kinder, oft ein Dutzend oder mehr an der

Zahl, lief dann in den Fußstapfen des Vorgängers um die nicht mehr vorhandene Kiste herum.
Ein Polizist trat aus dem Holzschuppen und fragte, während er sich die Uniformmütze aufs Haupt setzte, wohin des Weges. »Zur Telegraphenstation,« erklärte Papa Bakker. Der Mulatte machte ein strenges Gesicht und sagte kategorisch: »Unmöglich. Strengstens verboten!«
»Wir wollen uns doch nur den Turm ansehen,« erwiderte Herr Bakker, indem er eine kleine Silbermünze aus der Tasche zog.
»Ach so, das ist etwas anderes,« meinte daraufhin der Gesetzeshüter. »Aber auf eigene Gefahr!«
Er ließ das »kwartje« in die Hosentasche gleiten und gab den Weg frei. Staunend stand die kleine Gesellschaft vor dem mehr als hundert Meter hohen, mehrfach nach allen vier Windrichtungen vertäuten Mast. Ein Wärter trat auf uns zu, und wir erfuhren, daß holländische Spezialisten schon seit Wochen an der Montage der Station arbeiteten. »Der Mann braucht zwanzig Minuten, um hinaufzusteigen,« sagte der Wärter hinaufschauend.
In dem kleinen Backsteingebäude, der Zentrale, stand allerhand an Geräten herum. »Das sind zwei Dieselmotoren,« erklärte der Wärter. »Sie wurden von drei Traktoren durch den Schlamm auf einem Schlitten hergezogen.« Wir waren sprachlos. Wie konnte etwas so schwer sein, daß man es nicht auf einem kräftigen Eselwagen herschaffen konnte? Die Dinger sahen ja gar nicht so furchtbar groß aus.
»Wenn jemand den dicken Draht dort berührt,« fuhr

der Wärter fort, der sich freute, sein Wissen loswerden zu können, »dann ist er auf der Stelle tot! Elektrizität!« Er sprach das Wort bedeutungsvoll aus, wie die Geheimformel eines Medizinmannes. Ich, der längst wieder normal sprechen konnte, fragte, was Elektrizität sei. »Elektrizität ist der Blitz,« sagte der Wärter. »Die Holländer haben ihn eingefangen. Sie können ihn auch ohne Gewitter wieder loslassen.«

Später erklärte uns Herr Bakker, daß man Elektrizität braucht, um Nachrichten übers Meer nach Europa senden zu können. »Kann man Europa sehen, wenn man oben auf dem Turm steht?« wollte ich wissen. Ich kannte nur die Commewijne und den Surinamefluß. Herr Bakker mußte lachen.

Nach Europa

Im Mai 1921 war die »Commewijne« ausgebucht. Alle Kabinen des kleinen, 2400 Bruttoregistertonnen messenden Fahrgastschiffes waren von den 47 Passagieren belegt, darunter die Bielkes. Die Spitzengeschwindigkeit des winzigen Holländers betrug elf Knoten, das sind etwa zwanzig Kilometer in der Stunde. Auf Reisen kroch er mit der Geschwindigkeit von neun Seemeilen über den Ozean, dem Tempo eines Tourenradfahrers.

Es dämmerte. Missionar Bielke, mein Vater, stand noch immer am Heck und starrte nach Süden. Längst schon hatte sich die flache Küstenlinie Surinams im Dunst dem Auge entzogen. Nur noch ein schwaches, regelmäßiges Aufleuchten am Horizont erhellte den sich rasch eindunkelnden Himmel. Zehn Meilen von der Küste wies im Fünf-Sekunden-Rhythmus der kreisende Strahl des Leuchtschiffes »Suriname« jedem Seefahrer den sicheren Kurs.

»Merkwürdig,« dachte mein Vater, »jahrelang habe ich mich auf den Antritt dieses Urlaubs gefreut. Und nun, da es soweit ist, bin ich traurig.«

Wie anders war es, als er diese Küste nicht verschwinden, sondern auftauchen sah. Hatte er in diesen neun schweren Jahren seine Pflicht getan, seine Aufgabe erfüllt? War er den Heiden ein Segen gewesen? Würde Kasan, der Evangelist, die Handvoll bekehrter Javaner zusammenhalten können, oder würden sie sich wie Spreu in alle Winde zerstreuen? Ihn befielen Zweifel.

Hatte er nicht doch den falschen Beruf gewählt? War er wirklich berufen? Wäre es nicht besser gewesen, in Holland zu bleiben, den elterlichen Betrieb, eine gutgehende Metzgerei, mit seinem älteren Bruder Gottfried weiterzuführen?
Eine Welle hob das Heck und drückte das Schiff zwei Strich aus dem Kurs. Mein Vater ergriff die Reling und kam zu sich. Ganz weltlichen Gedanken ging er da nach! War er nicht zu höheren Arbeiten berufen, als Kalbsknochen auszubeinen? Waren Zweifel nicht schlechthin geistige Sünden? Hatte der Herr nicht seine Jünger gerügt: »Wenn ihr Glauben habt, wie ein Senfkorn, so werdet ihr Berge versetzen!«
Herr, vergib! Nicht in der kühlen, grünen Heimat lag seine Zukunft, sondern dort unten, im glühenden, schwülen Surinam. Einen Augenblick war ihm, als führe das Schiff nicht fort von Paramaribo, sondern geradewegs dorthin. Dann hörte er den Gong, der zum Abendessen rief.
An unserem Tisch saß ein Arzt-Ehepaar, die Wesenhages. Auch sie fuhren, mit ihren drei Töchtern, in den wohlverdienten Urlaub. Dann war da noch ein reicher Kakaopflanzer mit seiner Frau und seinem Sohn, die Bloemendaals.
Die Unterhaltung drehte sich um die vermutliche Dauer der Reise und ob im Ärmelkanal sämtliche Minen schon geräumt sein würden.
Doktor Wesenhage fragte meinen Vater, wann er zum letzten Mal in Europa war.
»Vor neun Jahren.«

»Es kann sich nach einer so langen Zeit allerhand geändert haben,« erklärte der Arzt. »Besonders in den Tropen stellen sich die Körperfunktionen manchmal völlig um.«

»So Gott will, wird alles gut gehen,« meinte Vater.

Die dicke Frau Bloemendaal, die es eigentlich unter ihrer Würde fand, mit irgendwelchen armen Missionarsleuten an einem Tisch zu sitzen, fragte: »Wie alt ist Ihr Sohn?«

»Ernst Gottfried ist acht Jahre alt.«

»Unser Hendrik ist schon zehn!« sagte Frau Bloemendaal, als wäre das eine besondere Leistung. »Hoffentlich kommt der Junge, mit dem er seine Kabine teilen muß, aus ordentlichen Verhältnissen.«

»Es ist unser Sohn, der Ihnen gegenüber sitzt,« sagte mein Vater.

»Ach so,« mischte Herr Bloemendaal sich ein. »Nichts persönliches, Herr Pfarrer, aber ich sage Ihnen gleich, daß ich von der Mission nichts halte. Die bringt die Kulis nur auf dumme Gedanken. Mit ihrer Hindureligion waren sie viel leichter zu behandeln. Bei den Christen ist es schwer, sie sonntags auch nur für ein paar leichte Hausarbeiten zu bekommen.«

Er schaute seine Frau an.

»Entsetzlich,« stöhnte die.

»Na ja,« schloß der Pflanzer ab. »Mich sehn die da unten nie wieder. Die Krullotenkrankheit, der Kakaopilz, hat das Geschäft gründlich verdorben. Ich hab' die Plantage noch günstig verkaufen können. Gott sei Dank. Einem Inder, der Reis pflanzen will. Der wird sich wundern, bei dem Bewässern und so ...«

Mein Vater wiederholte: »Gott sei Dank, meinen Sie, Herr Bloemendaal. Ich wage zu bezweifeln, ob Gott sich über Ihren Dank freut.«
Bloemendaal sah seine Frau bedeutungsvoll an.
Ich erwachte früh am Morgen und lauschte den Geräuschen des Schiffes. Klatschend schlug das Wasser mit jeder Welle gegen die Bordwand. Darüber rauschte der Wind, mal stärker, mal schwächer. Irgendwo über meinem Kopf in der oberen Koje – unten schlief der Bloemendaaljunge – ratterte es hin und wieder: die Kette, die vom Steuerrad auf der Brücke durch eine Röhre zum Ruder nach achtern lief. Und tief unter alledem dröhnte in beruhigendem, stampfenden Regelmaß die Schiffsmaschine.
Mit dem Bloemendaalzögling bekam ich keinen Kontakt.
Hingegen freundete ich mich mit dem Chefsteward Koopmans an. Ich durfte ihm manchmal beim Eindekken helfen, indem ich die Servietten verteilte. An einem Tisch bewunderte ich heimlich eine Sechzehnährige, die bläulichglänzend lackierte Fingernägel hatte. Am Abend schminkte sie ihre Lippen hellrot, fast orange, und hin und wieder umfaßte ein grünes Band ihr feuerrotes Haar.
Das Essen kam mir wie ein Füllhorn aus dem Schlaraffenland vor. Zwar hatte ich mich gewundert, daß vor Tisch nicht gebetet wurde. Kein »Vater segne diese Speise, uns zur Kraft und dir zum Preise«, kein »Komm Herr Jesu, sei unser Gast, segne, was du uns bescheret hast.« Nicht einmal das kurze »Laß Speis und Trank ge-

segnet sein.« Man setzte sich hin, die Stewards brachten die Suppe, man legte los.
Aber so köstlich, wie hier tagtäglich, wurde zu Hause nicht einmal am Sonntag gegessen. Und was am Unerhörtesten war: es gab jeden Tag eine Nachspeise!
Ich erschrak, als ich eines Tages den Koch beobachtete, der Essensreste einfach über Bord warf. Ganze Schalen mit Gemüse, einen Eimer voller Suppe und, nicht zu fassen, einen ganzen Pudding! Ich meldete es meinem Freund Koopmans.
»Ja,« meinte dieser, »wir müssen unseren Gästen jeden Tag etwas anderes bieten.«
»Aber die Matrosen wollen doch ganz bestimmt auch Pudding haben!« entgegnete ich.
»Die Mannschaft hat eine eigene Küche,« erklärte der Chefsteward, »die essen Speck und braune Bohnen und so. Die kriegen keinen Pudding.« An diesem Tag beschloß ich, niemals Matrose zu werden.
Das Wetter wurde schlechter. Der Bordfunker hatte eine Warnung aufgefangen: Sturm aus Nordwest. Schon beim Frühstück brannte das Licht, so finster war die Luft. Statt mit dem üblichen strahlenden Sonnenschein hatte der Morgen die Nacht mit trübem Grau abgelöst. Ein feuchter Wind trieb die Wellen vor sich her, faßte sie kräftig in den Rücken, wälzte die wachsenden Hügel drohend nach Südost. Schwer stampfte die »Commewijne« gegen die steife Brise.
Die Kinder erschienen zwar vollzählig zum Frühstück und lachten laut, als einem Steward die volle Schüssel Haferbrei vom Tablett rutschte, aber die Erwachsenen

reagierten empfindlicher. Schon beim Morgenkaffee fehlten einige Passagiere und gegen Mittag verschwanden viele in ihren Kabinen.
Am Nachmittag schwoll der Nordwestwind zum Sturm an. Auf der Brücke gab Kapitän Koningstein die Order aus: Keine Passagiere an Deck. Persenningen nachziehen und festzurren. Taue verklampen. Decktüren verschließen. Bullaugen mit Stahldeckel verschrauben. Dann legte er den Maschinentelegraf von »vol« auf »half« zurück. Dem Rudergänger befahl er: Kurs Nordwest. So ritt die »Commewijne« gegen den Orkan. Auch die Kinder wurden jetzt in die Kabinen geschickt.
Die kleine »Commewijne« mußte manchmal ein »paaltje pikken«. So sagen holländische Seeleute, wenn das Schiff sich mit dem Bug kopfüber in eine Welle stürzt und mit triefenden Klüsen wieder auftaucht. Wie die Münze, die man ins Wasser wirft, nicht senkrecht, sondern pendelnd hinabsinkt, so »schwänzelt« auch der Bug aus dem Wasser empor, das Schiff schüttelt sich, es stöhnt und ächzt in allen Fugen, es vibriert von der Schnauze bis zur Schraube, man hat ein »paaltje gepikt«.
Im Kesselhaus war die Hölle los. Der Schweiß lief den beiden Heizern in hellen Rinnen den staubgeschwärzten, nackten Rücken hinab. Kees, der ältere, hielt sich an der Feuertüre fest. Piet, der andere, sprang in einem günstigen Moment mit der vollen Kohlenschippe heran und schleuderte die Brocken in die rasch geöffnete Höllenpforte des brüllenden Kessels. Am schlimmsten hatte es van Dam, der Maschinist. Auf ihm ruhte bei Sturm die tatsächliche, volle Verantwortung, trotz Kapitän.

Selbständig, nach eigenem, erfahrungsbedingtem Ermessen regelte er die Bewegung der Schiffsschraube, des einzigen Propellers. Damals war die Schiffsschraube der wunde Punkt der Dampfschiffe, ihre Achillesferse. Die Schraube wird meist aus anderem Metall hergestellt, Bronze oder Kupfer, als die stählerne Achse, auf der sie befestigt ist. Kupfer und Bronze lassen sich besser und leichter bearbeiten als Stahl und leiden überdies weniger unter Kavitation, der Hohlraumbildung im Sog. Die beiden unterschiedlichen Metalle jedoch bilden im Meerwasser eine galvanische Batterie. Es entstehen Spannungen, die Korrosion zur Folge haben. Bei starker Belastung kann sich die Schraube von ihrer Achse loswinden und in die Tiefe trudeln. Das Schiff ist manövrierunfähig, man hißt am Mast die zwei schwarzen Korbbälle und ist, bis Hilfe naht, den Launen der Meeres- und der Wettergötter hilflos überlassen.
Bei einem Sturm nun, wie ihn die »Commewijne« erlebte, hebt der Seegang mit jeder Welle das Heck hoch aus dem Wasser. Beim »paaltje pikken« surrt die Schraube fast widerstandslos im Leeren, die Maschine läuft Gefahr, sich zu überdrehen. Im schlimmsten Fall fliegen die suppentellergroßen Pleuel einem um die Ohren. Wenn nichts dagegen geschieht, kracht die Schraube im nächsten Moment mit voller Wucht und überhöhter Drehzahl auf's Wasser. Flügelbruch oder totaler Antriebsverlust können die Folge sein.
Dies zu vermeiden, mußte der Maschinist bei Sturm Tag und Nacht am Hauptregler stehen, um die Dampfzufuhr je nach Bedarf zu »knijpen«, d. h. zu drosseln, oder

freizugeben. An der Bewegung des tanzenden Schiffskörpers, am Hochzucken des Tourenzählers, am Geräusch seiner Maschine mußte der Maschinist erkennen, wann hin, wann her mit dem blinkenden, armlangen Metallhebel.

Um den Halt nicht zu verlieren, hatte van Dam sich angeseilt. Ein breiter Gürtel, wie ihn Feuerwehrleute tragen, umschloß seinen umfangreichen Bauch. An drei Seiten waren daumendicke Seile durch schwere Metallringe des Gürtels gezogen und am Eisengeländer und feststehendem Gestänge verknotet. Van Dam hing »in de touwen«.

Ich lag angezogen auf meiner Koje und versuchte zu schlafen. Mein Zimmerkamerad unter mir war seekrank und spuckte einen Topf nach dem anderen voll. Jedesmal, wenn auf sein Klingeln der Steward das Gefäß auswechselte, erging sich der Bananenzüchtersohn in wüsten Verwünschungen gegen den Kapitän, Schiff und Besatzung. Er fragte den eisig schweigenden Schiffskellner immer wieder: »Wanneer houdt dat verdomde gesodemieter eindelijk op? – Wann hört die verdammte Sauerei endlich auf?« Ich nickte allmählich ein, aber fürchterliches Gepolter weckte mich aus dem Halbschlaf. Das Kabinengepäck rutschte durch den Raum. Besonders die schwere, eisenbeschlagene Seemannskiste, zusätzlich mit zolldicken Holzleisten beschlagen, glitt wie auf Schienen unterm Bett hervor und nahm unterwegs den Topf des unter mir Liegenden mit, vergoß den Inhalt und knallte splitterstreuend gegen die Bordwand. Bei der nächsten Welle verschwand sie wieder unter dem Bett. Das Chaos war komplett: »Lieber Gott, hilf, daß wir nicht untergehen,« betete ich im stillen.

In der Nacht beruhigte sich die See einigermaßen. Mein Vater, dem speiübel war, raffte sich auf. Mit beiden Händen stützte er sich an den Wänden des schmalen Ganges ab und tastete sich zu meiner Kabine vor. Er öffnete die Tür und sah in einen Menschenstall. Mit raschem Blick erkannte er, daß die beiden Jungen erschöpft tief eingeschlafen waren. Der Weg zurück gelang ihm schneller, als er gekommen war. Der Wind legte sich.

Am nächsten Morgen ging die See noch hoch, aber keine Gischt fegte mehr über Kommandobrücke und Masten hinweg, die »Commewijne« lief wieder auf Kurs, der Maschinentelegraf zeigte »vol vooruit«. Blaß saßen die Kinder am Frühstückstisch. Der Koch hatte neben den üblichen Getränken, Tee, Kaffee und Schokolade, auch noch eine kräftige Fleischbrühe zubereitet.

»Nun?« fragte Jansen, der zweite Steuermann, der wieder einmal die Kinderaufsicht hatte, »wer von euch hat Angst gehabt?«

Betroffenes Schweigen war die Antwort. Alle hatten Angst gehabt, niemand meldete sich.

Mein Zimmerkamerad faßte sich ein Herz. »Kann der Scheißkahn untergehen?« frage er mürrisch.

»Das Schiff ist gut gebaut und nicht alt«, erwiderte Jansen ruhig. Es ärgerte ihn, daß der Naseweis die »Commewijne« als Scheißkahn bezeichnete. Er wollte weiterreden, aber der Junge kam ihm zuvor.

»Der Sturm hat uns fast umgeworfen«, stellte er laienhaft fest.
»Wir sind ja kein Segelschiff«, erwiderte der Maat. »Sonst hättest du die Frage überhaupt nicht mehr stellen können. Dann wärst du nämlich nur noch ein gutes Gefühl im Magen irgendeines Haifisches.« Und maliziös auf die Leibesfülle des Jünglings anspielend: »Dich hätten sie wahrscheinlich als ersten verspeist.«
Zwei Dutzend Kinderaugen sahen den Seemann erschreckt an. »Sind Segelschiffe wirklich untergegangen?« fragte die Sechzehnjährige, die mit den lackierten Fingernägeln.
»Viele«, sagte der junge Steuermann und kramte in seinem Gedächtnis nach dem, was er vor nicht allzulanger Zeit auf der Seefahrtsschule gelernt hatte. »Im Jahre 1869, oder war es siebzig, in einem einzigen Jahr jedenfalls, gingen allein an den Küsten Englands mehr als zweitausend Segelschiffe verloren.«
»Waren die nicht wasserdicht?« fragte ich.
»Doch, doch«, sagte der Maat. »Die Segelschiffe waren zwar klein, vielleicht vier- oder sechsmal so klein wie die ›Commewijne‹, aber sie waren durchaus seetüchtig.«
»Warum gingen sie dann unter?« wollte einer wissen.
»Weil es damals noch keine Gesetze gab, an die man sich halten mußte«, belehrte Jansen. »Heute gibt es ein Seerecht. Kein Schiff darf auslaufen, wenn es nicht topfit ist. Die ›Commewijne‹ ist o.k.«
Koopmans erschien mit Zwieback und einer Schale Rührei. »Der Jansen gibt wieder mächtig an«, flüsterte

er, als ich an die Reihe kam. Ich wußte nun nicht, wem ich glauben sollte, Koopmans oder Jansen.

Der Steuermann erzählte schon weiter. »Früher wurden die kleinen Schiffe oft viel zu tief beladen. Schon bei einer leichten Brise schlug Wasser über Deck, die Nußschalen liefen einfach voll und sanken wie die Backsteine. Heute haben die Dampfer an der Außenwand ein Zeichen. Das muß im Hafen immer zu sehen sein, das sogenannte Plimsollzeichen. Wenn wir in Madeira an Land gehen, könnt ihr es euch ansehen. Ein Kreis mit einem Querbalken. Der darf im Hafen nicht unter Wasser liegen.« Jansen blickte bedeutungsvoll in die Runde. »Wenn zuwenig Matrosen an Bord waren, um die Segel rasch reffen zu können, wenn die Ladung verrutschte, oder wenn ein altes Holzschiff einfach auseinanderbrach, dann sank das Boot. Von den meisten dieser Unglückskähne hat man nie mehr etwas vernommen. In den Handelsberichten steht: ›Verschollen!‹«

Ich erwachte durch aufgeregte Rufe im Flur: »Madeira, Madeira!«, das erste Land nach vierzehn Tagen Wasser und Luft. ›Holz‹ bedeutet das Wort Madeira. Die Insel war vor 1419 lückenlos vom Urwald bedeckt. Die Portugiesen zündeten den Busch an, um Platz zu schaffen. Madeira brannte ununterbrochen sieben Jahre lang. Dann hatte man Platz.

Mit einem Satz war ich aus der Koje, stürmte im Schlafanzug die Treppe hinauf, übersprang die fußhohe, kupferbeschlagene Schwelle zum Deck. Ich rieb mir die Augen und starrte zum Horizont. Dort mußte doch schon der schmale Strich der Küste sichtbar sein, ähnlich wie

ich es bei der Abfahrt aus Surinam erfahren hatte. Aber ich mochte mich anstrengen, wie ich wollte, ich sah nichts.
Dann fiel es mir wie Schuppen von den Augen. Der Himmel, der vor mir lag, war nicht leer. Der hauchdünne Schleier des Morgennebels wurde transparent, durch den driftenden Dunst sah ich Berge, Bäume, Häuser und Felder Gestalt annehmen. Die »Commewijne« lag schon auf Reede!
Überwältigt trat ich einen Schritt zurück, als könne die Wucht des Eindrucks mich erdrücken. Ich erlebte zum ersten Mal in meinem Leben das, was man gemeinhin eine Offenbarung nennt. Was der Neandertaler, der das Rad erfand, der Ingenieur George Stephenson, der die Eisenbahn erdachte, was Rembrandt empfunden haben muß, als er zu seinen Emmausgängern inspiriert wurde, das traf den auf die Insel starrenden Jungen aus Surinam: der zündende Gedankenblitz der Offenbarung.
Aufgeregt eilte ich in die Kabine zurück. Hastig wusch sich der kleine Entdecker, vergaß das Zähneputzen, zog sich schnell an und rannte wieder hinauf. An Deck hatten sich schon viele Passagiere versammelt. Alles blickte landwärts. Eine Flotte kleiner Kanus paddelte heran. Sie wurden bewegt von jungen Leuten, Kindern fast. »Mister, Mister!« riefen sie, als sie näher kamen. Dabei zeigten sie eine kleine Münze, warfen sie ins Meer, tauchten nach, kamen wieder empor und hielten die Münze in die Höhe. Die Passagiere begriffen. Bald regnete es »Stuivers«, »Dubbeltjes«, manchmal sogar ein »Kwartje« auf die hellbraunen Taucher hinab.

Ich sah die Eltern kommen. »Papa, gibst du mir Geld? Wenn ich es ins Meer werfe, holen die Jungen da unten es wieder raus.« Der Vater machte ein bedenkliches Gesicht, zog dann schmunzelnd seinen Geldbeutel und gab mir ein Zweieinhalbcent-Geldstück. Ich suchte mir den nettesten Jungen aus, den mit der breiten Zahnlücke, und warf die Münze in seine Richtung. Aber der Junge sah nur kurz nach dem keineswegs glänzenden, stumpfen Bronzegeldstück und ließ es achtlos in die Tiefe pendeln.

»Die nehmen nur Silber«, sagte ein Herr und schenkte mir ein »Dubbeltje«. Dieses Mal klappte es. Aber ich schenkte es einem anderen.

Später ging man an Land. Dazu wurden zwei Rettungsboote von ihren Davits herabgelassen. Über das Fallreep stieg man in die offenen, sich wiegenden »sloops«. Auf den Holzbänken drängte man sich zusammen, je sechs Mann der Besatzung legten sich in die Riemen. Am Molenkopf rannten, sprachen und sangen die Einwohner Madeiras wild durcheinander, als sei der Karneval ausgebrochen. Still saßen dieweil die gelben, hellgrünen oder fast orangefarbigen Kanarienvögel in ihren winzigen Transportkäfigen. Ich schaute genauer hin. Fast keines der Tiere öffnete den Schnabel, ließ den gefiederten kleinen Kehlkopf vibrieren. Trotzdem erfüllten die herrlichsten Rollergesänge die Luft.

»Was schaust du?« frage eine Männerstimme. Es war Koopmans, der Chefsteward.

»Sieh mal«, sagte ich zu meinem Freund, »der bewegt sich gar nicht und singt trotzdem.«

»Der Vogel pfeift gar nicht«, sagte Koopmans. »Der Händler pfeift.«
Ich sah den Vogelhändler an. Ununterbrochen redete der auf einen vermeintlichen Kunden ein.
»Der Mann redet ja«, sagte ich.
»Trotzdem«, beharrte der Chefsteward, »der hat ein flaches Schilfstück im Mund und ahmt das Zwitschern und Trillern der Vögel haargenau nach. So ganz nebenbei macht er das, so zwischendurch.«
Ich war empört. »Das ist ja Betrug!« rief ich aus.
»Das ist Geschäft,« lachte der Kellner und gab mir einen freundschaftlichen Schlag auf die Schulter. Dann ging er rasch weiter. Er wußte da eine Adresse ...
Wer sich heute IJmuiden, dem Vorhafen Amsterdams, nähert, ahnt wohl kaum, daß er über eine Anzahl im Zweiten Weltkrieg als Hafensperre versenkter Schiffe problemlos zwischen den Molen hinweggleitet. Statt die Wracks 1945 mühsam zu heben, saugten die Holländer ihnen den Sand unterm Kiel weg, bis sie samt den Aufbauten und ohne besondere Spuren zu hinterlassen ganz und gar im Meeresboden versunken waren.
Auf der Fahrt bei herrlichstem Wetter durch den 20 km langen Kanal zwischen IJmuiden und Amsterdam standen die Passagiere zwar an der Reling eines Ozeandampfers, aber die »Commewijne« war nun im Grunde nur ein riesiger Ausflugskahn, der seine Gäste durch die altvertraute Landschaft schipperte. Über die grüne Fläche der saftigen Wiesen, auf der ganze Heere schwarz-weiß gemusterter Stammbuchkühe die Halme rupften, sah man in der Ferne nur die Spitzen der Kirchtürme. Häu-

ser und Baumkronen waren auf dem Flachland dem Auge hinter der Krümmung der Erde entzogen.
Das eingedeichte Wasser, auf dem die »Commewijne« langsam amsterdamwärts fuhr, liegt einige Meter höher als das anliegende Land der Polder. Ein Polder ist ein trockengelegter Binnensee. Der Amsterdamer Flughafen Schiphol (Höhle der Schiffe) liegt auf dem Boden eines solchen trockengepumpten Süßwassersees. Am Kontrollturm steht ein roter Strich, in vier Metern Höhe: der Meeresspiegel.
Ich stand zwischen den Eltern und hatte nur Augen für die Windmühlen. »Die da drüben haben Trauer«, sagte eine Stimme. Es war der Koch, der zum ersten Mal seit Paramaribo seine Kombüse kalt werden ließ. »Der Müller hat sie angehalten. Der untere Flügel steht ein wenig nach links aus der Senkrechten. Die haben einen Sterbefall.«
»Woher wissen Sie das?« fragte meine Mutter.
»Mein Vater war Müller,« sagte der Koch. »Schauen Sie, da drüben steht eine still mit dem Flügelrad genau waagrecht. Das nennt man ›Arme vor der Brust‹. Die Mühle arbeitet, der Müller hat nur eine Pause eingelegt. Da, gerade fängt sie ganz langsam an, sich wieder zu drehen. Und steht der untere Flügel ein wenig nach rechts, ich sehe im Moment keinen, dann feiert man Hochzeit. Und dort, die Flügel genau zwischen senkrecht und horizontal, gewissermaßen ein umgekipptes Kreuz, dann heißt das: ›Heute wird nicht gearbeitet, Ruhetag‹.«
»Was tun die kleinen Mühlen?« fragte ich, »die drehen viel schneller.«

»Das sind Wassermühlen«, erklärte der Koch. »Die bringen das Wasser aus dem Polder in den Ringkanal. Sonst würden die da unten im Grundwasser ersaufen.«

Ich hörte nicht mehr zu. »Das geht nicht!« rief ich aufgeregt und zeigte nach vorn. »Da kommen wir nicht unten durch.« Eine riesige Bogenbrücke lag quer über dem Kanal.

»Das ist die ›hembrug‹«, bemerkte der Koch. »Es geht. Paß nur gut auf.« Ein Zug donnerte über die Brücke, brauste in die Ferne, wurde rasch kleiner. Dann sah ich das Unglaubliche. Die Brücke, heute längst von einem Tunnel ersetzt, fing ganz langsam an sich zu drehen. Um eine mächtige Stütze, einen Pfeiler, der mitten im Kanal auf einer kleinen Insel stand, fing die hundertzwanzig Meter lange Stahlkonstruktion an, sich langsam zu drehen. Die beiden Enden lösten sich vom Ufer, die beiden Spalten zwischen Brücke und Land wurden immer breiter, bis das Ganze genau in der Mitte, parallel zur Fahrtrichtung des Schiffes, halt machte. Ungehindert fuhr die »Commewijne« in scheinbar beschleunigter Fahrt an der Brücke vorbei. Aus nächster Nähe sah ich auf die glänzenden Schienenstränge hinab. Rasch lief ich nach achtern und sah, wie sich der Koloß langsam wieder quer legte.

Wie aus dem Deck gewachsen stand Koopmans plötzlich neben mir. »Na, Kleiner, unsere Reise ist bald zu Ende. Welcher Teil vom Schiff hat die weiteste Strecke zurückgelegt?«

»Der Bug«, sagte ich, »der kommt als erster an.«

»Falsch«, klärte der Steward den Achtjährigen auf. »Die Mastspitze ist es, die hat den größten Bogen um die Erde gemacht.«
Das begriff ich aber noch nicht.

Eine neue Welt

Die Bielkes ließen sich in Zeist nieder, dem Hauptsitz der Herrnhuter Brüdergemeine in der Mitte Hollands, vor den Toren der Stadt Utrecht. Ich wurde in die Grundschule gesteckt und erlebte schon bald am Umgang mit den Mitschülern den Unterschied zwischen der Kolonie Surinam und dem Mutterland. War drüben ein weißer Junge ungewollt ein Mensch »höherer Gattung«, so waren hier in Zeist alle weiß, und keiner bevorzugte mich. Im Gegenteil, sie ließen mich spüren, daß ich »Tropenadel« war.

Ich entdeckte ein neues Leben, eine neue Welt.

In der Nähe der Brüdergemeinsiedlung, in der wir wohnten, stand eine 400jährige Kastanie. Ihre Äste hatten sich zu Stämmen fortgebildet, die weitausladend in die Breite griffen. Da ich eine Vorliebe dafür hatte, in Bäume und Telegrafenmasten zu klettern, nahm es kein Wunder, daß ich bald den Weg zur Spitze des Baumes wußte. Ich kannte jeden Griff, jede fußgerechte Gabelung und schwang mich gern ganz oben meterweit hin und her, nicht selten vor lauter Lebensfreude einen Choral singend.

Eines Tages fiel mein Blick auf einen Seitenarm, der zum Klettern nie benutzt wurde. Astlos wuchs er schräg aus dem Hauptstamm heraus. Auf dem Bauch liegend versuchte ich emporzuklettern, rutschte aber immer wieder ab. Ich probierte es ein zweites, ein drittes Mal. Immer dasselbe. Beim vierten Mal geschah es! Wie ein Blitz traf mich ein elektrischer Schlag. Er warf mich hinunter in das weiche, knietiefe Gras. War dort oben ein unsichtbarer Leitungsmast? Doch ich sah über mir nur ein Blätterdach mit Ästen. Ein merkwürdiges Gefühl durchströmte mich von den Haarwurzeln bis zu den Zehenspitzen, und – oh Schreck – meine Hose war naß. Nachdenklich ging ich nach Hause, erzählte aber niemandem von meinem Erlebnis. Am nächsten Tag zog es mich aber wieder zu dem Kastanienbaum. Und immer wieder überwältigte mich das sonderbare Gefühl, wenn ich bäuchlings auf den Ast kletterte. Es warf mich nicht mehr hinab. Ich empfand nicht mehr Schmerz, sondern, les extrêmes se touchent, eine fast unerträgliche Lust. Und bald stellte ich die Quelle des Gefühls fest. Hatte ich in Surinam meine erste Erektion, so war dies mein erster Orgasmus. Nun war der Schritt zur Onanie nicht mehr weit. Zum Orgasmus, so stellte ich beglückt fest, braucht man keinen 400jährigen Kastanienbaum …

Bald sollte ich zu diesem Thema mehr erfahren. In meiner Klasse, ich war inzwischen zehn, saß neben mir Gerrit Zeldenrust. Der Bauernsohn sprach wenig. Eines Tages lud er mich ein, den Bauernhof seiner Eltern zu besuchen. Das war eine willkommene Abwechslung im langweiligen Alltag der zivilisierten Welt. Seine Eltern waren einfache, aber überaus herzliche Menschen. Der riesige Bauernhof überwältigte mich. Ich staunte über die Selbständigkeit, die hier mein sonst so wortkarger Klassenkamerad entwickelte.

»Gerrit, schau mal nach den Kühen. Ich glaube, die Maja muß gedeckt werden,« beauftragte ihn sein Vater. Gemeinsam gingen wir in den Stall. 60 Kühe standen in zwei Reihen an ihren Ketten, die Köpfe am Futtertrog, die Schwänze über der Jaucherinne, durch die ständig frisches Leitungswasser floß.

Gerrit löste die Maja von ihrer Kette und brachte sie vor den Stall. »Halt mal«, sagte er zu mir, gab mir die Kette und verschwand. Nach einer Weile kam er mit einer zweiten Kuh, die die erste von hinten besprang. Maja rührte sich nicht.

»Gut«, schrie Gerrit, »sie steht wie eine Eins.«

Kuh Nummer zwei wurde wieder in den Stall geführt, und wir machten uns mit Maja auf den Weg zum Nachbarbauern.

»Das war lustig«, sagte ich unterwegs, »die wollte wohl Bockspringen!« »Wollte schon, aber konnte nicht!« lachte Gerrit.

Beim Nachbarn wurde Maja zwischen zwei Barren angekettet. Dann erschien ein Ungeheuer, der Stier. Ein Knecht hielt sich den schweren Bullen mit einer Nasenringstange vom Leibe und führte Hektor der Maja zu. Der Stier stieß dumpfe Brunftlaute aus und sprang sofort. Tief stieß er sein ellenlanges, vor Urkraft strotzendes Glied der Maja in den Leib.

Ich war entsetzt! »Der bringt sie um!«

»Ha, ha«, lachte Gerrit, »das machen dein Vater und deine Mutter zu Hause auch!«

Es dauerte Tage, bis ich mich traute, meinen Eltern, besonders meiner Mutter, in die Augen zu schauen. Und nach und nach fügte sich das eine zum anderen.

Ich begriff langsam. Meine Eltern klärten mich und meine Geschwister nie auf ...
Meine Geschwister! Warum habe ich denn bisher vergessen, von meinen Geschwistern zu sprechen?
Kurz vor meinem zwölften Geburtstag wurde mein Bruder Paul geboren. Er ist der Jüngste. Ich hatte schon eine ältere und zwei jüngere Schwestern. Hatte, denn Veronica, die jüngste der drei, ist 1970 bei einem entsetzlichen Autounfall von einer Sekunde zur anderen umgekommen. In meiner Surinamer Erinnerung entsinne ich mich noch an die Ankunft Veronicas. Der Vater weckte mich und sagte: »Wir haben etwas Lebendiges bekommen.« Worauf ich schlaftrunken fragte, ob es ein Kanarienvogel sei. Ich weiß auch noch, daß ich mit Helen, meiner ältesten Schwester, pausenlos stritt. Heute ist sie meine Lieblingsschwester. Sie wurde Lehrerin, unterrichtete die zwei ältesten Töchter von Königin Juliane und ist längst pensioniert. So auch meine Schwester Annemarie, die Direktorin eines Altenheims in Utrecht war und heute in Florida lebt. Auch Bruder Paul, mit dem ich mich fast wortlos verständige, weil wir glauben, die Gedanken des anderen lesen zu können, hat seinen Beruf als Direktor der Universitätsbuchhandlung in Leiden jüngst an den Nagel gehängt. Nachdem er als fünftes Kind auf die Welt gekommen war, wurde es meiner Mutter zuviel. So entschied man sich, mich auf ein Internat zu schicken. Im fernen Schlesien gab es ein Pädagogium der Brüdergemeine, eine Knabenanstalt, deren Ausbildung mit dem Abitur abschloß. Die Erziehung in christlichem Geiste schien gesichert zu sein.

Die Nieskyer Knabenanstalt konnte auf eine fast 200jährige Tradition zurückblicken. Der Graf von Zinzendorf und Pottendorf gründete 1751 diese »Unitätsknabenanstalt«. Ihr Stundenplan hatte sich allerdings im Laufe der Jahrhunderte geändert. Damals bestand er aus täglich drei Informationsstunden:

1. Eine Lateinstunde für die Großen
   Eine Buchstabier- und Lesestunde für die Kleinen
2. Eine allgemeine Schreibstunde
3. Eine allgemeine Rechenstunde

In den übrigen Stunden des Tages mußten die Knaben spinnen und stricken.
Nun, als ich in Niesky ankam, wurde nicht mehr gestrickt, wohl aber, so dachte ich, manchmal gesponnen. Mit der Nr. 4545 war ich ein Nobody, verglichen mit manch klingendem Namen!

Nr.	26	Heinrich XIVL., Graf Reuß
Nr.	89	Graf Einsiedel
Nr.	486	Ulrich von Blücher
Nr.	692	Graf v. d. Schulenburg
Nr.	753	Graf v. Schlieffen
Nr.	1688	Heinrich XXVI., Prinz Reuß
Nr.	3062	Albert von Hindenburg

Meine Eltern hatten sich jedoch getäuscht, denn die Erziehung im christlichen Geiste wurde durch Ehre, Tap-

ferkeit, Pflichtgefühl, Vaterlandsliebe, körperliche Ertüchtigung und Härte ersetzt.
Dem Nieskyer Internat habe ich somit meine Gesundheit zu verdanken. Wie alle im Busch geborenen weißen Kinder hatte auch ich in Surinam periodische Malariaanfälle. Sie wurden zunächst mit immer stärkeren Dosen flüssigen Chinins, später mit einer Arsen-Speziallösung erfolgreich bekämpft, aber die starken Gifte hatten meine allgemeine Kondition unterminiert. Noch in Zeist hatte ich einen allerletzten Anfall gehabt, die Kälte gespürt, die aus dem Knochenmark zu kommen schien, das Zähneklappern und gleich darauf die fiebrige Hitzewelle empfunden, mit Ohrensausen und Halluzinationen. In Niesky war alles vorbei. Ich entwickelte mich zu einem widerstandsfähigen, gesunden Burschen. Aber nach zwei Jahren wurde mir klar, daß ich meine Zukunft doch nicht in Deutschland, sondern in der holländischen Heimat verbringen wollte, und so bat ich meine Eltern, zurückkommen zu dürfen.
Der Bitte wurde zu meiner Verwunderung sofort entsprochen.
In Zeist wieder angekommen, wurde mir erklärt, daß meine Eltern sich mit den Gedanken befaßten, wieder nach Surinam zurückzukehren. Meines Vaters Lebenswerk lag in den Tropen. Die »Unität«, sprich Direktion der Herrnhuter, hatte diese Absicht aber durchkreuzt. Für den Posten des Generalsekretärs, den mein Vater in Zeist mehr oder weniger als Aushilfe übernommen hatte, war kein Nachfolger verfügbar. Sechs Jahre mußte er die Stellung halten, immer hoffend, daß man ihn mit

dem nächsten Schiff in sein geliebtes Surinam ziehen lassen würde. In dieser langen Wartezeit wurde mein Vater unsagbar reizbar. Ich litt unter seinem Jähzorn. Zwar hatte er eine Auswahl größerer Knüppel und schlanker Gerten in seinem Arbeitszimmer, denn er huldigte dem Spruch: »Wer seine Kinder liebt, kasteit sie«, aber benutzt hat er sein Zeister Arsenal nicht.

Meine Mutter sah der Abreise schweren Herzens entgegen. Gesundheitlich war sie dem mörderischen Klima am Äquator nicht gewachsen, gesellschaftlich fürchtete sie sich vor der Isolation auf der Missionsstation. Und was sollte mit den fünf Kindern geschehen? Die jüngsten, Paul und Veronica, nahmen sie schießlich mit, während für uns andere ein neues Zuhause gefunden werden mußte.

Meine älteste Schwester kam in ein Mädcheninternat für angehende Lehrerinnen. Für Annemarie und mich erklärte sich ein älteres Ehepaar in Bilthoven, einem Nachbardorf Zeists, bereit, Kost und Wohnung zu übernehmen. Die Veldmans waren treue Gemeinmitglieder und lebten still und bescheiden von der Pension des Utrechter Gartenbauamtes.

Annemarie besuchte weiter die Zeister Brüdergemein-Mädchenschule und ich das Zeister Lyceum, jene Kombination von Gymnasium und Oberrealschule für Jungen und Mädchen, das nach sechs Jahren mit dem Abitur abgeschlossen werden konnte. Was danach aus uns werden sollte, wußten weder meine Eltern noch wir. Aus eigenen Mitteln die Kinder studieren zu lassen, dafür fehlte das Geld. Mein Vater war zwar einer der zwölf Missionare, die von der Regierung in Den Haag als Beamte geführt und fürstlich honoriert wurden, aber das Staatssalär verschwand im großen Topf der Herrnhuter Brüdergemeine.

Schicksalstag

Als ich 1932 das Abitur machte, sagte bei der Abschlußfeier der Schuldirektor:
»Vor euch liegen die schönsten Ferien eueres ganzen Lebens«.
Vor mir allerdings lag die große Frage der Berufswahl. Mein fester Plan, Indologe zu werden, einer der 500 Staatsbeamten, die das riesige Kolonialreich in Ostindien verwalteten, scheiterte. Zwar war der Vorsitzende der Zulassungskommission kein anderer als der Ex-Gouverneur Surinams, Gerard Kopermans, zwar gab er mir Ratschläge, in welcher Richtung ich mich hinsichtlich der mündlichen und schriftlichen Prüfung orientieren sollte, aber im Jahre 1932 wurden zum ersten Mal keine neuen Stipendien verteilt. Zu sehr hatte der New Yorker Börsenkrach im Oktober 1929 (Black Friday) in der europäischen Wirtschaft nachgewirkt. Auch Den Haag mußte »bezuinigen«, sich einschränken.
Da kam mir die Idee, weit weg von der europäischen »Malaise« Missionsarzt im Urwald zu werden.
So bin ich mit dem Fahrrad, mit einem Zelt auf dem Gepäckträger, bis in die Schweiz gefahren, um Missionsgesellschaften zu befragen, ob sie mich als Missionsarzt ausbilden wollten. Ohne Erfolg. Die beste Empfehlung dieser sieben Wochen, die mich 50 Reichsmark kosteten, war die, daß ich auf eigene Kosten eine Universität besuchen sollte. Gegen meine innere Überzeugung

führte ich auch ein Gespräch mit den Herrnhutern, das ebenfalls fehlschlug.
Ich sah mir noch einmal die Noten an, die ich bei der Abschlußprüfung des Zeister Lyceums bekommen hatte. Da prangte eine einsame Zehn, die höchste Bewertung, die man bekommen konnte, für das Fach Sport. Sportlehrer? Ich erfuhr, daß die Ausbildung damals kurz und billig war. Schnellentschlossen schrieb ich mich dann in Utrecht in ein privates Institut für Leibesübungen ein.
Aber der Unterricht war derart langweilig, stumpfsinnig und konservativ, daß ich keine Freude daran hatte. Wie eine Erlösung kam da der Vorschlag meines alten Schulfreundes vom Zeister Lyceum, Fred Haskiel, zusammen mit ihm ein Semester gastweise an der Hochschule für Leibesübungen in Berlin zu studieren. Fred Haskiel, der übrigens im Nachkriegsdeutschland mein erster »Chauffeur« werden sollte, war ein hervorragender Sportler von brillanter Intelligenz. Seine Abiturnoten blieben in Holland jahrzehntelang ungeschlagen.
Also schrieben wir nach Berlin und bekamen auch prompt Antwort. Wir wunderten uns über den Gruß vor der Unterschrift: »Heil Hitler«. Was hatte das denn mit Sport zu tun?
Bedingung für die Zulassung zur Aufnahmeprüfung war, so hieß es in dem Schreiben, der Nachweis eines gewissen Leistungsdurchschnitts.
Fred Haskiel und ich erbrachten diese Leistungen gemeinsam unter dem wachsamen Auge nicht etwa eines der Herren des Instituts, sondern bei dem vertrauten

Turnlehrer des Zeister Lyceums, der uns vor Jahren die Riesenfelge, den Handstand, den Hürdenlauf beigebracht hatte. Unsere Leistungen lagen bald über dem verlangten Minimum.
Dann holten wir uns vom Direktor des Utrechter Instituts die Erlaubnis, in Berlin hospitieren zu dürfen. Am 20. April 1934 wollten wir die Reise in die deutsche Hauptstadt antreten.
Es traf sich, daß am Abend vor der geplanten Abreise, dem 19. April also, eine Negerkapelle im Utrechter Konzertsaal Tivoli auftrat. Sie kam aus Amerika, und der Band-leader hieß Cab Calloway, der Mann, für den George Gershwin die Rolle des »Sporting Life« in seinem Musical »Porgy and Bess« geschrieben hat.
Calloway würde sein berühmtes Hi-di-he auf dem Podium intonieren, tausendfach würde ihm der Saal mit Hi-de-he antworten. Man war sich eines »Happenings« gewiß. Fred Haskiel und ich beschlossen hinzugehen.
Da bekam ich jedoch eine Nachricht, die den Konzertbesuch zunichte machte.
Meinem Turnlehrer, der uns die Befähigung nach Berlin beschaffte, hatte ich versprochen, beim öffentlichen Schauturnen mitzumachen.
Das Datum, der 19. April!
Es sollte mein Schicksalstag werden. Hätte ich mein Versprechen nicht eingelöst, mein Leben hätte einen anderen Lauf genommen. Ob zum Schlechteren, ob zum Besseren, niemand wird es jemals feststellen.
Ich radelte also, während mein Freund Haskiel zu Calloway ins Tivoli fuhr, nach Zeist.

Das Bodenturnen, die Übungen an den Geräten, alles verlief programmgemäß. Man kam zur letzten Darbietung, dem Federbrettspringen.
Über einen 2,50 Meter hohen Tisch, der mit bepolstertem Leder bekleidet war, machten die Schüler Rad- und Überschläge, Salti, Schraubensprünge.
Man fing mit dem Einfachsten an, einer Hocke. Alle kamen ohne Schwierigkeiten durch.
Der zweite Sprung kam an die Reihe, bei dem man in der Grätsche über den Tisch sprang. Da passierte es.
Ein Flüchtigkeitsfehler! Ich prallte auf den Parkettboden der Bühne, und das Kniegelenk war hin. Kapsel, Meniskus, Seiten- und Kreuzbänder, alles war zum Teufel.
»Ich muß morgen nach Berlin«, stammelte ich dem Arzt entgegen. »Sie werden nicht nach Berlin oder sonstwohin fahren, sondern mit einem Gipsverband sechs Wochen das Bett hüten.«
Fred Haskiel fuhr ohne mich nach Deutschland.
Sechs Wochen konnte ich von der Millionenstadt nur träumen.
Was würde mich erwarten, würden die Leute anders aussehen, sich anders anziehen, anders leben?
Die tollsten Sachen hatte man gelesen, wurden einem erzählt. Von Filmstudios, Opernhäusern, Theaterabenden mit Filmstars leibhaftig auf der Bühne. Von Nachtclubs, Rennplätzen, Cabarets.
Sogar eine Marlene Dietrich, deren »Blauen Engel« ich heimlich in Utrecht gesehen hatte, könnte man, so ein Gerücht, mit etwas Glück am Kurfürstendamm, angeb-

lich einer Prachtstraße, in ihrem Wagen vorbeifahren sehen, oder eine Lilian Harvey, einen Willy Fritsch ... Mancherlei Gedanken gingen mir durch den Kopf. Aber mir von der wirklichen Ausdehnung einer Metropole eine Vorstellung zu machen, von den Entfernungen, der ungeheuren Menschenansammlung, das war mir, dem jungen Mann aus der Provinz, begreiflicherweise nicht möglich.

Hochschule für Leibesübungen

Am Berliner Bahnhof Zoo empfingen Fred Haskiel und ein Student namens Hans Hirte von der Hochschule für Leibesübungen den hinkenden Nachzügler. Fast zwei Monante waren inzwischen vergangen.

Fred erweckte bereits den Eindruck, in Berlin geboren worden zu sein. Er und alles um mich herum bewegte sich im Zeitraffer.

Der Unterschied zwischen dem mörderischen Tempo Berlins und der friedlichen Beschaulichkeit eines holländischen Dorfes kam mir schon am Stadtbahnhof Zoo zum Bewußtsein. Ein elektrischer Zug kam mit ziemlich hoher Geschwindigkeit heran, bremste scharf mit gellenden Rädern, stand. Hans Hirte nahm meine beiden Koffer und stieg ein. Haskiel wollte mir gerade beim Einstieg helfen, als die Türen vor unserer Nase schon wieder automatisch geschlossen wurden und der Zug mit rasanter Anfahrt in Sekundenschnelle verschwand.

»Meine Koffer!« rief ich entsetzt.

Fred lachte überlegen. »Der Hans wartet bestimmt am nächsten Bahnhof auf uns.«

Kaum hatte er es gesagt, rollte der nächste Zug heran. Wir stiegen rasch ein. Tatsächlich stand zwei Minuten später Hans mit den Koffern am Savignyplatz und stieg zu uns ein.

Die Menschen sahen in Berlin nicht viel anders aus als die Holländer. Nur viel mehr blonde Typen sah ich in der Bahn. Aber sie wirkten irgendwie gespannter, nervöser, waren flotter in der Bewegung, knapper in der

Geste. Ihre Sprache klang lässig, entspannt, so als könne einem Berliner eigentlich »nüscht passieren, wa?«.
Die Kleidung war im allgemeinen korrekter als in Zeist. Und in einer Ecke des Waggons war sie furchtbar braun. Da saßen drei Männer von Hitlers Parteimiliz, der Sturm-Abteilung. Sie waren, sollte jemand Zweifel hegen, der schlagende Beweis für die Richtigkeit des Führerprogramms. In Stiefeln, braunen Reithosen, braunem Hemd, eine breite Hakenkreuzbinde am Arm. Sie trugen Schulterriemen, eine Art Nothosenträger wohl, der über die rechte Schulter lief und hinten sowie vorn am Leibgurt, der Koppel, befestigt war.
In unverminderter Fahrt raste der Zug von Bahnhof zu Bahnhof weiter, über die Häusergrenze hinaus in Richtung Spandau, durch Villengegenden, die von einsamen Straßenlaternen spärlich erleuchtet waren. Am Bahnhof Rennbahnstraße stiegen wir aus. Die Rennbahn gab es im Jahre 1934 schon nicht mehr. Sie war einer gigantischen Baustelle zum Opfer gefallen. Man baute das Olympische Stadion, das die »Völker der Erde« zwei Jahre später empfangen sollte.
»Wir wohnen zusammen«, sagte Hans, als wir zur Barackenanlage kamen, die den Studenten als Heim diente. Je zwei junge Leute teilten sich eine Bude. Links der Tür ein Bett, rechts ein Bett, militärisch einfach, aber gut gefedert. Zwei Spinde, ein Tisch, zwei Stühle, fertig. Die meisten der etwa 100 Sportstudenten waren schon zu Bett gegangen. Auch wir schliefen bald.
Trompetenklänge weckten am nächsten Morgen um sieben auch den Neuangekommenen. Ich schaute hinüber

zu Hans Hirtes Bett. Es war leer. Wenig später kam er herein, eine Trompete in der Hand. Er war der permanente Wecker vom Dienst. Eine halbe Stunde später war die gesamte Belegschaft frisch und fröhlich im Sportdreß unter einem Fahnenmast angetreten. Neben dem Mast stand ein Student, der mit lauter Stimme einen Spruch rezitierte. Er endete mit dem Ruf: »Heil Hitler!« Der Gruß wurde im Chor zurückgerufen. Langsam wurde eine Hakenkreuzfahne gehißt. Als sie oben war, rief der Student: »Weggetreten«, und jeder ging seiner Wege. »Heil Hitler«, ich bin also unter lauter Nazis, dachte ich. Langsam wurde mir klar, daß dieser Heilwunsch für Adolf Hitler ein allgemeiner Gruß war, der jedes »Guten Morgen«, »Auf Wiedersehen«, »Servus« oder »Grüß Gott« abgelöst hatte. Nicht Gott, Hitler wurde gegrüßt.

Was würde er eigentlich selbst auf den Gruß erwidern? »Besten Dank« oder »Sie haben ganz recht« oder …

Später erfuhr ich, daß Hitler selbst ein Spezialgruß galt: »Heil, mein Führer!« War seine Antwort dann: »Danke, mein Deutscher«?

Auf dem Weg zum Frühstücksraum im Verwaltungsgebäude glaubte ich zu träumen. Welch ein Unterschied zu Utrecht! Da kam ich an einem halben Dutzend optimal gepflegter Fußball- und Hockeyplätze vorbei, die Torpfosten in strahlendem Weiß, die Netze wie neu, der teppichglatte, hellgrüne Rasen frisch gemäht und automatisch befeuchtet. Da sah ich ein Freiluftschwimmbecken mit Zehn-Meter-Turm in offizieller Wettkampflänge, die acht Startbahnen durch Korkleinen fein säuberlich getrennt. Fred zeigte mir dann im Laufe des Tages die Tennisanlagen (zehn Plätze), die Halle mit Schwimmbad (kleiner, aber immerhin 25 Meter lang), den Boxsaal (sechs Ringe), die Handballhalle, den Fechtsaal mit vier Läufern und draußen die Kugelstoß-, Hoch- und Weitsprunganlage, die Kurz- und Langstrecken-Aschenbahnen. Und nur ein paar hundert Meter entfernt, unter der Heerstraßenbrücke, das Bootshaus mit Skiffs, Kajaks, Zweier, Vierer, den beiden Achtern und dem Ruderkasten. Es war unglaublich und alles brandneu.

Hinter den Tennisplätzen lag das Annaheim, ein schönes Backsteingebäude, in dem die Studentinnen wohnten. Übrigens sollten auch die Studenten-Baracken durch richtige Häuser ersetzt werden, sobald die Arbeiten am Olympiastadion, zu dessen Komplex sie gehören sollten, es zulassen würden. Das Studium begann.

Erste Hilfe lehrte Prof. Karl Gebhardt aus Hohenlychen, derselbe, der nach dem Zweiten Weltkrieg wegen Menschenversuchen in Konzentrationslagern gehenkt wurde.

Taktik des Handballspiels erklärte Carl Scheelenz, »Handball«-Erfinder (1920) auf großem Feld.

So wie es in der Theorie hochqualifizierte Kräfte gab, wurde auch der praktische Unterricht geleitet von Experten, jungen Männern, die das Fach selbst vorexerzierten.

Die Studenten kamen aus aller Herren Länder.

Da war der Meisterringer aus Bulgarien, der Boxer aus Schweden, der Langstreckenläufer aus der Schweiz, den

Stabhochspringer aus Italien und bei den Damen drei Chinesinnen.

Als eine ausländische Delegation die Hochschule besuchte, wurde ihr die Damenriege in einer Freiübung vorgeführt. Plötzlich liefen die drei fernöstlichen Studentinnen aus der Reihe und setzten sich auf die Wiese. Zur Verantwortung gerufen, gaben sie zur Antwort, daß sie nicht daran dächten, sich vor dem japanischen Außenminister zu produzieren! Der offene Konflikt zwischen Japan und China, entstanden durch die japanische Besetzung von Shantung und Tsingtau, uferte dann drei Jahre später in einen Krieg aus.

Als ich mich ein wenig eingelebt hatte, besuchte ich den Sportarzt Dr. Kalt. Er untersuchte das Knie gründlich und stellte immer noch eine Lädierung der Kapsel, einen Meniskusriß sowie einen Anriß aller vier Gelenkbänder fest. Von einer Operation allerdings, heute fast ein Routineeingriff bei Berufsfußballern, riet er ab. Entweder man konnte das Knie wieder normal bewegen und belasten oder man hatte zeitlebens ein steifes Bein.

Was sollte ich tun?

Elly

Ich wischte meine trüben Gedanken weg, zumal mich eine Sportstudentin interessierte, die zierlich, fast klein, neben den hochgewachsenen Germaninnen wirkte. Sie hatte eine unwahrscheinliche Ausstrahlung, eine rasche Auffassungsgabe, einen schlagfertigen Witz. Ich wunderte mich, weshalb die anderen gerade diesem Mädchen mit einer gewissen Zurückhaltung, ja fast schon abweisend begegneten.

»Nun ja«, klärte mich Hans Hirte auf, »wir finden sie alle toll, und dir als Ausländer wird man wohl nichts anhaben können. Für uns ist der private Umgang mit Elly Rosen untersagt. Sie ist Jüdin.«

Ich war wie vor den Kopf gestoßen.

Da war ein charmantes, junges Mädchen, allseits beliebt, hilfsbereit und freundlich gegen jedermann, und man durfte nicht mit ihr umgehen.

Ein Mensch wurde aus der Gesellschaft gestoßen, nicht wegen irgendwelcher Verfehlungen isoliert, nicht wegen einer ansteckenden Krankheit, sondern seines Daseins wegen. Es war ungeheuerlich!

Demonstrativ verabredete ich mich öffentlich mit Elly Rosen. Sie war Jugendtennismeisterin von Berlin und hatte sich noch vor der Machtübernahme der Nationalsozialisten immatrikuliert.

Wenn Elly und ich zusammen auftauchten, sahen die meisten weg. Es war ihnen peinlich, sie wußten mit ihrer Haltung nicht wohin.

Der Politschulungsleiter enthielt sich jeden Kommentars. Ein einziger, bereits in die SA eingetretener, uniformtragender Student stellte mich zur Rede.
»Du bist hier nur Gast. Hier küßt man Jüdinnen nicht auf den Mund!«
»Wohin dann?« fragte ich den braunen Wichtigtuer und wiederholte die Szene vor seinen Augen.
Unsere Freundschaft vertiefte sich. Es war uns ein Bedürfnis, zusammen zu sein.
Ellys Vater war Direktor einer Mähmaschinenfabrik und fanatischer Musikliebhaber. Kurz bevor ich sie kennenlernte, starb er.
Die Mutter lebte in einer nagelneuen Villa, die sie nach dem Verkauf der Firma unweit der Hochschule hatte bauen lassen. Es kam zur ersten Einladung.
Beim Tee lernte ich Frau Rosen als eine unerhört tüchtige, lebensbejahende Frau kennen, weltlich in ihrer Auffassung, freidenkend, von jedem orthodox-religiösen Glauben weit entfernt.
Die Einrichtung des Hauses begeisterte mich.
Die Möbel waren teils modern, teils entstammten sie, soweit sie raum- und stilmäßig paßten, dem feudalen Grunewaldbesitz, in dem die Familie zu Lebzeiten Herrn Rosens gewohnt hatte.
Dazu gehörte ein Steinwayflügel und eine Musikbibliothek, die vom Boden bis zur Decke die ganze Innenwand des Wohnzimmers einnahm. Auszüge fast sämtlicher Opern, Eulenburgpartituren von Symphonien und Kammermusik, Bibliographien, Musiklexika. Dazu Klaviermusik in jeder Menge, Sonaten, Fugen, Präludien, Konzerte.

»Mozarts Musik war für meinen Mann der Himmel«, erklärte Frau Rosen, »seine Partituren die Bibel. Er war der beste und liebste Mann auf der Welt. Mein einziger Trost ist, daß er diese Welt nicht mehr erlebt hat.«
Ellys Zimmer war romantisch eingerichtet. Die Möbel, die zwei Stühle, der kleine Schreibtisch, der bezogene Hocker, das Bücherregal, die Schrank-, die Zimmertür und die zum Balkon, das hölzerne Bettgestell, alles in ruhigem Lindenblütengrün. Die Tapeten, die Überzüge mit großem Blumen- und Blattmuster in dunkelroter und hellgrüner Farbe auf steingrauem Untergrund.
Als Elly ihren Kleiderschrank öffnete, war ich sprachlos. Da hingen dicht an dicht wohl an die 30 Sommerkleider. »Das ist meine Sommergarderobe«, sagte sie schlicht. »Die Wollkleider und die Pelze für den Herbst und Winter sind eingemottet.«
Ich besaß einen Sportdreß, einen Trainingsanzug, zwei Hosen und ein Jackett! Neben meinen Turnschuhen standen im Spind ein Paar Halbschuhe und ein Paar Stiefel für Schlechtwetter. In Ellys Schrank standen auf zwei niedrigen Regalen eine Unzahl von Slippern, Sandaletten, Pumps, Sandalen mit hohen, flachen oder gar keinen Absätzen in allen Farben des Regenbogens.
Es blieb nicht bei diesem ersten Besuch.
Frau Rosen war froh, sich einem unverdächtigen Ausländer gegenüber aussprechen zu können.
»Wer hätte diese Entwicklung ahnen können«, bedauerte sie. »Wir sollen plötzlich Juden sein, obwohl wir eine Synagoge zeitlebens nicht einmal von außen gesehen haben! Wir sind Deutsche. Mein Bruder ist im Weltkrieg

vor Verdun als 17jähriger Freiwilliger gefallen. Für Deutschland! Als mich die Amerikaner fragten, wo ich das Geld für die Fabrik, die ich verkauft hatte, haben wolle, ob in Amerika oder Holland oder Italien oder sonstwo, sagte ich: Was soll ich denn dort? Ich will es selbstverständlich hier haben! Heute ist ein Transfer unmöglich, selbst wenn ich das Haus auf der Stelle verkaufen würde. Hätte ich es nur in Italien gebaut!«

Begreiflicherweise aber sprach sie am meisten über ihren Mann.

»Als mein Mann noch lebte, half er manchem jungen Künstler auf die Beine«, schwärmte sie. »Um einem jungen Oboisten zu einer Berliner Kritik zu verhelfen, hat er einmal das ganze Philharmonische Orchester mitsamt dem Saal und dem Personal für einen Abend gemietet. Der Spaß kostete ihn 10.000 Reichsmark.«

Elly hatte die Musikbegeisterung von ihrem Vater geerbt. Eines Tages lud sie mich ein, mit ihr die Oper zu besuchen. Mehr aus Freude an ihrer Begleitung als an der Musik kam ich der Einladung nach, denn mit Opernmusik konnte ich damals herzlich wenig anfangen.

Der Abend, »Rigoletto« wurde gegeben, war der erste von einer langen Reihe von Opernbesuchen, mit und ohne Elly. Anderntags von Frau Rosen nach den Erfahrungen meines ersten Opernbesuches befragt, meinte ich, daß mir der Abend akustisch besser gefallen hätte als optisch. Meine Phantasie wurde zunichte gemacht, denn wenn ein Meuchelmörder aus dem Dunkeln tritt und seine Dienste singend anbietet oder eine aus dem

Bruce Lows Geburtshaus in Surinam
Auf dem Balkon die Mutter, am Fahrrad Bruce und Helen (1)

Ein Javanisches
Kindermädchen mit
Bruce und Helen (2)

Die Eltern mit Bruce und Helen (3)

Bruce auf dem Schoß seines Großvaters mütterlicherseits 1915 (4)

In Surinam 1919 (5)

Die Mutter mit ihrem Sohn Ernst Gottfried – Bruce Low (6)

Bruce Low mit seiner Schwester Annemarie (7)

Nenne Albertina, die das ermordete Kind fand (8)

In Surinams Hauptstadt Paramaribo um 1920 (9)

Mit den Eltern und Geschwistern in Surinam (10)

Jugenderinnerung an den Baum, der ihn zum „jungen Mann werden ließ“ (11)

1933 Fest der Brüdergemeinde

Erster in der zweiten Reihe von rechts Bruce Low, zweiter von links Fred Haskiel (12)

Bruce Lows erste Frau mit Sohn (13)

Bruce Low beim Singen holländischer Seemannslieder (14)

Neger im Film „Die Dritte von rechts" (15)

Bruce Low, Mitte als Neger, bei einer George Gershwin Show im City-Theater, Amsterdam April 1947 (16)

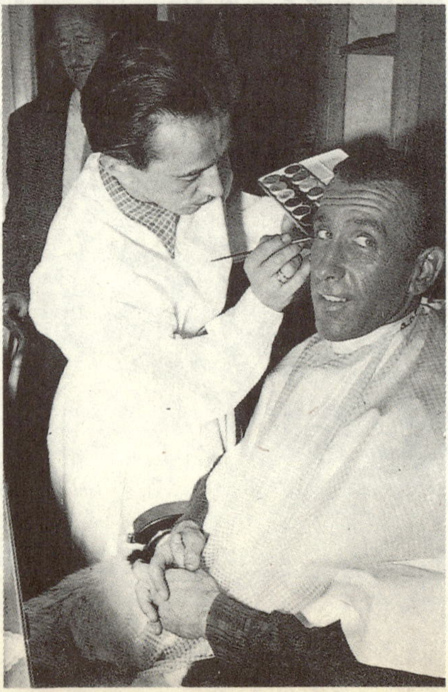

Ein Neger wird „geboren" (17)

Das erste Musical in Wien (18)

Bruce Low in dem Film „Königin der Arena" 1952 (19)

Aus dem Musical
„Ich und der Teufel"
Wien 1956 (20)

Bruce Low mit
Olive Moorefield (21)

„Mein Zuhause ist der Rücken der Pferde…"

Als waschechter Cowboy mit rassigem Schimmel singt, reitet und liebt Bruce Low in einer der vielen Revue-Einlagen, die sich Geza von Cziffra für sein neuestes Film-Lustspiel mit dem hoffnungsvollen Titel „GELD AUS DER LUFT" ausgedacht hat. Unter den Rythmen und neuen Schlagern von Lotar Olias spielen in diesem Arion-Film der Deutschen London: Josef Meinrad, Lonny Kellner, Ursula Justin, Grethe Weiser und andere Publikums-Asse. (22)

Bruce Low in dem Film „Ein Amerikaner in Salzburg" (23)

Die erste Fernsehsendung im „Bunker" auf dem Heilig-Geist-Feld in Hamburg (24)

Aus dem Film „Die Dritte von rechts" mit Maria Litto (25)

Bruce Low mit Freundin Karin und dem damaligen Kurdirektor von Arosa, Loy Weller (26)

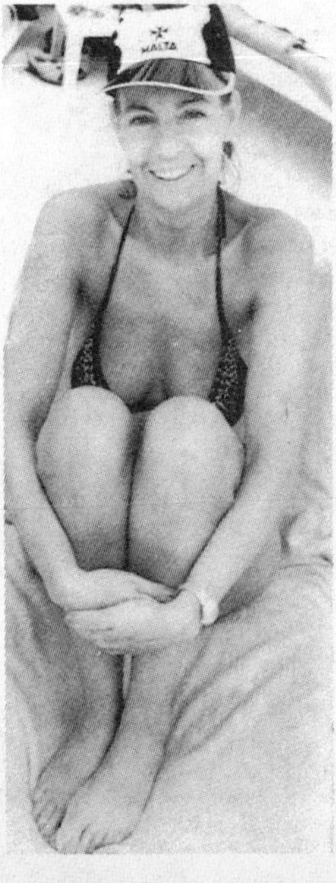

Bruce Lows Eltern nach der Pensionierung mit seiner Freundin Karin, Mai 1945 (27)

Bruce Lows zweite geschiedene Frau, Marian Elmendor, Sept. 1979 (28)

Tournee vor einem begeisterten Publikum:

Viel Beifall für Bruce Low

Tourneeplan für die große Bruce-Low-Show „Lieder auf den Straßen der Welt"

17. Juli, 20 Uhr, im Kurtheater von Bad

Beifallsstürme für Künstler Bruce Low

Erfreulich guter Besuch in der Frankenhalle

Voluminöse Stimme

Publikum konnte das Geheimnis des jahrzehntelangen Erfolgs kennenlernen

Neustadt - Dem Programm Bruce Lows war eine Folge weihnachtlicher Chorsätze vorangestellt, die vom „Sängerkranz Eintracht" ... der Leitung ...

ist. Trotz seines Alters – er nähert sich der 70 – verfügt er über eine voluminöse, außerordentlich ausdrucks...

Der „Altmeister des Schlagers" mit brillanter Show

Rund 500 Zuschauer gaben Applaus auf offener Szene – Ein Entertainer von Format in Stromberghalle

Zu einem Volltreffer im Veranstaltungskalender der Illinger Stromberghalle wurde ein Wiedersehen mit dem „Altmeister" des Schlagers, Bruce Low ...

... stlers, herzlicher ... entgegen. Stimmung der künstlerischen ... einfallsreich auch ... beim „Krimi... Gag's effektvoll ... inszeniert wurde. ... und gesanglich ... unterstützt sang ... Höhepunkt ... war ein ...

Lieder auf den Straßen der Welt

Konzert von Bruce Low und des Serafins begeisterte das Publikum

Bad Homburg (-). Es gab Zeiten, da waren Stargastspiele für den Besucher ein großes Risiko. Überspitzt gesagt: Je bedeutender der Name, desto ... selbst in Erscheinung und überließ den Rest des Abends einem guten Beiprogramm. Das ist vorbei: Heute weiß auch der große ... Publikum schuldig ist und steht fast pausenlos zwei Stunden ... nicht nur ihm die Welt bedeutet. So auch Bruce Low im Bad ... — mit altbekannten Hits und neuen, oftmals besinnlichen Liedern ... Publikum, das ihn erst nach mehreren Zugaben mit herzlichem ...

... che Programm eingestreut: „Noah und die Sintflut", „Das Kartenspiel in der Kirche", „Es hängt ein Halfter an der Wand", „Die Geisterreiter". Musikalisch be... der „Hufschmied...

Ein Abend mit Bruce Low

Er sang sich in die Herzen der Zuhörer

Bad Nauheim ...

... auch die Badestadt wurde bei der ersten Show ... mit dem Orchester Serafin durchführt, ... sowie bei der jungen Generation bestens ... an oberster Stelle in der Beliebtheit der Ge... noch mit 65 Jahren eine ungebrochene ... kann, andererseits aber so modulations... noch voll zum Klingen kommt.

Ob es nun seine Evergreens, wie etwa „Bonanza" oder die Geisterreiter, Heimatlieder wie „Das alte Haus ...

Bruce Low zog alle in seinen Bann

»Altmeister« begeisterte in der Jllinger Stromberghalle

ILLINGEN (tz). Der Beliebtheitsgrad des 65jährigen holländischen Sängers Bruce Low, der am Samstag in der Stromberghalle Illingen gastierte, ließ sich schon deutlich am guten Besuch ablesen: die Stromberghalle war fast ausverkauft.

Bruce Low zog alle in seinen Bann, obwohl er weitgehendst auf Show, Kinkerlitzchen und Mätzchen verzichtete. Mit de...

... Tüpfelchen setzte Bruce Low mit ... „Babylon" an den Pro... dankte er ...

Beifallsstürme für den alten Barden

Beglückender Abend mit Bruce Low im überfüllten Kurhaus

Bad Dürrheim. Er kam, sang und ... Mit Liedern aus aller ... sie ihren ...

... und. Zart und innig verhallt das heimliche ... Rufen ...

Das Repertoire von Bruce Low ist voller ... Gehalt und Reiz. Packend seine Cowboylieder, großartig die Weise vom Mohikanerhäuptling Silberpfeil. Bruce Low lebt bei allem mit, was er singt. Glanz und Heiterkeit, auch Wehmut und Traurigkeit sind in ... hellen Augen zu lesen.

... Gastspiel am Sonntagabend im über... Kurhaussaal wurde zu einem triumphalen Erfolg, an dem das famose Orchester ... Anteil hatte. ...

Bruce Low bescherte begeisternden Abend

Immer wieder Beifall auf offener Szene / Hervorragendes Orchester

... Sonderklasse prä... „Tabak und Rum", „Letzte ... am Missouri", „Die ...

Siebenhundert hörten „heimliches Rufen"

Bruce Low begeisterte zwei Stunden lang

Show zum 125jährigen Bestehen der Kreissparkasse Ludwigshafen in Böhl-Iggelheim

BÖHL-IGGELHEIM. Rund 700 neue Fans dürfte sich Bruce Low mit seiner Zwei-Stunden-Show, zu der die Kreissparkasse Ludwigshafen aus Anlaß ihres 125-Jahr-Jubiläums in die TSV-Halle in Böhl-Iggelheim eingeladen hatte, geschaffen haben. Die international besetzte Sieben-Mann-Band „Serafin" und der im Südwestfunk Baden-Baden vielgehörte Karl-Heinz-Wegener als Conferencier unterstrichen die Attraktivität dieses Nachmittags.

Mit alten, aber bekannten Melodien wie ... mit „Arche Noah" und „Geisterreiter" seine Unabhängigkeit von den „korrigierenden" Tonstudios bei Plattenaufnahmen bewies. Den Sound des Stars hatte „Serafin", die nach attraktiven Angeboten mit Bruce Low als erstem Sänger auf Tournee ging, gut erfaßt und mit 34 (!) eingesetzten Instrumenten, darunter eine X 66, der größten Hammondorgel, mitunter durch Banjo, Kongas und Maracass unterstrichen.

Einen weiteren Teil des Programms widmete Bruce Low, geradezu stimmlich prädestiniert, dem Country-Stil mit seinem ...

... tritten und dem Interview mit dem Sänger wie über die Ätherwellen. Der Kreissparkasse ist mit diesem Engagement eine glückliche Hand zu bescheinigen.

RUTH WLODARCZYK

Quer durch den Landkreis

Reiten ist sein großes Hobby (29)

Als Moderator in der ZDF Serie „Zirkus-Zirkus“ (30)

Bei seinen „Show-time-International“ Deutschland Tourneen konnte Bruce Low die Termine nur noch mit dem Privat-Jet bewältigen (1978/1979) (31)

Bruce Low heute (32)

Bruce Low, seine Freundin Ilselore und Georg A. Weth bei der Premierenfeier einer Konzerttournee (33)

Sack gepellte Halbleiche im Koma noch eine Arie singt, dann wäre das derart lächerlich, daß man leider die wundervolle Musik überhöre. Nach und nach aber führte mich Frau Rosen in die Geheimnisse der Oper ein und ihre Tochter in das Glück der ersten Liebe.

Bald lagen wir in inniger Umarmung auf der Rosen-Couch. Die vernünftige Mutter, die zu Elly ein denkbar gutes, vertrauensvolles Verhältnis hatte, war der Ansicht, daß sich junge Leute nicht unnötig quälen sollten, wenn sie glaubten, die Verantwortung übernehmen zu können. Das konnten wir beide keinesfalls. Aber »wer höb' den ersten Stein wohl auf?«, singt der Eremit im »Freischütz«, als das Netz der Leidenschaft den Liebenden umfängt.

Es heißt, die erste Liebeserfahrung eines Menschen käme zumeist einer mißlungenen gymnastischen Freiübung gleich. Nicht so bei uns.

Wir erlebten, trotz aller Scheu, von Anfang an die Überwältigung jeglicher Vernunft durch die Herrschaft der Sinne, die wohltuende Entspannung im streichelnden Nachspiel.

Nach und nach lernten wir unsere Körper kennen, wir brauchten dazu keinen van der Velde, diesen frühen Oswald Kolle, Vorläufer von Masters und Johnson. Wir erreichten das, was junge Leute überhaupt in der Liebe erreichen können. Heute weiß ich, daß wir im Grunde noch gar nicht richtig lieben konnten, denn nur reife Menschen sind voll liebesfähig.

Die glückliche Jugendliebe wurde immer mehr von der »braunen Zeit« überschattet.

»Der irre Zustand wird bald vorbei sein«, tröstete Elly sich und mich.
Leider breitete sich der »irre Zustand« zu einer Epidemie aus. Nachdem Hitler seine SA gesäubert hatte, Hunderte mit ihrem Stabschef Röhm erschossen waren, bekam Heinrich Himmler mit seiner Geheimen Staatspolizei grünes Licht. Besonders bei Nacht und Nebel drangen seine Schergen in die Häuser ein und verhafteten in der Dunkelheit alles, was ihnen nicht in den Kram paßte, sei es aus körperlicher Vererbung, sei's aus geistigem, ungebrochenem Freiheitsdrang.
Da verbot Hitler, nach dem Tode des Präsidenten Hindenburg nun »Führer und Reichskanzler«, allen Deutschen den Friedensnobelpreis anzunehmen, nachdem dieser Carl von Ossietzky im KZ zugesprochen wurde. Da wurde Thomas Mann die deutsche Staatsbürgerschaft aberkannt, da hörte man die schlimmsten Greueltaten, die Juden dem deutschen Volk angetan haben sollten.
»Juden ohne Maske« hieß ein Film, für den an den Litfaßsäulen Berlins Reklame gemacht wurde. Ich ging in das Vorstadtkino, das bald ausverkauft war. Offensichtlich waren die jüdischen Künstler noch nicht vergessen. Tatsächlich, da wurden Szenen gezeigt mit Siegfried Arno (»Was kann der Sigismund dafür, daß er so schön ist«), mit Otto Walburg, Szöke Szakall, Elisabeth Bergner, Peter Lorre und manch anderem Star der großen Ufa- und Tobis-Zeit.
Aber das Publikum reagierte nicht auf die herzerfri-

schenden Pointen. Wenn ich lachte, wurde ich in die Rippen gestoßen. Nach einer Stunde ging das Licht wieder an.
Bevor man sich von seinem Klappsessel erheben konnte, eilte im strammen Schritt ein uniformierter SA-Mann ans kleine Rednerpult. Keiner wagte zu gehen. Ich wollte gern, saß aber eingekeilt in der Mitte.
Die Art, wie jener anfing zu lästern, spottete jeder vernünftigen Erklärung. Es war ein todernstes Solokabarett, was folgte, denn er bezeichnete das soeben Gesehene als eine künstliche, humorlose Komik.
Am Ende seiner Ausführungen schrie er dem Publikum zu, daß dies in Wirklichkeit weinerlich-jüdisch-bolschewistischer Kitsch sei, von dem der einmalige, von der Vorsehung gesandte Führer im Bewußtsein seines historischen Auftrages das deutsche Volk befreien würde.
Unfaßbar. Dieselben Menschen, denen diese Künstler zu ergreifenden, lustigen oder nachdenklichen Stunden verholfen hatten, denen sie damals zujubelten, dieselben Menschen nahmen dem Hanswurst, diesem phrasendreschenden Pfau alles ab, was er ihnen aufschwatzte. Zum Schluß der Vorstellung stimmte man »Die Fahne hoch« an. Sämtliche Hände wurden zum »Deutschen Gruß« erhoben. Nicht so meine Rechte. Da forderte mich doch der Hetzredner auf, mitzumachen!
Ich schüttelte den Kopf und zeigte auf die rot-weiß-blaue holländische Anstecknadel auf meinem Revers.

Ich war froh, als ich heiler Haut wieder ins Freie gelangte. Von Tag zu Tag wurde es schlimmer. An Privatstraßen erschienen Schilder: »Für Hunde und Juden verboten.« Jüdische Geschäfte wurden boykottiert. SA-Leute postierten sich vor den Eingängen der Kaufhäuser und versuchten, Käufern den Eintritt zu verwehren, malten Davidsterne aufs Pflaster.

Die Presse schürte den Haß. Wer nicht mitmachte, wurde entlassen. Der subkulturelle Stil stand in Blüte.

Es war sonnenklar. Wer die Freiheit und sein Leben liebte, mußte emigrieren. Aber auch da war dem Herrengeschlecht etwas eingefallen. Jeder Jude durfte nur zehn Reichsmark mitnehmen. Auf Bettler aber war das Ausland nicht erpicht. Es half aus Menschlichkeit.

Die Gedanken der Rosens drehten sich bald nur noch um eine Frage. Sollte Elly ins Ausland, wie könnte man das verwirklichen? Eines hatte Frau Rosen von Anfang an außer Frage gestellt: Sie selbst, die Mutter, würde bleiben. »Ich habe neben meinem Mann ein wunderschönes Leben gehabt, das mir keine Macht der Welt nehmen kann«, sagte sie. »Ich bleibe und sterbe hier in Berlin und möchte neben meinem Mann begraben werden. Was soll ich in einem fremden Land?« Von Massenerschießungen Wehrloser, von Gaskammern hatte man noch nichts gehört.

Auch Elly wollte so lange wie möglich bei ihrer Mutter und bei mir bleiben.

Aber es ging nicht mehr.

Amerikanische Freunde der Rosens waren bereit zu hel-

fen. Sie ermittelten die Anschrift einer New Yorker Organisation, die »Affidavits«, beeidigte Erklärungen, vergab. Solch wohltätige Verbände bemühten sich, wohlhabende US-Bürger zu finden, die dem Staat gegenüber garantierten, daß der namentlich genannte Emigrant der öffentlichen Hand nicht zur Last fallen würde.
Im Herbst 1938 waren Prof. Simpson und seine Frau bereit, Elly in der kanadischen Provinz Saskatchewan ein halbes Jahr als ihren Gast aufzunehmen. Später sollte sie dann versuchen, in die USA auszuwandern und sich dort um einen Job als Tennis- oder allgemeine Sportlehrerin an einem College zu bewerben.
Gern hätte ich sie auf der Stelle geheiratet, wäre zusammen mit ihr fortgegangen. Aber ich konnte ja noch nicht einmal für mich selbst sorgen.
Heulend lagen wir uns in den Armen. Um unseren Abschied so lange wie möglich hinauszuzögern, begleitete ich sie nach Holland, wo das Schiff nach Kanada auf sie wartete.
Überraschend überreichte Frau Rosen uns im letzten Moment zwei Flugkarten nach Amsterdam.
Der erste Flug meines Lebens!
Die ausgebuchte dreimotorige JU 52 stand in Tempelhof und war startbereit. Nacheinander bestiegen alle 17 Passagiere die Propellermaschine.
Elly und ich nahmen die zwei vordersten Sitze. Sie waren durch einen schmalen Mittelgang getrennt.
Unter ohrenbetäubendem Lärm, der Pilot saß direkt hinter dem mittleren Neun-Zylinder-Motor, hob der

Apparat ab, überschwebte die ersten Häuser um wenige Meter und drehte ab nach Westen.
Als wir das Haus im Grunewald überflogen, den Funkturm, das Olympiastadion, die Anlagen der Hochschule für Leibesübungen, die Tennisplätze, da wußte Elly, daß es ein Abschied für immer sein würde.
Sie brach zusammen.
Über den Mittelgang hinweg legte ich ihr meine Hand auf die Schulter. Ich fieberte danach aufzustehen, sie in die Arme zu nehmen, aber die Ungewißheit, ob durch die Gewichtsverlagerung, ähnlich wie bei einem Segelboot, der ganze Flieger ins Schwanken käme, überwog.
Amsterdam. Die Freiheit. Die Möglichkeit, sich ungefährdet zu bewegen, offen seine Meinung zu sagen. Für Elly war es eine neue Welt, an die sie sich erst würde gewöhnen müssen. Es kam nicht dazu.
Routinemäßig kontrollierte ein holländischer Beamter die Pässe der Eingeflogenen. Nach einem Blick in Ellys deutschen Ausweis bat er sie, einen Moment zu warten.
Ungeduldig standen wir vor der Schranke, hinter der die Freiheit beginnen sollte.
Nach zehn Minuten kam der Beamte.
Er erklärte, Elly müsse entweder zurückfliegen nach Berlin oder einen Flug in ein anderes Land buchen.
Was war geschehen?
Mit einem Blick hatte er festgestellt, daß es sich bei Elly um eine Jüdin handelte. Waren doch in Deutschland alle Nichtarier dazu verpflichtet worden, in ihren Paß zusätzlich einen jüdischen Vornamen eintragen zu lassen.

Für Frauen lautete der Pflichtname: Sarah. Ferner fehlte in Ellys Paß das holländische Einwanderungsvisum. Logisch. Sie hatte ja nicht die geringste Absicht, in Holland zu bleiben. Wer aber garantierte, daß Elly die Niederlande wieder verlassen würde, hätte sie einmal die Schranke passiert?

Hatte der Beamte doch gerade vom Haager Justizministerium strengere Anweisungen erhalten, auf keinen Fall neue »Flüchtlinge« zuzulassen.

Elly war völlig aufgelöst. Nach Berlin konnte sie auf keinen Fall zurück. Wie aber sollte sie in Vlissingen aufs Schiff kommen, wenn sie nicht freigelassen wurde? Nach Kanada fliegen konnte man ja noch gar nicht. Und auch wenn das möglich gewesen wäre, woher das Geld nehmen? Die Schiffspassage von Holland nach England und von Southampton nach Halifax war längst gebucht und bezahlt.

Es wurde mir in meinem eigenen, freien Land zu dumm. Ich sah rot. Wütend boxte ich gegen die uniformierte Brust des jungen Beamten.

»Haben Sie Kinder?« schrie ich. »Wissen Sie, was man da drüben mit dieser jungen Frau macht?«

Der Mann stutzte. Tatsächlich war er noch nie angegriffen worden. Er schnappte einen Moment nach Luft und sagte verstört: »Ich werde mit Den Haag telefonieren.«

Aber Den Haag blieb hart. Zwar wurde Elly gestattet, sich 24 Stunden in Holland aufzuhalten, danach aber mußte sie sich in Schiphol melden und dort das Land mit dem Flugzeug verlassen. Ihr Paß blieb mittlerweile bei den Behörden am Flughafen.

Es gelang mir in dieser Frist, das Geld für den Flugschein Amsterdam–London Croydon aufzutreiben. In einem kleinen Amsterdamer Hotel feierten Elly und ich traurigen Abschied.
Tags darauf flog sie nach London und ich nach Berlin. Wir sollten uns nie mehr wiedersehen.
In Deutschland wieder gelandet, drängte ich Frau Rosen, ihre eigene Emigration energisch voranzutreiben.
»Man erzählt in Holland, Hitler wolle alle Juden, ob Mann, Frau oder Kind, ob jung oder alt, in Arbeitslager zusammentreiben!«
Ich überzeugte sie, ihrer Tochter Elly wegen.
Wenige Tage später allerdings sollten die Nationalsozialisten selbst ein unwiderlegbares Argument liefern.
In der Nacht vom 9. auf den 10. November, fünf Tage nachdem ich aus Amsterdam zurückgeflogen war, erwachte ich durch Stimmengewirr und dumpfe, schwere Schläge. Die Geräusche schienen von der Straße her zu kommen.
Im Halbschlaf stand ich auf und konnte nun laute Kommandos unterscheiden. Dann das gellende Bersten zersplitternden Glases. Durchs offene Fenster sah ich gespenstische Szenen.
Beim fahlgelben Licht der Straßenlaternen war ein halbes Dutzend SA-Leute dabei, durch die zertrümmerte Schaufensterscheibe eines kleinen Schreibwarengeschäftes den Inhalt der Auslage auf den Bürgersteig zu werfen.
Sekunden später stürzten zwei Frauen im Nachthemd

aus der Ladentür. Schreiend versuchten sie, die Uniformierten von ihrem Tun abzuhalten.
Ein bulliger SA-Mann schritt auf die Verzweifelten zu, trieb sie bis zur nächsten Straßenecke und schrie: »Ihr Saujuden gehört raus aus unserem sauberen Deutschland!«
Einen kurzen Balken mit sich führend, zog die Horde weiter zum nächsten jüdischen Geschäft.
Während die beiden, mit den weiten, weißen Gewändern fast mythologisch wirkenden Unglücklichen ihre armselige Habe zusammensuchten, hörte man das Zersplittern weiterer Glasscheiben, Schreie, Schüsse.
Weit hinten färbte sich der Himmel rot.
Der Minister für Volksaufklärung und Propaganda erklärte später im Radio, die »spontane Volkswut« sei nicht von der SA organisiert gewesen. Alle haben damals die Wahrheit gesehen, viele die Lüge gehört.
In der »Reichskristallnacht« wurden in Deutschland und Österreich Juden ermordet, Synagogen angezündet, 8000 Läden geplündert. Anschließend verhaftete man 30000 Juden und verschleppte sie in die Konzentrationslager Sachsenhausen, Buchenwald und Dachau.
Am nächsten Tag stand ich bereits um sieben Uhr morgens vor Frau Rosens Haustüre. Sie empfing mich im Morgenrock, erstaunt, völlig überrascht. In ihrer ruhigen Villengegend in der Nähe des Olympiastadions war nichts Außergewöhnliches geschehen, hatte man nichts bemerkt. Später hörte sie die Nachrichten im Radio, kamen die Anrufe von Freunden ...

»Gott sei Dank ist Elly in Sicherheit«, atmete sie auf. »Hoffentlich bekomme ich bald Nachricht aus Kanada.« Die kam nach einer Woche.
Auf dem Umschlag des Briefes war links unten das Wappen Kanadas. Darunter: Immigration Office. Ottawa.
Ohne ein Wort über die Reise zu erwähnen, schrieb Elly auf dem offiziellen Papier, daß sie in Halifax im Gefängnis sitze und daß man sie wieder nach Deutschland zurückschicken werde. Elly schrieb, man habe sie gefragt, wie lange sie in Kanada bleiben werde. Wahrheitsgemäß habe sie erklärt, so lange bei Herrn und Frau Simpson zu bleiben, bis sie nach den USA übersiedeln könne. Daraufhin wurde sie festgenommen.
Professor Simpson würde alles tun, um sie freizubekommen. Er informierte sogar die Presse, die in großen Schlagzeilen auf ihr Schicksal hinwies. Daraufhin boten ihr viele Kanadier die Heirat an.
Jetzt konnte ich Frau Rosen nicht mehr alleine lassen. Ich übersiedelte in ihre Villa.
Wenig hätte ich allerdings im Falle einer Gewalttätigkeit ausrichten können. Aber Frau Rosen hatte in mir einen Menschen, dem gegenüber sie sich frei aussprechen konnte. Nach 14 bangen Tagen und Nächten kam das erlösende Telegramm. Elly war frei und unterwegs nach Saskatoon. Der nachfolgende Brief brachte Näheres.
Durch den Wirbel in der Öffentlichkeit alarmiert, hatte sich der Ministerpräsident, William Lyon Mackenzie King, über den Fall informieren lassen. Der Poli-

tiker, später ein aktiver Mitgestalter der UNO, bewirkte die Verabschiedung eines Spezialgesetzes, daß der Deutschen Elly Sarah Rosen, der Aufenthalt in Kanada ohne gültiges Einwanderungsvisum gestattet wurde.

Bald darauf, in letzter Minute, emigrierte Frau Rosen.

Berlin

Vor dieser schlimmen Zeit genoß ich das Berlin der dreißiger Jahre.
Die »Roaring Twenties«, die »brüllenden Zwanziger«, nach dem Ersten Weltkrieg waren zwar vorbei, aber für mich war immer noch allerhand los.
Da wurden zunächst mit Hilfe erfahrener Kollegen die Restaurants lokalisiert, wo es recht viel für herzlich wenig gab.
Im Thomaskeller erstand man für eine Reichsmark einen enormen Teller, fast eine Schüssel, der besten Erbsensuppe, in der sich reichlich Wurst, Fleisch und Eisbeinhappen tummelten. Dazu gab es kleine Brötchen, soviel man essen wollte oder konnte – umsonst. Als ich mit dem schwedischen Schwergewichtsboxer unserer Hochschule eine Wette abschloß, er könne nicht vier Teller dieser Suppe hintereinander verdrücken, kapitulierte er.
Beim Kettenrestaurant Aschinger zeigte mir Fred einen Trick. Er bestellte, gleichfalls für eine Reichsmark, eine Gemüseplatte. Es wurde ein Apparat serviert, der einer vierköpfigen Familie genügt hätte. Fred Haskiel aß mit Appetit die Hälfte der Platte in ziemlichem Tempo leer. Dann rief er den Ober.
»Das Essen ist ja kalt!« monierte er.
Der Ober entschuldigte sich vielmals, raffte die Platte vom Tisch und erschien Minuten später mit einer frischen. Ich fand die Idee, bei der ja niemand in dem

Großbetrieb zu Schaden kam, großartig und machte begeistert mit.
Um mit unseren Tricks nicht aufzufallen, wechselten wir ständig die Lokale. Hans, Fred und ich nahmen in einem der riesigen Kellerrestaurants an drei verschiedenen Tischen Platz, so daß wir von drei verschiedenen Kellnern bedient wurden. Jeder bestellte ein Bier. Kaum war die Bestellung aufgegeben, wechselten wir rasch die Plätze. Der Ober wunderte sich, daß der Herr, der das Bier bestellt hatte, jetzt ganz anders aussah. Nach dem Konsum wurden wieder die Plätze vertauscht. Die Zeche mußte ein Vierter bezahlen.
Wollte man feudal ausgehen, war das »Haus Vaterland« die beste Lokalität. Sie beherbergte unter ihrem Dach zahlreiche Säle, Bars und Kneipen. Da konnte man vor einem sonnenüberströmten Flußpanorama ein Glas Wein trinken, in einer ungarischen Pußtahütte echten Zigeunern zuhören, in einer türkischen Mokkastube das schwarze Getränk schlürfen. Am besten aber gefiel es mir ganz oben im Westernsaloon.
Dort saß ein schwarzer Gentleman aus den Staaten am Klavier und spielte amerikanisches und englisches Repertoire: »Alexanders Ragtime Band«, »Say it with music«, »Some of these days« oder dergleichen, Titel, die im Dritten Reich als degenerierte »Negermusik« verboten wurden.
Monate später war mein schwarzer Freund verschwunden, ein Weißer saß auf dem Hocker. Auf die Frage, wo »Happy« sei, gab er zur Antwort: »Der dreht einen neuen Film: Menschen hinter Gittern.« Happy Johnson saß

ein, weil er mit einer arischen Frau »Rassenschande« betrieben hatte.

Zu sportlichen Veranstaltungen zog man, der Name sagt es, in den Sportpalast. Eishockeyspiele wurden in rasantem Tempo und mit ausgesprochener gegenseitiger Fairneß, man kann fast sagen Höflichkeit, ausgetragen. Weltmeisterin Sonja Henie, von den Berlinern »Häseken« getauft, zeigte ihre Kür, ihren Innen- und Außenmond, ihre Pirouette.

Auf der Bühne sah ich einen unvergeßlichen Paul Wegener in dem Schauspiel »Totentanz«. Gleichzeitig spielte er am Schillertheater mit dem jungen Will Quadflieg den König Philipp im »Don Carlos«. Alles aber war vergessen in dem Moment, als Heinrich George sich als erblindeter Großinquisitor auf einer Sänfte von der Bühnenmitte bis an die Rampe tragen ließ, aufstand und mit 100jährig alter Stimme durchs Theater pfiff: »Steh ich vor meinem König?«.

Die Berliner Philharmoniker Furtwänglers luden oft Gastdirigenten ein. Ich hörte Eugen Jochum aus Hamburg mit seinen Bruckner-Interpretationen. Die 7. Symphonie habe ich durch ihn »entdeckt«. Aus München kam Hans Knappertsbusch. Aus Dresden Karl Böhm. Der aus der Provinzstadt Aachen kommende Herbert von Karajan wollte gleich den »Tristan« auswendig dirigieren! Er tat es! Da gastierten Stimmwunder wie der Tenor Benjamino Gigli aus Italien. Fedor Schaljapin, den russischen Bassisten, habe ich noch live erlebt, als er 64 Jahre alt war. Die Philharmonie war ausverkauft. Auf dem riesigen Podium stand einsam ein Flügel. Es wurde viertel nach acht. Nichts geschah. Man war wieder still. Da öffnete sich auf dem Podium eine Seitentüre, und herein kam ein Krüppel, sein Pianist. Mühsam legte er den langen Weg zum Flügel zurück, spielte eine Chopin-Prälude, bekam einen Höflichkeitsapplaus, schlug die Arme übereinander, wartete. Wie geschickt hatte Schaljapin seinen Auftritt in Szene gesetzt. Damit er als strahlender Held in Erscheinung treten konnte, nutzte er die Körperbehinderung eines anderen Menschen aus. Dann tat sich die gleiche Türe wieder auf. Ein Hüne betrat das Podium, tadellos der Frack, auf dessen Revers ein riesiger, schillernder Orden prangte. Der Künstler verneigte sich tief, das Publikum lag zu seinen Füßen. Und dann sang dieser Mann, den ich menschlich zutiefst verachtete, das ganze Opernrepertoire seiner Stimmgattung. Dazwischen einige Lieder: »Der Tod und das Mädchen«, »Die Wolgaschlepper«. Vor meinem inneren Auge kamen aus der Ferne 40 singende Männer immer näher, blieben in der Mitte des Podiums stehen, verschwanden wieder in die unendliche Weite der russischen Steppe. Und da sang doch nur ein Mann, Schaljapin. Ein großartiger Künstler – ein miserabler Mensch! In der Staatsoper »Unter den Linden« konnte man Stars bewundern wie die Sopranistinnen Maria Cebotari, Maria Müller, die mit dem ersten fast nur gehauchten Satz im »Lohengrin« – »Mein armer Bruder« – schon faszinierte. Den Bariton Heinrich Schlusnus, der im »Tannhäuser« das Lied an den Abendstern immer eine Schwingung zu tief ansetzte und es trotzdem so ergreifend romantisch sang wie keiner nach ihm. Die Tenöre Max Lo-

renz und Franz Völker. Die Bassisten Josef von Manowarda und Ivor Andresen. Altistinnen wie Margarete Klose, Lore Fischer.
Und an der Städtischen Oper sangen der Bariton Michael Bohnen, der Tenor Valentin Haller, der das hohe C in der »Troubadour«-Stretta endlos lange halten konnte.
Und die Weltbesten unter den Instrumentalisten stellten sich vor. Ich erlebte die posthume Uraufführung von Robert Schumanns Violinkonzert (1853) durch den Geiger Georg Kulenkampff.
Auch Vertreter des damals modernen Ausdruckstanzes konnte man in der Weltstadt erleben. Ich sah Mary Wigman mit bloßen Füßen ihren Sonnentanz drehen und wunderte mich, daß sie nicht schwindelig umfiel, sah sie doch unentwegt gerade hinunter auf die Bretter der Bühne. Und wer ihren Schüler Harald Kreutzberg gesehen hat mit seinem tanzenden »Gärtner« oder in der Studie »Das Echo«, vergißt ihn nie.
Andererseits ging man in eine Kabarett-Aufführung. Da verkündete damals Werner Finck, wie ein Konzentrationslager gebaut sei, umgeben von Zäunen, Wassergräben, Wachtürmen und Bluthunden: »Sie werden lachen, ich bin trotzdem hineingekommen!«
Die Gesellschaft traf sich zum Kaffee im Kranzler. Sie sah im Horch oder Kompressor-Mercedes einen Willy Fritsch, den Modezahnarzt Reichel oder den Kapellmeister Teddy Stauffer, neben sich die blutjunge Schauspielerin Brigitte Horney, vorbeifahren. Oder man begab sich in die Nordkurve zum Avus-Rennen. Da brausten Caracciola, der Engländer Seaman, der Italiener Nuvo-

lari an einem vorbei. Oder man traf sich zum »sündigen« Tanz in der Femina und betätigte sich im Lambethwalktanz zu den Klängen der Kapelle Oskar Joós …
Alle diese Erlebnisse und Persönlichkeiten prägten mich und verhalfen mir auch lange Jahre danach zu künstlerischen Inspirationen.

Aus für den Sportlehrer

Zurück zur Hochschule für Leibesübungen.
Interessiert nahm ich am theoretischen Unterricht teil. Anatomie, Physiologie, Psychologie, Regeln und Taktik der verschiedenen Spiele, Fußball, Handball, Tennis, Boxen, Fechten, Leichtathletik. Bei der Praxis allerdings war ich nur Zuschauer, denn eine erkennbare Besserung meines rechten Knies blieb auch nach mehreren Monaten aus. Ich mußte mich von Sportarzt Dr. Heiß untersuchen lassen. Die Diagnose war niederschmetternd. »Du wirst deinen Schülern erzählen können, wie man es macht. Selbst vormachen ist nicht mehr drin!« Diese Perspektive meiner Zukunft schmeckte mir ganz und gar nicht.
Warum mußte ich damals beim Sportfest in Zeist mitmachen …? Ich entschloß mich augenblicklich, die Idee, Sportlehrer zu werden, ein für allemal aufzugeben. Aber was nun?
Tagelang hing ich herum. Unschlüssig. Es kamen mir wirre Gedanken, meinem Leben ein Ende zu machen. Die Eltern konnte ich nicht um Rat ersuchen. Die saßen im Surinamer Dschungel. Ich dachte nach über Gott und die Welt. Ich erinnerte mich an meinen Religionsunterricht, als ich gefragt wurde: »Wer wurde von Pilatus anläßlich des Passahfestes statt Jesus freigegeben?« Meine Antwort lautete: »Barrabas.« Der Religionslehrer hielt inne und sagte, völlig aus dem Zusammenhang gekommen: »Junge, du hast eine Stimme wie eine Posaune!«

Ob es für eine Sängerkarriere reichen würde?
Wagemutig wie ich war, meldete ich mich auf Empfehlung von Frau Rosen bei dem damals berühmtesten Gesanglehrer Berlins, Professor Jacques Stückgold, an. Die Koryphäe glaubte ihren Ohren nicht zu trauen, als da ein junger Mann ihr den Choral »Lobet den Herrn« vorsang. Er hatte eine Opernarie erwartet. Ich hatte nur das Kirchenrepertoire im Kopf. Immerhin hörte der Fachmann, daß gutes Stimmaterial vorhanden war, und erklärte sich zu einer Ausbildung bereit. Aber erst nahm er mich noch einmal warnend zur Brust.
»Junger Mann«, sagte er, »Sie haben das Leben noch vor sich. Wollen Sie es wirklich singenderweise hinter sich bringen?«
»Jawohl, Herr Professor.«
»Ich fühle mich verpflichtet, Sie zu warnen, denn aus meiner langjährigen Erfahrung sage ich Ihnen: Alle Sänger sind verrückt! Wollen Sie trotzdem Sänger werden?«
»Jawohl, Herr Professor.«
»Junger Mann, ich habe eine Tochter Eva. Sie ist mein ein und alles. Wenn sie jemals Sängerin werden möchte, dann erwürge ich sie. Wollen Sie immer noch Sänger werden?«
»Jawohl, Herr Professor.«
»Ich habe sie gewarnt, also bitte: La-la-la.«
Die erste Stunde nahm ihren Anfang.
Ich mietete mir in der Dahlmannstraße ein Zimmer, ein Klavier und lieh mir aus der Musikbibliothek am Savignyplatz die Auszüge sämtlicher Opern, die der Professor mir zum Studium empfahl. Bald hatte ich

ein Dutzend Baßpartien gelernt, von Mozarts »Sarastro« bis Debussys »Arkel«, ohne allerdings in der Lage zu sein, sie gesangstechnisch bewältigen zu können.

Vorsingen

Nach einem Jahr meinte Professor Stückgold: »Warum sammeln Sie sich nicht jetzt schon ein bißchen Bühnenerfahrung im Chor? Dafür reicht es allemal, und später werden Sie dem ganzen Zirkus nicht so hilflos als Anfänger gegenüberstehen. Übermorgen ist Vorsingen im Admiralspalast.«

Der Admiralspalast, das größte Operettentheater in der Friedrichstraße!

Ich stand an besagtem Morgen um zehn Uhr vor dem Theater und begehrte Einlaß. »Watt wolln Se?« fragte der dicke Portier.

»Ich will vorsingen.«

»Zeigen Se ihre Einladung!«

»Hab' ich nicht.«

»Denn ist heute für Sie keen Vorsingen«, beendete der Mollige kategorisch die Unterhaltung.

In dem Moment zog im Hintergrund eine kleine Gruppe durch die Empfangshalle. Voran lief ein kleiner Herr, umgeben von einem halben Dutzend sich devot gebärdender Untergebener. Das mußte der Boß sein.

Vergeblich versuchte der Pförtner mich aufzuhalten. Ich lief an ihm vorbei, pflanzte mich vor dem Mächtigen auf und fragte in meiner tiefsten Tonlage: »Bitte, Herr Direktor, darf ich vorsingen?«

Der Kleine maß den Antragsteller vom Scheitel bis zur Sohle und sagte: »Na, dann kommen Sie auf die Bühne.«

Von diesem Zeitpunkt an war ich in Panik. (Es dauerte

zwei geschlagene Wochen, bis ich einigermaßen normal wurde. Ich nahm in den 14 Tagen zwölf Pfund ab.) Das Wort »Bühne« wirkte auf mich wie das Trompetensignal, das einen Rekruten in die erste Schlacht ruft. Die Bühne, das Endziel, das, wenn überhaupt erreichbar, in weiter Ferne lag. Die Bühne! Jetzt schon?

»Nichts wie weg hier!« dachte ich in meiner Bedrängnis. Aber es war zu spät. Eine der servilen Knechtsfiguren faßte mich am Arm und schob mich mit einem »Hier geht's lang« durch eine Tür. Ich drehte mich noch einmal hilfesuchend um und sah, wie der Rest der Gesellschaft durch eine offene Flügeltür seitlich verschwand.

In den Kulissen empfing mich ein freundlicher Mann in Hemd und Cordhose. »Plünnecke«, stellte er sich vor, »dort stehn die anderen.« Jetzt erst bemerkte ich vier Gestalten: einen baumlangen Menschen, einen mittelgroßen und zwei kleine Dicke.

»Kommste ooch zum Vorsingen?« fragte der Mittelgroße.

»Ja«, zitterte ich, »wie geht das vor sich?«

»Genauso wie sonstwo in der Provinz«, meinte einer der Dicken.

»Wenn die nur eine Sache hören wollen, kannst du gleich nach Hause gehen; darfst du eine zweite Arie singen, dann hast du eine Chance. Bei der dritten bist du so gut wie engagiert.«

Plünnecke war inzwischen auf die hellerleuchtete Bühne getreten und hatte, gedämpft durch die vielen Vorhänge und Prospekte, etwas völlig unverständlich in den Saal

gesprochen. Jetzt kam er zu den Kandidaten zurück und sagte: »Der erste bitte.«
Ehe ich mir beim Zuhören einen Komplex besorge, beiße ich lieber gleich in den sauren Apfel, dachte ich und betrat unsicheren Schrittes die Bühne. Sie schien so groß wie der Alexanderplatz zu sein. In der Mitte stand ein Klavier, dahinter saß ein grauhaariger Herr. Erstaunt sah er auf meine leeren Hände.
Der Saal war stockdunkel. Nur in der Ferne konnte ich den Ring der Notbeleuchtungslämpchen unterscheiden. Eine Stimme klang aus dem Saal. »Wieviel?«
Gleichzeitig fühlte ich mich am Rücken gekribbelt. Plünnecke war auf seinen Filzsohlen lautlos herangekommen und vermaß meine Körperlänge.
»Einsneunundsiebzig«, rief er in den Saal und verschwand. »Was wollen Sie singen?« kam es aus dem Zuschauerraum. Mein Mut verließ mich.
»Ich habe keine Noten«, preßte ich hervor, »darf ich morgen wiederkommen?«
»Unser Herr Schuchow spielt alles auswendig«, kam die Antwort. »Also was?«
»Zauberflöte, Sarastro.«
»Es-Dur«, sagte Herr Schuchow und schlug einen Akkord an.
»E-Dur«, bat ich und blickte verzweifelt empor. Da entdeckte ich meine Dea ex machina, meinen rettenden Engel, eine Reinemachefrau. Im obersten Rang war sie damit beschäftigt, die Stuhllehnen abzustauben, als sie wohl bemerkte, daß sich unten etwas tun würde. Breitbeinig setzte sie sich in die erste Reihe, stützte die Ellbo-

gen auf die Rampe und harrte der Dinge, die da kommen sollten. Und ich verwandelte das Dogma eines ägyptischen Hohenpriesters in eine Serenade für die Raumpflegerin.

»In diesen heil'gen Hallen (von wegen heilig, ging es mir durch den Kopf, hier werden Operetten gespielt) kennt man die Rache nicht (aber auch kein Mitleid), und ist der Mensch gefallen (so wie ich in einer Minute), führt Liebe ihn zur Pflicht (zum Ausgang wird man mich führen!)
dann wandelt er an Freundes Hand (wohin?)
vergnügt und froh ins bess're Land (traurig und down werde ich in der Kneipe nebenan ein Bier trinken).«

Nach der Wiederholung der letzten beiden Zeilen schloß ich mit einem raumfüllenden tiefen E den Vortrag ab.

Kaum war der Ton verhallt, klang es aus dem Saal:

»Danke, kommen Sie bitte ins Büro.«

»Aus!« dachte ich, »alles aus. Nur eine Arie gesungen, eine einzige Arie. Aus!« Mühsam schlich ich mich zurück in die Kulissen.

Acht Hände wurden mir entgegengestreckt, man klopfte mir auf die Schultern! »Mensch hast du ein Schwein! Gratuliere!« Ich begriff nicht. »Doch nur eine Arie«, stammelte ich. »Ins Büro!« klärte man mich auf, »um den Vertrag zu unterschreiben!« Mir wurde schwindlig.

Als nächste traten die zwei rundlichen Herren nacheinander auf, beides Tenöre. Sie wurden abgewiesen. Dann trat der Lange zusammen mit dem Mittelgroßen ins Rampenlicht. »Was denn, gibt es ein Duett?« wurde aus dem Saal gerufen. »Nein, nein!« antwortete der Mittelgroße, »Herr Semme hier singt, ich manage ihn nur.«

»Und was singt er?« wurde gefragt.
»Im tiefen Keller.«
»Bitte sehr, fangen Sie an!«
Erwin Semme verfügte über eine Baßstimme, die ihn zum Weltstar befähigt hätte. Markig, fast dämonisch mit einem Riesenumfang. Das tiefe D hatte er »drauf« und am Schluß des Weinliedes tobte er sich auf dem hohen Fis derart aus, daß die Bühne zu beben schien. Auch er wurde ins Büro gebeten.
Dort saß eine Sekretärin, noch nicht alt, nicht mehr jung, korrekt angezogen, sachlich im Tonfall, gewohnt, mit Menschen umzugehen. An der anderen Seite des Zimmers saß ein junges Ding und hämmerte lustig auf den Tasten einer Schreibmaschine herum. Sie hatte einen hellen grünweißen Fummel an, der dort am besten saß, wo es ihn nicht gab, in einem provozierend tiefen Ausschnitt.
Das Hürchen warf dem Direktor einen keineswegs sachlichen Blick zu, als er mit den drei Figuren – der Mittelgroße war mitgekommen – das Zimmer betrat. Der Allgewaltige ging schnurstracks auf die gepolsterte Tür seines Heiligtums zu und sagte der Sekretärin im Vorbeigehen ein einziges Wort! »Vertrag.« Dann war er verschwunden.
Die Kleine an der Maschine seufzte.
»Also bitte, wer?« fragte die Sekretärin. Der Mittelgroße trat vor.
»Name?« wurde gefragt. »Es geht um Herrn Erwin Semme hier«, wich der Angesprochene aus. »Herr Semme ist zweiter Bassist und …

»Bitte«, unterbrach ihn die Sekretärin, »ich möchte mit Herrn Semme selbst sprechen.«
Und so kam, wie der Holländer sagt, »der Affe aus dem Ärmel«. Denn Erwin Semme, dieser Stimmgott, der jeden Text fließend singen konnte, hatte beim Sprechen einen Fehler. Er stotterte. Wie ich später erfuhr, hatte der Mittelgroße Semme entdeckt, als er sich in Kreuzberg zwischen Haupteingang und Hinterhaus als »Hofsänger« den Lebensunterhalt verdiente. Semmes Behinderung, fehlender Ehrgeiz, mittelmäßige Musikalität waren die Ursachen, daß er es in seinem Leben nicht weiter brachte als zu einem Chorsänger, obwohl die Natur ihn mit Weltmaterial ausgerüstet hatte. Er und ich bekamen denselben Vertrag. Vier Mark Tagesgage, neun Vorstellungen in der Woche.
»Ich werde für morgen vormittag um zehn eine Probe für Sie ansetzen«, sagte die Sekretärin, »kennen Sie das Werk?« Semme kannte die »Frau Luna« aus seiner Zeit in der Provinz. Ich nicht. Telefonisch wurden Noten für mich angefordert, der Inspizient erschien Minuten später mit dem Material.
Ich war ein zappelndes Nervenbündel. Ich verabschiedete mich kurz und besah schon in der Stadtbahn die Noten. Man mochte glauben, nicht nur die Aufführung im Admiralspalast, nein, Berlins Kulturleben hänge davon ab, ob ein gewisser Ernst Gottfried Bielke am nächsten Morgen um zehn seine »Rolle« beherrschen würde oder nicht. Ich nahm mich töricht ernst, meine Nerven zahlten es mir heim. Ich konnte es nicht fassen, obwohl ich den Vertrag in der Tasche hatte, daß ich am nächsten

Abend professionell auf der größten Operettenbühne Deutschlands stehen würde.
Zu Hause begann ich sofort mit dem Studium der einfachen Chorpartie. Die »Schlösser, die im Monde liegen« kamen mir bezeichnend vor. Über »Laß den Kopf nicht hängen« hingegen machte ich mir keine Gedanken. Und die »Luft«, sei es die Berliner oder sonstwelche, war für mich von drohendem Unheil geschwängert. Nach einer knappen Stunde kannte ich Text und Musik in- und auswendig. Aber in meinem gemieteten Zimmer hielt ich es nicht mehr aus. Ich bildete mir den Kampf ums Dasein ein, meine weitere Ausbildung als Sänger, meine Existenz, meine Zukunft stand auf dem Spiel. Um mich abzulenken, ging ich im Grunewald spazieren. Aber unterwegs, bei immer wechselnder Umgebung, wiederholte ich im Takt meiner Schritte das Gelernte Mal für Mal. Wenn mir eine Zeile entfallen war, blieb ich abrupt stehen und ging erst dann wieder erleichtert weiter, wenn ich den Text gefunden hatte.
Nachmittags sah ich mir einen Film an. Anschließend ging ich schnurstracks, ohne zu essen, nach Hause. In der Nacht ängstigte mich ein Traum.
Die Erde war voll. Randvoll. So voll, daß die Menschen nur noch stehen konnten. Sie standen von Ozean zu Ozean, dicht an dicht. Die Liebe war längst abgeschafft, denn es gab keinen Platz für neue Menschen. Sie standen so dicht aufeinander, daß sie nicht gleichzeitig atmen konnten. Zwei Töne erfüllten abwechselnd die Luft, ein hoher und ein tiefer. Beim hohen Ton atmeten die Frau-

en ein, die Männer aus. Beim Baßton geschah es umgekehrt. An der Schaltstelle im All saß Gott.
Da kam der Teufel und fragte Gott: »Wer bist du?« Während Gott über die Frage nachdachte, paßte er einen Moment nicht auf. Da drückte der Teufel gleichzeitig auf beide Tasten. Daraufhin platzte die Menschheit, sie zerfloß und wurde von der Erde aufgesaugt. Die war wieder wüst und leer. Da sprach Gott: »Es werde Licht.« Der Teufel verschwand mit gellendem Gelächter.

Erste Theatervorstellung

»Wo ist die Probe?«, fragte ich den Portier.
Der sah die kreidebleiche Gestalt an und sagte: »Keine Ahnung, fragen Sie mal im Büro, zwei Treppen, dritte Tür links.«
Ich staunte über die völlige Teilnahmslosigkeit, die im Theater zu herrschen schien. Ich hatte nicht die leiseste Ahnung von der Routine eines Betriebes, in dem ein Stück schon zum 150. Mal in Serie gelaufen ist. Ausverkauft oder nicht ausverkauft, das ist dann die einzige Frage.
Im Büro sah mich die Sekretärin eine Sekunde mit absolut nichtssagendem Ausdruck an, bevor sie sagte: »Ach so, ja, wegen der Probe.« Sie griff zum Telefon. »Wie war Ihr Name?«
»Bielke.«
»Moment.« Sie wählte eine zweistellige Nummer.
»Herr Bielke ist da, wegen der Probe.« Pause. »Ach so«, sagte sie dann. »Gut.« Sie legte auf, sah mich wieder an und sagte: »Da muß noch ein Herr kommen. Bitte, nehmen Sie Platz.« Nach ein paar Minuten erschien Semme. Er kam allein. Bevor er versuchte, etwas zu sagen, griff die Sekretärin zum Telefon. »Er ist da.«
Wenig später trat ein Herr ein, Mitte vierzig, dunkles Haar, forsch gebaut, eher dem Obermaat eines Kreuzers gleich, als einem Dirigenten. »Albrecht«, stellte er sich vor, »dann kommen Sie mal mit.« Elastischen Schrittes ging er uns voran, eine Treppe hinauf, einen Flur ent-

lang, durch ein kleines Probenzimmer, in dem ein Klavier stand, eine kleine Treppe wieder hinunter, eine größere hinauf, bis man zu einer Tür kam, auf der »Probebühne« stand. Albrecht trat ein, auf dem Fuß gefolgt von uns beiden Bassisten. Drei junge Mädchen in Maillots verrenkten sich die Glieder, hielten sich dabei an einer Wandstange fest. »Raus«, sagte Albrecht kurz, aber nicht unfreundlich, »hier ist Probe.« Die drei verschwanden, Albrecht saß schon am Flügel. »Also, kennt ihr das Werk?«

»Ich habe die Noten gestern erst bekommen«, sicherte ich mir einen Fluchtweg.

»Wo waren Sie früher engagiert?« fragte Albrecht.

»Nirgends.«

»Was heißt nirgends?«

»Ich mache das zum ersten Mal!«

Albrecht sah mich einen Moment stumm an, als hätte er nicht recht gehört. Man traute ihm, dem ersten Dirigenten zu, sich mit einem Anfänger herumzuquälen.

Na, denen da oben würde er was erzählen!

»Und Sie?« fragte er den Semme.

»'nd zwar nur«, fing der an. Diese Phrase schien beim Anlauf zum Sprechen einigermaßen zu helfen. Als er schließlich das Wort »Stadttheater Würzburg« vollendet hatte, fragte Albrecht: »Sie stottern?« Semme gebar die Erklärung, das sei nur beim Sprechen, nicht aber beim Singen der Fall, und im übrigen sei ihm das Werk geläufig. Albrechts Seele glich einer Mördergrube. Ein Anfänger und ein Stotterer!!!

»Also dann«, sagte er wieder und griff in die Tasten.

Nach einer knappen Stunde war die Probe zu Ende. »Also dann bis heute Abend«, murmelte Albrecht und nahm den Klavierauszug vom Pult. »Die Vorstellung beginnt um acht.«

»Nein!« schrie ich. Die beiden sahen mich erstaunt an. »Ich weiß nicht, wie so etwas vor sich geht«, stotterte ich. »Kann ich mir die Vorstellung bitte einmal ansehen?«

»Das muß das Büro entscheiden«, sagte Albrecht.

»'nd zwar nur«, mischte sich Semme ein und wollte wissen, wie das mit den Kostümen sei.

»Auch im Büro«, sagte Albrecht und verschwand.

Tatterig, unausgeschlafen, vor Aufregung fiebernd saß ich um acht oben im Rang, dort, wo ich beim Vorsingen die Reinemachefrau entdeckt hatte. Noch während der Ouvertüre wurde es im Saal dunkel, geräuschlos hob sich der schwere, rote Vorhang, in strahlender Helle öffnete sich die Bühne. Dreimal war ich während der Vorstellung drauf und dran aufzustehen, nach Hause zu fahren, rasch meine Koffer zu packen, um spurlos nach Holland zu verschwinden. Der Gedanke, daß ich am nächsten Abend da unten mitmischen sollte, erschien mir als heller Wahnsinn. Als beim Finale zweihundert Figuren auf der Bühne waren, sangen, tanzten, saßen und gingen, als ich verzweifelt festzustellen versuchte, wer da unten als Solist sang, als Chorist untermalte, als Tänzer sich schwang, als Statist schwieg, als dann noch eine Drehscheibe zu kreisen anfing, auf der sich Menschen bewegten, sah ich das Ende meiner zumindest schriftlich begonnenen Karriere in greifbarer Nähe. Ich erbat mir und bekam einen zweiten Beobachtungsabend. Aber auch nach der zweiten Vorstellung wußte ich nicht mehr. Zwar gelang es mir, ab und zu meinen Kollegen Semme zu entdecken, aber auf der Drehscheibe verlor ich ihn wieder aus den Augen, sah ihn nur ganz zum Schluß hinter der Hauptdarstellerin, Friedl Schuster, wie eine singende Marmorsäule stehen.

Die Schneiderei hatte inzwischen meine Maße genommen, meine Kostüme hergerichtet. Am nächsten Abend betrat ich die Herrengarderobe. Da saßen zehn Tenöre zur Linken und zehn Bässe zur Rechten. Zwanzig ältere Herren an langen Schminktischen starrten den Eindringling mehr oder weniger feindselig an. Der Unbekannte besaß etwas, was ihnen verlorengegangen war: Jugend. Alle waren einmal Solisten gewesen, nun saßen sie im Chor.

»Was willst du?« fragte ein Weißhaariger. Bevor ich etwas sagen konnte, erklang ein abgrundtiefes: »'nd zwar nur.« Umständlich erklärte Semme, daß es sich um einen Bassisten handele, der zusammen mit ihm, Semme, engagiert worden sei.

»Wieso kommst du jetzt erst?« fragte der Weißhaarige.

»Ich hab' mir die Vorstellung zweimal angesehen«, sagte ich, »ich bin Anfänger.«

Schminkstifte wurden abgesetzt, Puderquasten blieben zwischen Dose und Stirn in der Luft stehen, vierzig Augen starrten mich immer noch an.

»Du warst noch nie engagiert?« fragte der weißhaarige Obmann.

»Nein.« Ein Gemurmel ging durch die Reihen.

»Also«, stand der Obmann auf, »hier ist dein Platz. Mein Name ist Lüdtke.«
Dann rief er laut den Garderobier: »Nimm doch dem Neuen mal die Kostüme ab.«
Hielscher, ein kleiner, wieselflinker Ankleideassistent, eilte herbei und nahm meine Sachen ab.
»Hast du Schminke?« fragte er mich. »Nein? Dann geh' in die Maske und laß dich schminken.«
»Moment«, sagte ich, »ich weiß ja noch gar nicht, was ich nachher tun soll!«
»Das wird dir rechtzeitig gesagt«, schloß Lüdtke die Unterhaltung.
Als ich nach dem Schminken in den Spiegel sah, erkannte ich mich kaum wieder. Die Haut war dunkler, die Augenbrauen nachgezogen, die Wimpern geschwärzt und unterstrichen. Der Nasenrücken war hell, die Wangen dunkelrote Flecken, die Lippen knallend rot. Nach dem »Fertig« des Maskenbildners getraute ich mich zu fragen: »Sind meine Lippen nicht zu rot?« Ich kam mir lächerlich vor. »Wir sind hier bei der Operette, nicht beim Film«, beschied er mich. »Der Nächste bitte.« In meinem ersten Kostüm, einer hagelweißen Uniform, saß ich an meinem Garderobentisch und bekam eine galgenhumorige Euphorie. In einer Viertelstunde würde die Welt sowieso untergehen ...
»Wie lange habt ihr geprobt an dem Stück?«, fragte ich meinen Nachbarn.
»Sechs Wochen.«
»Und das soll ich auf Anhieb ohne Probe können?«
Lüdtke, ein alter Routinier, beruhigte mich: »Der Beer-

mann macht das schon, du mußt nur genau tun, was er sagt. Der ist nicht aus der Ruhe zu bringen. Er war früher beim Zirkus, hatte eine Raubtiergruppe. Jetzt ist er Statistenführer. Laß dir später mal sein rechtes Bein zeigen.«

Beermanns Bein, dies sei vorweggenommen, glich einem vom Pflug durchfurchten Acker. Von Narben konnte man gar nicht mehr reden. Es war ein zusammengeflicktes, welliges Muskelgeflecht. »Die Katze wollte mir nicht weh tun«, pflegte er zu kommentieren. »Der Tiger sprang an mir vorbei und wollte nur spielen. Da half meine Reithose aus Büffelleder herzlich wenig.«

Das erste Klingelzeichen erklang. Die Choristen schienen es nicht wahrzunehmen. Keiner rührte sich, nur Lüdtke stand auf. »Na, dann komm mal mit«, forderte er mich auf. Zusammen betraten wir die Bühne. Im Halbdunkel hinter dem geschlossenen Vorhang erkannte ich schon ein paar Figuren. Ein schlanker, alter Herr, fast ein Greis, fiel mir besonders auf. Kerzengerade stand er wie eine Säule auf seinem Platz. »Der hatte früher einmal selbst ein Theater«, flüsterte Lüdtke. »Jetzt ist er Statist.« Als er mich dem neuen Kollegen vorstellte, sagte Beermann:

»Der Plön ist krank, du stellst dich auf seinen Platz, hierhier!«

Ich fragte: »Und was wird gesungen?«

»Gar nichts. Es handelt sich um das Eröffnungsbild. Wir sind alle auf der Bühne. Bei den letzten Takten der Ouvertüre hebt sich der Vorhang, es gibt einen Mordsapplaus. Danach kommt der ›Goldene‹ runter, die bei-

den Komiker bleiben draußen und fangen ihren Blödsinn an. Wir gehen wieder in die Garderoben.«
Ich erinnerte mich. Als Zuschauer hatte ich kurz die gesamte lebende Ausstattung gesehen. Ich hatte den Semme gesucht und nicht gefunden. Ob gesungen wurde und wenn, was, war mir entgangen.
Das Orchester setzte ein. Noch immer war die Bühne leer. Allmählich erst füllte sie sich. Sekunden, bevor der Vorhang sich hob, hasteten noch einige an ihre Plätze. Im Widerschein der taghell erleuchteten Bühne sah ich ein Meer von hellen Punkten im ausverkauften Theater. Deutlich erkannte ich die Gesichter der Besucher in den ersten Reihen. Törichterweise, aber felsenfest, war ich überzeugt, alle, ohne Ausnahme, alle schauten auf mich, auf Ernst Gottfried Bielke. Anfängerpanik!
Als der »Goldene« den Zuschauerraum wieder verdeckte, fühlte ich mich wie ein Ballon, der sich aus der Verankerung gerissen hatte: Ich schwebte. Ich hatte überlebt.
Zehn Minuten vor dem Pausenfinale trafen sich Beermann und ich in den Kulissen. Flüsternd erklärte er mir die Gänge, Wendungen, Stops und Drehungen des Finales. Als er fertig war, wurde mir übel. Zeit zu näherer Erklärung oder Wiederholung gab es nicht. Die Einleitungsfanfare schmetterte, in flottem Marsch begab man sich ins Rampenlicht. Alles klappte, bis ich mich plötzlich zwischen zwei zierlichen Tänzerinnen fand. Der Kleinen vor mir schien aber nicht gut zu sein. Einer Ohnmacht nahe, kippte sie nach rechts. Ich war im Begriff, sie aufzufangen, als ich selber den Boden unter den Füßen verlor: die Drehscheibe fing an zu rotieren. Die

Tänzerin kannte nach 150 Vorstellungen den Ruck und hatte sich nur in die Kurve gelegt. Als ich mich an ihr festhielt, dachte sie an einen üblen Scherz, drehte sich mit der Gelenkigkeit einer Katze um und verabreichte mir eine Ohrfeige. Im letzten Moment sah sie, daß es sich um ein neues, fremdes Gesicht handelte, aber die Ohrfeige saß schon.
In der Pause traf ich den Dirigenten. »Bielke, warum haben Sie nicht gesungen? Sie kennen das Material doch.« Erst jetzt wurde mir klar, daß die anderen gesungen hatten. »Laßt den Kopf nicht hängen«, rezitierte ich geistesabwesend. »Na also«, sagte Albrecht und verschwand in sein Zimmer. Ich glaubte, in der Garderobe würde man mich zur Schnecke machen. Aber keiner hatte etwas bemerkt. Noch drei Monate lief die »Luna«. Schon vierzehn Tage nach meiner Premiere verhielt ich mich wie die anderen. Routiniert lief ich wie ein gut geöltes Rädchen in der komplizierten Maschinerie mit.

Corsica

Der Unterricht bei Professor Stückgold nahm ein Ende, als dieser der politischen Situation wegen von einem Tag auf den anderen in die USA emigrierte. Man schrieb das Jahr 1938.

Bei der Suche nach einem neuen Lehrer stellte ich fest, welch merkwürdiger Methoden sich mancher Gesanglehrer zu bedienen pflegte. Da zog doch einer, ein Hüne, während des Vorsingens einen schweren, ausgedienten Theatervorhang quer durch das Musikzimmer und versteckte sich dahinter. Dann trat er hervor, nahm mich Ahnungslosen blitzschnell in einen doppelten Nelsongriff, dehnte krachend Rippenverbindungen, Schlüsselbein- und Schultergelenke und schlug wuchtig seine Pranke auf meine Schulter. Sein Urteil: »Ausgezeichnet. Ihre Stimme, junger Mann, trägt quer durch den Vorhang. Was Ihnen fehlt, (erneuter Ritterschlag) ist ein gewisse Aggressivität. Im Herbst sind Sie im Engagement!«

Ich wußte damals nicht, daß ich nie in ein Opernengagement kommen würde, also entschloß ich mich zu einer Probestunde. Als ich zu dem vereinbarten Termin erschien, saßen etwa zwanzig junge Leute ringsum an der Wand eines jener riesigen altberliner Villenzimmer.

»Bin ich hier falsch?« fragte ich.

»Nein, nein«, hieß es. »Wir alle sind zum Unterricht hier.«

»Ich bekomme aber keinen Chorunterricht. Ich bin zu einer Solostunde bestellt.«

»Das sind wir alle.«
»Und wann bin ich dran?« fragte ich weiter.
»Das hängt vom Professor ab. Manchmal ist man dreimal am Tag, manchmal einmal in vierzehn Tagen dran.«
Ich verzichtete auf die Probestunde. Obwohl das mit der Aggressivität gestimmt haben mag.
Als ich anfing, mich im Ensemble des Admiralspalastes auszukennen, fiel mir eine Ballettänzerin auf. Knabenhaft in der Figur, hatte sie ein Gesicht, als sei es aus Marmor gemeißelt. Aus großen, dunklen Augen sah sie ernsthaft in die Welt. Federleicht schwebte sie im Tanz, ihre Unterhaltung fußte auf fundiertem Wissen. Sie sei Pianistin, erklärte sie lachend und studiere nebenbei Philosophie.
»Ich tanze nur aus gesundheitlichen Gründen, auf Anraten meines Arztes, Professor Sauerbruch.« Daß eine Tänzerin im Corps de ballet eines Operettentheaters überhaupt an die chirurgische Kapazität herankam, war schon ungewöhnlich. Welcher Art ihre Kinderstube gewesen sein mußte, aus welchem Hause sie kam, erkannte ich, als Alexandra, so hieß sie, mich eines Nachmittags zum Tee einlud. Dort traf ich ihre Mutter. Wie vom Blitz getroffen starrte ich die betörend schöne, zum Höhepunkt ihres Lebens gereifte Frau an. Mit heller, vor Lebenslust vibrierender Stimme bat sie mich, Platz zu nehmen. Für den Bruchteil einer Sekunde wurde ihr Blick ernst, als erkenne sie die Gefahr, sich zu verlieren.
Sie, Corsica de Stade, drohte, mich unversehens zu ihrem Sklaven zu machen.
Wie komme ich aus dem Wirbelsturm, der mich plötz-

lich in Herz und Seele erfaßte, wie komme ich aus ihm heraus? Sein Sog ist ja unfaßbar stärker als meine Kraft. Es geht um mein ICH, diese Frau nimmt es mir. Ich muß ihr gehorchen, tun, was sie will. Die fast weißblonde Frau, schlank, nicht sehr groß, hatte eine Ausstrahlung, als bestünde sie aus Licht. Während von Sex noch keine Rede war, vereinnahmte sie mich erotisch mit Haut und Haaren. Auch sie erschrak. Was war mit ihr los?

Mitglieder des diplomatischen Korps' machten dieser brillanten Frau ihre Aufwartung, Industriekapitäne rechneten es sich zur Auszeichnung an, in ihren Salon geladen zu werden. Minister gaben ihre Visitenkarte ab, aber auch Müllmänner pfiffen ihr nach, Polizisten hielten den Verkehr für sie an, wenn sie erkannt wurde. Sie war die Geliebte gewesen von Fürsten, von Leuten von »Stand« und solcher der Kultur.

Was wollte sie mit diesem zwanzig Jahre jüngeren Niemand ... Das Gespräch plätscherte. »Gestern traf ich den japanischen Botschafter«, erzählte sie. »Ich fragte ihn, was er zu der wohl unvermeidlich gewordenen Kapitulation Finnlands meine? Er antwortete: ›Das finnische Problem ist für einen Japaner kein Problem. Eine Nation, die nicht bis zum letzten Mann kämpft, ist keine Nation.‹«

Ich war nach dem Zweiten Weltkrieg als »Bruce Low« des öfteren in Japan und staunte über die phantastische Leistung der geschlagenen Nation. Ich mußte oft an den Botschafter denken.

Nach zwei Stunden brachte mich Alexandra zur Haustür. Beim Abschied meinte ich, ich sei so einer tollen Frau wie ihrer Mutter noch nie begegnet. »Da bist du nicht der erste«, sagte sie nicht ohne Ironie. Sie wußte, was kommen würde.

Wie Goethes Zauberlehrling, der die selbstgerufenen Geister nicht mehr los wird, wehrte ich mich mit aller Macht gegen Corsica. Im Grunde aber wohl gegen mich selbst. Denn ich war nur mit mir selbst beschäftigt. In meiner Not griff ich wie ein Ertrinkender nach jedem Strohhalm. Ich besann mich auf das, was mir von frühester Kindheit als absolute, unerschütterliche Wahrheit eingeflößt worden war, den christlichen Glauben. Viele Zweifel waren mir schon im Laufe meines jungen Lebens gekommen. Ich spürte, daß es jetzt, daß es dieses Mal ums Ganze gehen würde. Ich würde irgend etwas loslassen müssen, und wußte keinen Ersatz dafür. Ich war in hohem Maße beunruhigt. Ich hatte nicht die geringste Ahnung davon, daß diese hervorragende Frau mir die Zügel, mit denen sie geführt werden wollte, behutsam in die Hand legte.

Dabei öffnete Corsica dem Naiven täglich neue Türen zu sich selbst, zu seinen Möglichkeiten. Als wir eines Nachmittags zusammen den Theaterplan an einer Litfaßsäule studierten, faßte Corsica mich bei der Hand und führte mich rund um das Reklametürmchen herum. »Sehen Sie, Herr Bielke, so sind Sie. Es lohnt sich, um Sie herumzugehen, Sie sind in jeder Hinsicht interessant.« Ich dankte nicht mit einem Lächeln, nicht mit einem »Sie übertreiben« für das Kompliment, nein, ich nahm es tierisch ernst. Tierisch, das heißt instinktiv. Ich

erkannte allmählich meine eigenen, eingleisigen, verkrampften Vorstellungen der Welt, des Lebens.
Einem Arbeiter, der den eisigen Bürgersteig aus einem Sandkarren bestreute, nahm sie die Schippe aus der Hand, fächerte jauchzend den Schrot aufs Trottoir. »So müssen Sie manchmal Ihr Leben ausstreuen«, sagte sie im Weitergehen. »Sie sind Holländer, aber ich kann mir nicht vorstellen, daß alle Ihre Landsleute das Leben ängstlich, wie einen Korb zerbrechlicher Eier, vor sich herbalancieren.«
»Als ich so jung war wie Sie«, klärte sie mich ein anderes Mal bei einem Glas Wein auf, »ritt ich täglich mit meinem Bruder durch den Tiergarten. Eines Tages beanstandete er meinen Sitz. Ich sah vor mir einen Kinderwagen. Die Mutter saß daneben auf einer Bank. Da gab ich meinem Pferd die Sporen und übersprang Wagen und Kind. Mein Bruder preschte heran und zog mir die Gerte durchs Gesicht, daß meine Wange blutete. Aber er hatte natürlich recht.« Und nach einer kurzen Pause leise: »Manchmal habe ich heute noch Schwierigkeiten, mein Temperament zu zügeln.«
Als sie mich zur Tür begleitete, sagte sie: »Bis morgen, lieber, sehr lieber Herr Bielke.«
Ich begab mich an jenem Abend sofort zu Bett, an Schlaf war nicht zu denken.
Um so mehr an Corsica. Sollte ich, sollte ich nicht ...
Heute, wo mancher Teenager bereits vor dem Dilemma der künstlich erweckten Sucht steht, kommen uns die Probleme eines Twens dem ganz natürlichen Sex gegenüber fast lächerlich vor. Für mich, obwohl ich meine er-

ste Liebe hinter mir hatte, nicht. Ich richtete mich im Bett auf. Wozu, verdammt nochmal, bin ich eigentlich in Berlin? Weswegen habe ich sechs Jahre hier geschuftet, täglich gewartet auf den gesangstechnischen Durchbruch, den jeder mir voraussagte? Weiß ich denn, wohin mich diese neue Entwicklung bringen wird? Was weiß ich von den zwanzig Jahren, die vor mir liegen, was hat sie nicht alles erfahren in den zwanzig Jahren, die sie hinter sich hat! Ich stand auf, machte Licht und schrieb ihr einen Brief. Es sei, ungeachtet ..., trotz ..., besser, wir würden uns nicht mehr sehen, denn ... Ich würde aber niemals vergessen, daß usw. usw.

Ich frankierte ihn vierfach, schrieb »Eilboten« aufs Kuvert, zog mich an und rannte durch die eisige Finsternis zum Nachtbriefkasten am Bahnhof. Das Thermometer zeigte −36 Grad.

In der Nacht weckte mich ein Höllenlärm. Ich eilte zum Fenster. Dutzende Scheinwerfer tasteten mit blauweißen Fingern den rabenschwarzen Himmel ab. Drei davon hatten ein winziges Flugzeug erfaßt. Es glitzerte wie ein Insekt in der Sonne. Aus allen Rohren pustete ohrenbetäubend die Flak. Leuchtspurmunition verriet die Bahn der Geschosse, sie verloren an Geschwindigkeit, kippten ab, fielen kraftlos zur Erde zurück. Andere, Schnellfeuergranaten, explodierten hoch in der Luft, doch weit unterm Ziel. Mit hellem Singsang fielen ihre Splitter pfeifend in den Schnee.

Der Aufklärer wurde nicht getroffen und drehte ab.

»Wer die Zahl der Geschütze kennt, die wir rings um die Reichshauptstadt in Stellung gebracht haben«, hatte

Göring erklärt, »der weiß, warum wir Berlin nicht evakuieren.«
Den nächsten Tag verbrachte ich mit der schwersten aller Arbeiten, mit Nichtstun. Ich hatte meinen Lebenslauf angehalten, der Tachometer zeigte Null. Keines konstruktiven Gedankens fähig, blätterte ich in alten Illustrierten, fummelte an den Knöpfen des Radios, fing einen Brief an alte Freunde an, zerriß ihn nach den ersten drei Zeilen. Ich ließ die Zeit verrinnen »mit meiner Seele unterm Arm«, wie es die holländische Redensart treffend sagt.
Ich wartete.
Wartete auf ihre Nachricht, wartete auf meinen Entlassungsschein. Aber nichts geschah, kein Eilbrief, keine Rohrpost, die in Minutenschnelle von einem Ende der Riesenstadt zum anderen gepustet wurde, kein Telegramm. Niedergeschlagen ging ich bereits um sieben Uhr zu Bett und löschte das Licht.
Zwanzig Minuten später klopfte meine Wirtin an die Türe. Das war zu der Stunde noch nie geschehen, »Herr Bielke, es ist Besuch für Sie da.« Ich wußte, wer es war. Ich öffnete im Schlafanzug die Tür. Einen Morgenrock besaß ich nicht.
Sie stand vor mir, einen Strauß Blumen im Arm, den pastellfarbenen, violetten Kaschmirschal im Ausschnitt ihres Zobels. Auf dem Haar eine Russenmütze vom selben Pelz, fellgefütterte Stiefel an den Füßen. Strahlend, als sei sie soeben dem mit zwanzig Rappen bespannten Staatsschlitten Katharinas der Großen entstiegen, trat sie ein.

Mit der größten Selbstverständlichkeit, als wäre sie in ihrem Salon und nicht in der fast klösterlich karg eingerichteten Schlafstätte eines kleinen Arbeiterhäuschens, legte sie ihren Mantel ab, über die Lehne des einzigen Stuhles im Zimmer.

»Komm«, sagte sie und führte mich zum Bett. Ich legte mein Kopfkissen gegen die Wand, zog die Decke über die Knie und lehnte mich sitzend zurück. Corsica nahm am Fußende Platz.

»Sie sind vollkommen wahnsinnig«, rief ich. »Sie hätten ausrutschen können, sich den Fuß brechen, nicht mehr gehen können. Hier draußen ist zu dieser Stunde kein Mensch mehr auf der Straße. Man hätte Sie morgen früh unterm Neuschnee erfroren ausgebuddelt!«

Sie lachte hell auf. Das Zimmer wurde freundlicher.

»Das hätte man nicht«, sagte sie. »Mein Schnee wäre geschmolzen.«

Sie sah mich fast mitleidig an.

»Ernst Gottfried. Wir sind in ein paar Tagen bessere Freunde geworden, als manche Paare es bei ihrer goldenen Hochzeit immer noch nicht sind und nie sein werden. Ich möchte, daß du mich duzt.«

»Nichts lieber als das«, stürzte ich mich in das Abenteuer.

Dann sagte sie: »Ich liebe dich, Ernst Gottfried, und du liebst mich. Du weißt es nur noch nicht. Wir kennen uns seit dem Anfang der Welten.«

Dann warnte sie mich. »In langen, bewegten Jahren habe ich erfahren müssen, daß ich Unruhe stifte, Verwirrung. Aber bisher hat kein Mann es bereut, mich geliebt zu haben.« Lange Stunden sprachen wir. Über meine Erziehung, die Zweifel, die mich bei der Lektüre von Rilke, Dostojewski befallen haben.

»Beide waren tiefgläubige Menschen«, klärte sie mich auf. »Aber Dostojewski … die Karamasows … das Kapitel mit dem Großinquisitor … und Rilke … der vom Selbstbetrug des Christus schreibt …« zweifelte ich.

»Wie jeder denkende Mensch«, sagte sie, »wußten diese Männer von einem ordnenden Prinzip, nenne es Gott, wenn du nichts anders kannst. Sie lehnten den Zufall ebenso ab, wie die Kirche es tut. Sie suchten dieses Etwas aber jenseits der Kirche. Die hatten sie bereits durchschritten. Die Kirche glaubt, der Dichter zweifelt.«

Ich sprach von meiner Not, der Verzweiflung, mein Ziel gesanglich noch immer nicht erreicht zu haben. »Da kommt ein völlig amusischer Mensch daher, eine Note weiß er nicht von einem Tintenklecks zu unterscheiden, und so ein Typ kann nach einem halben Jahr Gesangsunterricht mehr, als ich es mir in sechs Jahren mühsam erkämpft habe …«

»Vielleicht kämpfst du zu verbissen«, meinte sie, »leg dich auf die Couch und wünsch' dir, was du willst, du wirst es erreichen. Ich glaube an dich, von nun an bis in Ewigkeit.«

»Das ist ein Bibelwort«, sagte ich, »glaubst du an Gott?«

»Ja«, sagte sie, »ich habe mich im Leben oft verirrt. Aber er hat mich immer wiedergefunden.«

Sie stand auf. Es war gegen Mitternacht. »Ich möchte, daß etwas von mir bei dir bleibt«, sagte sie und streifte einen Ring mit einem leuchtenden Diamanten vom Finger. »Bring ihn morgen abend mit, ich hab' noch etwas mit ihm vor. Ich erwarte dich zum Nachtmahl.« Sie ging.

Der nächste Abend, nach dem Essen, in ihrem Schlafzimmer ... Der Duft ihrer Haut betörender als alle Wohlgerüche des Orients ... Ihre Schreie röchelnder als die einer nackten Gekreuzigten ...

Als ich am Morgen aus dem Halbschlaf erwachte, stand sie schon frisch gebadet und frisiert im lindgrünen Morgenrock vor mir. In den Händen ein Tablett mit dem Frühstück. Frisch gezogen der Tee, knusprig frisch die Semmel, wachsweich pochiert das Ei, köstlich der Heidehonig noch in den Waben. Frühstück am Bett, das erste Mal in meinem Leben.

Das Bad richtete sie mir mit einer wohltuenden, duftigen Kräuteremulsion, hüllte mich danach in ein vorgewärmtes, riesiges Badetuch, trocknete mir den Rücken.

Nacht für Nacht zeigte sie mir neue Wege, erzählte von den Gewohnheiten fremder Völker, die sie besucht hatte. Von erotischen Tänzen gewisser Südamerikaner, deren Mädchen und Frauen bei rasender Trommelmusik immer nur eine hellbraune, nackte Brust im Ausschnitt ihrer Gewänder zeigten, bis die Männer sich die Kehlen heiser schrien: Beide, beide, Santa Maria, beide! Von Polynesiern, deren Männer sich unbeweglich auf den Rücken zu legen hatten, während die Frauen sich die Liebe holten und bei der geringsten Gegenbewegung das Spiel abbrachen.

Tagsüber unterhielten wir uns über Glaube, Religion,

Kirche, über die Bibel. Und eines Nachts, als ich zur Erholung einmal zu Hause schlief, traf mich ein simpler Gedanke wie eine Erleuchtung. Die Überlegung, daß dieser Jesus ja ein hier auf Erden lebender historischer Mensch gewesen war. Wie die Insel Madeira zum Greifen nahe vor mir lag, während ich sie als Küstenstrich in der Ferne gesucht hatte, so erkannte ich, den Emmausgängern gleich, den Menschen, der gesagt hatte: Ich bin der Weg und die Wahrheit und das Leben.

In dieser Nacht änderte sich grundlegend meine Meinung über Glaube, Religion, über die Christenheit. Der Mensch Jesus, der historische, hatte den Menschen neben sich und nach ihm gezeigt: Da geht es lang, so müßt ihr weitergehen.

Das Kreuz war Wegweiser, kein Endziel. Die Kirche aber hatte sich seit 2000 Jahren rund um das Kreuz häuslich niedergelassen und predigte: Kommt her, betet an, statt weiterzugehen!

Krieg

Die politische Ruhe, das Abwarten während der ersten Monate des Zweiten Weltkrieges, ging zu Ende, als die deutsche Flotte am 9. April 1940 in Kiel auslief, die Luftwaffe norwegisches Hoheitsgebiet anflog. Die letzten beiden in Kiellinie vorbeifahrenden Kreuzer drehten ab und liefen Kopenhagen an. Kein Schuß fiel. Der kleinste Staat Skandinaviens war in deutscher Hand. Norwegen, das sich zur Wehr setzte, war es ein paar Tage später.

Im April 1940 unterhielt ich mich mit einem deutschen Hauptmannn. Als dieser erfuhr, daß sein Gesprächspartner auf diesem Empfang Corsicas Holländer war, sagte er: »Ich habe viele Freunde in Holland.« »Wo?« fragte ich. Er schwieg einen Moment, als wollte er überlegen, was er dem Holländer anvertrauen könne. Statt einer Antwort kam es dann ernst: »Wenn ich nicht Frau und Kinder hätte, würde ich mir nachher eine Kugel durch den Kopf jagen. Ich muß morgen mit meinen Panzern an die holländische Grenze. Ich weiß, was das bedeutet.«

Ich hatte genug gehört. Es galt, in die Heimat zurückzukehren. Gewiß brauchte man dort jeden einzelnen Mann. Von Corsica mußte ich mich buchstäblich losreißen. Sie begleitete mich noch im Fernzug vom Bahnhof Zoo bis Charlottenburg. Als ich abfuhr, stand sie auf dem Bahnsteig wie erstarrt. Sie winkte nicht zurück, sah mich an mit demselben todernsten Blick, mit dem sie mich bei der allerersten Begegnung angesehen hatte. Ich lehnte mich zurück und zog das goldene Medaillon aus der Tasche, das sie aus ihrem Ring hatte anfertigen lassen. Ich las die Gravur: »Ich glaube an Dich von nun an bis in Ewigkeit.« Darüber eingelassen war der Diamant.

Als der Zug die große Osnabrücker Schleife hinter sich hatte, wurde ich aus meiner wehmütigen Träumerei gerissen. Ein SS-Mann erschien im Abteil, machte das Licht an, zog die Jalousien herunter und sagte: »Hinausschauen verboten!«

Dann ging er zum nächsten Abteil.

In meinem Abteil saßen außer mir drei Holländer und ein Herr, der beharrlich schwieg und in das Buch »Der Mythos des zwanzigsten Jahrhunderts« vertieft war. Die vier Holländer fragten sich, was das ganze Theater am hellichten Tag wohl solle. Da schien der Herr die niederländische Sprache zu verstehen. Er blickte zum ersten Mal auf und sagte: »Sicherheitsmaßnahme.« Die Holländer sahen sich an und schwiegen. Es war sonnenklar. Man sollte den Aufmarsch der Wehrmacht nicht sehen. Es könnte ja ein Spion unter den Reisenden sein.

Was hätte der schon vermocht? Hatten nicht in Berlin Unter den Linden gewaltige Paraden stattgefunden? Zu denen sämtliche in Berlin attachierten Militärs der Westmächte eingeladen gewesen waren? Waren nicht, Welle um Welle, die Panzerheere in Reih und Glied am Führer der Deutschen vorbeigerollt? Geschütze jeden Kalibers? Ganze Flächen schwerbewaffneter Motorradfahrer, so-

genannter Krads? Waren nicht Wolken von Sturzkampfbombern, Transportmaschinen, Heinkel- und Messerschmittjäger über die hinweggedonnert?
Man kam zur Grenze. Der Zug hielt auf freier Strecke. Der Herr mit dem Buch stieg aus. Mit ihm sämtliche SS-Leute und einige Zivilisten.
Ein Pfiff, langsam fuhr der Zug an. Was ich im Vorbeifahren sah, bevor man im Bahnhof Oldenzaal hielt, erschütterte mich. Was hatten sich meine Landsleute gegen die deutsche Superarmee, die dabei war, gegen den Uhrzeigersinn durch Europa zu spazieren, was hatten sie sich seit dem 3. September einfallen lassen?
Da stand ein einsamer Soldat Wache, nicht am Wolgastrand, sondern an einer holländischen Allee hoher Pappeln.
An beiden Seiten der Allee trugen die Bäume in Brusthöhe ein weißes Päckchen, Sprengstoff. Im Ernstfall sollte die Ladung gezündet werden, die Pappeln würden umfallen und so der deutsche Vormarsch gestoppt werden ...
Da rauchten zwei Soldaten hinter einem Ring von Sandsäcken eine Zigarette. Zwischen ihnen war ein Maschinengewehr in Stellung gebracht. Ein wahres Monstrum aus dem Ersten Weltkrieg mit einem kreisrunden, rotierenden Munitionskasten. Die Niederlande waren auf den Überfall miserabel vorbereitet.
Schon bei der Uniform fing es an. Der hohe Stehkragen war bewegungsfeindlich. Die Beine wurden umwickelt mit sogenannten Puttees, langen Gamaschen aus steifem, nicht elastischem Tuch. Wickelte man sie zu lose,

so rutschten sie ab. Legte man sie zu fest an, so schliefen die Füße ein.

Als Deutschland 1933 zu rüsten anfing, schaffte es sich das modernste Kriegsgerät an. Dem hervorragenden Werk des Historikers Dr. L. de Jong zufolge war das niederländische Infanteriegewehr österreichischen Fabrikats aus dem 19. Jahrhundert, unhandlich und schwer.

Die 157 holländischen Haubitzen entstammten dem Jahr 1878! Zwar wurde im letzten Moment modernes Material in geringer Zahl bestellt, so etwa in der Schweiz 300 Panzerabwehrwaffen. 90 davon waren geliefert. Die Munition sollte aus Deutschland kommen. Liefertermin: Februar 1940. Was Wunder, daß der Termin nicht eingehalten wurde. Das niederländische Heer besaß einen Tank. Nur diesen. Der Befehlshaber, Baron Voorst tot Voorst, ließ ihn fotografieren, während der Kampfwagen aus dem Ersten Weltkrieg (!) im überfluteten Land im selbstgeschaufelten Grab versank. Der Feind sollte die Unzweckmäßigkeit eines Tankangriffes erkennen. Im Dezember 1939 wurde das Foto der Presse zu Verfügung gestellt.

Ich entschloß mich, das wenige, was ich konnte, meinem Vaterland zur Verfügung zu stellen. Ich ging nach Den Haag zum Verteidigungsministerium am Plaats Nr. 4.

»Was kann ich für Sie tun?« fragte ein junger Leutnant.

»Ich möchte Soldat werden«, erklärte ich. Der Angesprochene stutzte. Er beugte sich vor, um besser hören zu können und fragte: »Sie möchten bitte was?«

»Ich will unter die Waffen.«
»Mijnheer«, sagte der Leutnant, »ich weiß nicht, ob Ihnen bekannt ist, daß ein Krieg im Gange ist.«
»Doch, doch«, sagte ich, »eben deshalb!«
Der Leutnant trat einen Schritt zurück und musterte den Krieger in spe. Es konnte sich da doch nur um ein Mißverständnis handeln. »Einen Moment«, sagte er und verschwand. Herein trat nach kurzer Zeit ein Hauptmann, gefolgt von dem Leutnant.
»Das ist der Herr«, sagte letzterer.
»Mijnheer«, fragte der Hauptmann, »Sie haben ein Problem?«
»Keineswegs«, antwortete ich, »ich möchte Soldat werden.« Das leutselige Lächeln des Hauptmanns erstarrte.
»Junger Mann«, sagte er, »es ist Krieg. Die Truppe liegt in ihren Stellungen und ist bereit, sofort loszuschlagen, sollte jemand auf die Idee kommen, die Niederlande anzugreifen.«
»Das ist mir bekannt«, sagte ich.
»Na also,« strahlte der Hauptmann wieder, »seien Sie ganz unbesorgt. Holland bleibt neutral, wie im Weltkrieg.«
Ich ließ nicht locker. »Es könnte aber doch sein, daß Sie Nachschub brauchen, beispielsweise wenn einer im Kampf fällt. In Warschau ...«
Der Hauptmann fiel mir ins Wort. »Hören sie, mein Herr, wir sind hier nicht in Polen.« Er sah mich besorgt an. »Wäre es nicht besser, einmal um den Block zu gehen, sich die Sache ruhig zu überlegen? Oder mit einem

guten Freund, einem Fachmann, einem Psychiater zu sprechen. Wir wollen ja gerne hel ...«

Ich war schon bei der Tür. Die beiden sahen mir kopfschüttelnd nach.

Ich wollte es nicht glauben. Da war halb Europa über den Haufen geschossen, und Den Haag glaubte noch immer an die Honorierung der niederländischen Neutralität! Ich entschloß mich zu einem letzten Versuch und meldete mich bei der Frans-Hals-Kaserne in Haarlem. Es war inzwischen halb sechs geworden. Ich sprach die Schildwache an.

»Guten Abend. Ich möchte den Kommandanten sprechen.«

»Morgen früh, zehn Uhr«, sagte der Soldat.

»Es ist dringend.«

»Morgen früh, zehn Uhr, hab' ich gesagt.«

»Es muß heute noch sein«, bohrte ich weiter.

»Godverdomme, sijkert.«

Der Soldat kramte in seiner Brusttasche und holte einen verknüllten Zettel hervor.

»Also. Der Oberst K. wohnt bei Witwe H. an der Bakenessegracht Nr. soundsoviel.«

»Danke«, sagte ich und ging hin. Es handelte sich um eine Wohnung im dritten Stock. Als die Tür sich öffnete, schaute ich eine steile, schmale Treppe hinauf. Ganz oben stand eine Frau, das lange Zugseil, mit dem sie die Tür geöffnet hatte, noch in der Hand.

»Wen?« rief sie, als ich nach dem Oberst gefragt hatte.

Ich wiederholte den Namen.

»Ach der!« kam es nach einer kurzen Pause zurück.

»Der hat voriges Jahr mal hier gewohnt. Der ist längst ausgezogen.«

»Wohin, bitte?«

»Keine Ahnung. Wir sind beim Abendessen. Würden Sie bitte die Türe schließen?«

Sechs Tage bevor die deutschen Fallschirmjäger die Frans-Hals-Kaserne stürmten, morgens um vier, wußte die Schildwache nicht, wo der Kommandant zu erreichen war …

An einen Überfall wollte kein Mensch in Holland glauben. Trotz Sudetenland, Tschechoslowakei, Polen, Dänemark und Norwegen.

Deutschland hat, weiß Gott, den Krieg im eigenen Lande erlebt. Nicht seinen Ausbruch. Die Feuerwalze bewegte sich zunächst von den Deutschen und ihrem Land fort. Sie schob den Schrecken ins Ausland, von der Heimat weg. Für die Holländer stürzte das Grauen aus dem Ausland ins Binnenland hinein. Seit der französische General Pichegru im Winter des Jahres 1795 über die zugefrorenen Flüsse Maas, Waal und Rhein gezogen und die Vereinigten Niederländischen Republiken besetzt hatte, seit die Truppen des holländischen Königs Wilhelm I. von den Franzosen aus Belgien zurückgeworfen worden waren, 1831, hatte man in Holland nicht mehr auf Menschen geschossen. Im Mai 1940 wurde der Krieg Wirklichkeit. Die niederländischen Truppen, unerfahren, schlecht ausgerüstet, ungenügend mit Munition versehen, wurden bei dem bis ins kleinste Detail vorbereiteten Überfall einfach überrollt. Trotz todesmutigen, verzweifelten, individuellen Widerstandes.

Zum Beispiel: Dem Kommandanten einer der wenigen modernen Flakbatterien am Rotterdammer Flughafen müßte man ein Denkmal setzen. Drei seiner vier schwedischen Geschütze waren nach dem allerersten Schuß unbrauchbar, eines technischen Fehlers wegen, der leicht behoben worden wäre, hätte man dem Hauptmann Hazewinkel erlaubt, ein einziges Mal übungsmäßig scharf zu schießen. Doch, so hieß es in Den Haag, das war zu teuer. Beim ersten Angriff der Fallschirmjäger ging seine Besatzung in volle Deckung. Hazewinkel bediente allein die einzige funktionierende Kanone, bis eine Maschinengewehrgarbe ihn niedermähte.
Und als der Hauptmann der Rotterdammer Feuerwehr zu dem bereits brennenden Flughafengebäude raste, »stellte er mit nicht geringem Erstaunen fest, daß schon viele Menschen auf der Straße waren oder aus den Fenstern hingen«. Hatten die ein so großes Interesse an einem Brand? Noch als die Stukabomben ihm um die Ohren flogen, fragte er sich, was das alles zu bedeuten hätte. Krieg in Holland? Unmöglich.
So auch am Grebbeberg, einer sanften Hügelkette im Südosten der Stadt Utrecht. Viele starben hier durch Kopfschuß. Für sie war man zu spät dahintergekommen, daß die hell in der Maisonne blitzenden Stahlhelme ein unfehlbares Ziel für feindliche Scharfschützen waren. In aller Eile wurden die Helme in Bottiche mausgrauer, stumpfer Deckfarbe getaucht. Vom ersten Schock erholt, kämpften die Holländer wie die Löwen. Vier Tage dauerte der ungleiche Streit. Als es dem Befehlshaber der 18. Armee, dem General von Küchler,

nicht schnell genug ging, ließ er Rotterdam bombardieren und drohte, Utrecht, Haarlem und Den Haag ebenfalls »auszuradieren«, wenn Holland nicht kapitulierte. Der holländische General Winkelman benötigte nicht einmal Bleistift und Papier, um die haushohe Übermacht des Gegners zu beziffern. Am 14. Mai 1940 überreichte er seinen Degen. Darum stehen die holländischen Städte noch. Sein Gegner ließ ein paar Jahre später eine wunderschöne deutsche Stadt nach der anderen in Schutt und Asche legen.

Eva

Ich nahm mir in Zeist beim Fleischermeister Brugmans ein Zimmer. Sollte der Krieg unerwarteterweise doch länger dauern, dann werde ich nicht hungern, dachte ich mir.

Der Konzertpianist Felix de Nobel hatte einen Kammerchor, dessen Mitglieder, sämtlich junge Soldaten, ein Repertoire sangen, das vom Mittelalter bis zur Moderne reichte. Ich wurde als Mitglied aufgenommen und lernte das Chormaterial der Jahrhunderte kennen. Die Proben fanden zweimal in der Woche in Amsterdam statt. Ich fuhr mit der Straßenbahn nach Utrecht, mit dem Zug nach Amsterdam. Solistisch traten die Sänger und Sängerinnen des Kammerchors oft in Oratorien auf, hat doch fast jedes Dorf in Holland einen Gesangverein, der gewiß einmal im Jahr eine Aufführung organisiert. Auch an mich trat man bald heran, und es war mir später ein unerklärbares Wunder, woher ich den Mut nahm, die Arien und Partien in Bachs Passionen, in Haydns »Jahreszeiten«, Händels »Judas Makkabäus«, Mendelssohns »Paulus« und manch anderen zu übernehmen. Denn mir fehlte die richtige Technik.

Zwar klangen die Koloraturen in der Tiefe profund und trotzdem klarer als bei meinen Kollegen. Zwar war der in Holland übliche Stil dieser geistlichen Musik für mich eine Selbstverständlichkeit. Aber gerade die Höhepunkte, es sei zart (»Am Abend, da es kühle war«), es sei in höchster Not verzweifelt (»Seht das Geld, den Mörderlohn«), ich konnte diese Höhepunkte nur in forcierten stimmlichen Gewaltaktionen zerstören, nicht gestalten. Oft kehrte ich völlig deprimiert auf mein Zimmer bei dem Fleischermeister Brugmans zurück. Ich wußte, wie ich die Partie hätte singen sollen, und hatte es wieder nicht gekonnt. Hohe Ansprüche an meine Leistung stellend, war ich keineswegs befriedigt.

Was ich gesungen hatte, fand ich nicht schön. Aber auch in meinem Zimmer hielt ich es dann nicht aus. Ziellos schlenderte ich durch die Straßen der Kleinstadt.

Eines Tages ärgerte ich mich über ein ungleiches Paar. Es kam die Straße herab. Rasch wechselte ich die Straßenseite, um den beiden nicht begegnen zu müssen.

Ein junger deutscher Offizier in tadelloser Uniform und blankgeputzten Stiefeln in Begleitung einer ungewöhnlich gutaussehenden, blonden jungen Frau. Da sie keine Uniform, im Gegenteil, mit lässiger Eleganz einen leichten Pelzmantel trug, konnte es sich nur um eine ehrvergessene Holländerin handeln.

Im Vorbeigehen hörte ich drüben Wortfetzen des Offiziers. »... einsam ... nicht gewollt ... zu Hause.«

Kaum war ich ein paar Schritte weitergegangen, als ich den Mann schreien hörte: »... Soldaten der deutschen Wehrmacht beleidigen ...«

Ich drehte mich um.

»Ausweis!« befahl der Deutsche.

Die Frau kramte in ihrer kleinen Handtasche und überreichte dem Offizier ihren »persoonsbewijs«. Der blickte kurz hin. Dann brüllte er: »Hau ab! Verschwinde!« und schlug der Holländerin den Ausweis um die Ohren.

Offensichtlich konnte er seine Abfuhr als Mann nicht bewältigen.
Die Handtasche fiel zu Boden.
Der Soldat machte kehrt und stolzierte beleidigten Schrittes davon. Ich lief rasch zurück und half der Verstörten den Inhalt ihrer Tasche zusammensuchen. Lippenstift, Puderdose, ein paar Schlüssel, ein kleines Notizbuch, ein Spitzentaschentuch.
»Danke«, sagte sie und blickte verschämt zur Seite.
»Ich begleite Sie jetzt nach Hause«, sagte ich, »damit Sie nicht noch einmal belästigt werden.«
Das Angebot wurde akzeptiert. Unterwegs erklärte sie, was geschehen war. »Er lief zehn Minuten neben mir her und redete unablässig auf mich ein. Ich sagte kein Wort. Dann blieb er stehen und sagte: ›Aha, ich weiß, Rottmoff! (Das schlimmste holländische Schimpfwort für die Deutschen.) Da antwortete ich zum ersten Mal: ›O nein. Nur Luft.‹ Was der Gentleman dann tat, haben Sie gesehen.«
Sie wohnte in einer der riesigen Villen zwischen Zeist und Driebergen. Ihr Mann, einer der größten Holzimporteure Hollands, war einer, den die Besatzer brauchten, den sie nicht entbehren konnten. Von der Öffentlichkeit allgemein der Kollaboration verdächtigt, tat er in Wirklichkeit Menschenmöglichstes, Verfolgte zu retten, Not zu lindern, die Nazi-Deutschen mit seiner überragenden Intelligenz zu übertölpeln und hinter's Licht zu führen.
»Mein Mann ist nicht zu Hause, aber wollen Sie nicht eine Tasse Tee mit mir trinken?« fragte die Schöne, als

wir zu Fuß über die breite Auffahrt zum Portal gekommen waren. »Nichts lieber als das«, antwortete ich. Wie oft war ich als Kind auch an diesem Haus vorbeigefahren, wenn ich mit meinen Freunden einen Ausflug zum Hirschgehege in Rijsenburg machen durfte. Manchmal waren wir nach Doorn weitergeradelt, um Kaiser Wilhelm durch die Buchenhecke Holz hacken zu sehen. Mit welcher Scheu hatte ich zu den Villen, auch zu dieser, hinübergeschaut. Wie selbstverständlich trat ich jetzt ein.

›Steenbergen‹ las ich im Vorbeigehen auf dem blankgeputzten Kupferschild an der Haustüre.

Ein kleiner Vorraum, Kleiderhaken und -bügel an der Wand, ein antiker hölzerner Schirmständer. Eine Kokosmatte gleich nach der Haustür. Ich half ihr aus dem Mantel. Junge, dachte ich, was für eine Figur!

Dann die Empfangshalle, im Hintergrund die breite, sich von links unten nach rechts oben biegende Treppe. Der Boden aus spiegelblanken weißen und schwarzen Kacheln, wie zu Zeiten Jan Vermeers. An den Wänden drei Armleuchter, in der Mitte, von der Decke, eine Kristallkrone. Links ein kleiner, halbrunder Wandtisch mit einem Teller aus mattem Zinn. Darauf Visitenkarten, Todesanzeigen, Einladungen.

Rechter Hand ein großer Schrank, ein sogenannter »Kussenkast« aus altem Nußbaum. Daneben, auf dem Boden, eine große, blauweiße Delfter Porzellanvase voller Herbstblumen.

Die Tür neben dem halbrunden Wandtisch führte ins behagliche Wohnzimmer. Es war möbliert mit Stücken,

auf die jedes Museum scharf gewesen wäre. Die Wanduhr aus dem 17. Jahrhundert, der kleine Roentgen-Schreibtisch, die zwei Rembrandt-Stiche und, weiß Gott, der echte Pieter de Hoogh, sie hingen und standen hier, allerdings nicht in einem toten Museum, von der Menge begafft, von den Kennern vorübergehend bewundert, nein, hier lebten sie, lebten mit den Menschen, wie bei ihrer Entstehung geplant, die Arbeit und die Freude mit ihren glücklichen Besitzern teilend.
»Wo sind die Kinder?« fragte die jugendliche Hausherrin, als ein Hausmädchen erschien.
»Sie spielen im Park mit Omar, Mevrouw«, sagte die Hilfe.
»Sind sie auch warm angezogen?«
»Sie haben beide Pullover an.«
»Danke, Rietje. Wollen Sie uns bitte Tee machen?«
Die Angestellte zog sich leise zurück.
»Haben Sie einen Araber als Kindermächen?« fragte ich.
»Omar ist unser Wolfshund. Er läßt niemand an die Kinder heran.«
Ich stellte mich vor und fügte meinem Namen verlegen hinzu: »Sänger.«
»Lieder?« fragte Frau Steenbergen interessiert.
»Hauptsächlich Oratorien«, antwortete ich. »Ich bin noch nicht sehr bekannt.«
Dazu schwieg sie taktvoll.
»Und Sie?« fragte ich. »Haben Sie immer hier gewohnt?«
Ich sah sie aufmerksam an. Irgendwie kam sie mir bekannt vor. Ich wußte nicht, woher.

»Erst seit fünf Jahren«, sagte sie. »Mein Mann hat dieses Haus gekauft, als wir heirateten. Ich wohnte früher bei meinen Eltern am Arnhemsche Bovenweg.«

»Und gingen bei den Schwestern auf dem Zusterplein zur Schule«, rief ich aufgeregt.

»Ja«, bestätigte Frau Steenbergen erstaunt und zögernd. »Woher wissen Sie das?«

»Sie fuhren jeden Tag in der Kalesche an mir vorbei, wenn ich zur Schule radelte.«

»Das stimmt. Ich wurde früher zur Schule gefahren.«

»Und Sie hatten im Sommer ein ärmelloses, rotes Kleid an mit einem schwungvollen Muster von großen, grünen Blättern.«

»So ist es«, gestand die Erkannte und ärgerte sich, als sie eine Röte aufsteigen fühlte.

Der Tee kam.

Sie schenkte selbst ein.

»Zucker?«

»Nein, danke. Pur.«

Das Mädchen war wieder gegangen. Ich faßte mir ein Herz. »Ich habe Sie damals schon bewundert.«

Sie wechselte lässig das Thema, als hätte sie meine Bemerkung nicht gehört.

»Mein Mann ist in Polen. Ich hoffe, er ist nächste Woche wieder zu Hause.«

Ich schaltete.

»In Polen? Jetzt?«

»Ja. Er kauft Holz.«

»In Polen? Wie kommt er hin? Wo holt er ein Visum her?«

»Er kauft Holz für die Moffen (Deutschen).«
Ich stutzte. Ich verstand den Widerspruch nicht.
Mit den Nazis kollaborieren und sie Moff schimpfen!
Ich setzte meine Tasse ab.
»Dann ist Ihr Mann also ...«
»Nein!« sagte sie entschieden, noch bevor ich das Wort NSBer (niederländischer Nazi) aussprechen konnte, »das sind wir keineswegs.«
»Aber ...«, wollte ich widersprechen. Sie fiel mir ins Wort.
»Wie Sie wissen, bauen die Herren jetzt auch in Holland ihren Westwall. Mit der Lust, gegen England zu fahren, scheint es vorbei zu sein. Sie haben jetzt selbst Angst vor einer Invasion.«
Ich nickte. »Und für den Schutzwall«, fuhr sie fort, »brauchen sie Holz. Viel Holz.«
»Dann wird der Wall nicht viel halten.«
»Das Holz ist für die Schalungen der Betongüsse.«
»Aber, Frau Steenbergen, dann hilft Ihr Mann den Moffen!«
Die Frau sah mich nachdenklich an. Was konnte, was durfte sie mir anvertrauen?
»Die Leute von der Forstverwaltung waren ein paarmal hier«, sagte sie schließlich. »Die wenigen Wälder, die wir auf der Veluwe haben, werden von den Deutschen immer mehr und immer schneller in Kahlschläge verwandelt. Der Westwall ist ihnen begreiflicherweise wichtiger als die Ökologie Hollands. Eine Aufforstung dauert bei dem langsamen Wuchs auf den Veluweboden Jahrzehnte. Wenn sie überhaupt nach der Versandung

noch möglich ist. Deshalb wurde mein Mann von unseren eigenen Landsleuten wiederholt inständigst gebeten, soviel Holz wie irgend möglich zu importieren.«
Ich schwieg.
Der Holzhändler saß in einer verdammten Zwickmühle.
Eva Steenbergen erriet meine Gedanken.
»Der Krieg wird eines Tages zu Ende gehen«, sagte sie, »aber Holland wird es immer noch geben.«
Während der kommenden Wochen war ich öfter Gast des Hauses Steenbergen.
»Morgen kommt mein Mann zurück«, sagte Eva eines Tages, Anfang Oktober 1942, und zeigte mir eine Wehrmachtsdepesche.
»Morgen, Samstag zu Hause. Freue mich auf Dich und die Kinder und Hutspot. Steen.« Das holländische Nationalgericht schien ihm in der Fremde abgegangen zu sein.
Unruhig sah ich die Begegnung mit Evas Mann auf mich zukommen. Zwar hatte ich kein schlechtes Gewissen ihm gegenüber. Aus Evas sporadischen Bemerkungen hatte ich begriffen, daß es zwischen den beiden noch immer eine Begegnung zweier Liebenden war, wann und wo immer sie sich trafen. Für mich war da kein Platz.
»Es ist zwischen meinem Mann und mir wie am ersten Tag«, hatte sie einmal fallen lassen. Und trotzdem war ich unruhig.
Würde Steen bemerken, daß ich mich in seine Frau verliebt hatte? Daß ich sie umwarb, auch wenn es aussichtslos erschien, auch wenn das Gespräch sich um Kunst oder Krieg, um alles andere jedenfalls als um die Liebe

drehte? Und was würde er dann tun? Mich hinauswerfen, mir die Möglichkeit nehmen, diese wunderbare Frau wieder und wieder zu sehen? Müßte ich heimlich Gelegenheit suchen, mit ihr zu sprechen? Eben das wollte ich nicht.

Drei Tage nach seiner Rückkehr lud mich Steenbergen ein. Der Mann war groß, eher hager, hatte graues, kurzgeschnittenes Haar, eine scharfe, energische Nase im kleinen Gesicht, zwei klare, vor nichts zurückschrekkende Augen. Der Mund war ausgesprochen freundlich, eher zu einem verständnisvollen Wort bereit als zu einem Befehl. Der ganze Eindruck, den Steen machte, war von hoher Intelligenz. Es würde nicht einfach sein zu wissen, was dieser Mann wirklich dachte.

Ohne unehrlich zu sein, hatte er eine so reiche Ideenpalette, daß er jede Situation beherrschen oder nach seinem Willen umgestalten konnte.

»Sie haben meiner Frau in einer unerfreulichen Situation zur Seite gestanden«, begrüßte er mich. »Dafür danke ich Ihnen. Trinken wir ein Gläschen Ouwe Klare auf den glimpflichen Ablauf des Zwischenfalls!« Der aus Holland bereits bis zur Rarität heim ins Reich organisierte Genever rann wohltuend durch die entwöhnte Kehle.

Dann erzählte Steenbergen, gut dreißig Jahre älter als seine Frau, von seinen Reisen.

»Zunächst war ich im Schwarzwald. Da gibt es ja Holz in Hülle und Fülle. Meine alten Freunde zeigten mir den Bestand, den sie verkaufen wollten. Aber den sollte ich selbst schlagen und transportieren lassen. Und da begannen die Schwierigkeiten!«

Für das Fällen und Abstransportieren brauchte man Männer und Pferde. »Beide sind in der heutigen Situation Mangelware. Alles ist an der Front. Frauen besorgen schon die Feldarbeit, sofern sie nicht in der Munitionsfabrik sind!«
Am besten, fuhr er nach einem zweiten Gläschen fort, habe er noch in Polen reüssiert. Ihm, dem Holländer, seien sie nicht so feindselig begegnet, wie den verhaßten Deutschen. »In den tiefen Wäldern wimmelt es noch von Partisanen und nichtentdeckten Pferdegespannen. Männer, die sich, wie bei uns, dem gezwungenen Arbeitseinsatz widersetzen.«
Auch der Transport nach Holland hätte bis jetzt ganz gut geklappt, dank seiner offiziellen Papiere.
Zehn Tage später fuhr Steen wieder ab. Diesmal zum holzreichen Finnland. Vorher hatte er mich beiseite genommen. »Ich bin froh«, sagte er, »daß du dich in dieser unruhigen Zeit um meine Frau kümmerst. Und wenn ihr euch einmal ein Küßchen gebt, oder mehr als das, so habe ich nichts dagegen, wenn es nur meiner Ehe nicht schadet.«
»Das ist nett von dir«, erwiderte ich. »Aber mach' dir keine Sorgen. Eva kennt nur einen Mann, und das bist du!«
»Gott sei Dank«, sagte Steen. »Ich liebe sie und ich will, daß sie glücklich ist.«
Welch lebensgefährliche Rolle Steenbergen spielte, erfuhr ich bald bei meinen immer häufigeren Besuchen bei Eva. Im Gärtnerhäuschen hinter der Villa hielt sich ein jüdisches Ehepaar mit seiner Tochter verborgen. Nur

nachts kamen die Levys manchmal in's Freie. Direkte Gefahr bestand für sie nicht. Der Holzhändler war für die Deutschen absolut unverdächtig. Um so schlimmer wäre es ihm bei einer eventuellen Entdeckung ergangen. Fast in allen Fällen waren entdeckte jüdische »onderduikers« das Opfer holländischer, geldgieriger Verräter. Anders als Anne Frank aber überlebten die Levys den Genozid.

Eines Tages wurde Eva operiert. Kein komplizierter Eingriff. Der Blinddarm wurde entfernt.

Ich erfuhr es erst abends.

Am nächsten Morgen um zehn stand ich mit Blumen in der Hand vor ihrem Einzelzimmer in der Utrechter Klinik.

»Jawohl, Mevrouw darf Besuch empfangen«, hatte der Pförtner gesagt, nach haustelefonischer Rückfrage bei der Oberschwester. Unangemeldet trat ich ein.

Eva erwachte aus dem Halbschlaf.

Abwesend sah sie den Besucher an.

Langsam kam sie aus der nebeligen Nachwirkung des Schlafmittels zu sich.

Sie erkannte mich, hatte aber die Situation noch nicht erfaßt, wußte nicht, wo sie war.

In diesem Moment zwischen Träumen und Wachen spiegelte ihr mattes, wunderschönes Gesicht ihre innersten Gefühle hemmungslos wider. Und ich las, als stünde es ihr auf die Stirn geschrieben: Ich liebe dich, komm näher, ich möchte dich!

Der Moment ging schneller vorbei, als das Auge zwinkert. Ihre Lippen formten lautlos meinen Namen.

Und es kam, wie es seit dem Paradies kommen mußte, als der erste Mann seine Frau erkannte.
Täglich radelte ich die zehn Kilometer zum Krankenhaus und zurück. Am Tag vor ihrer Entlassung traf ich erst abends ein. Sie lag im Bett, schlief aber noch nicht. Ein hellgrünes, durchsichtiges Nachthemd lag ihr locker um den Körper. Ich sah sie an. Zum ersten Mal setzte ich mich auf den Rand ihres Bettes. Ich schlug die Decke zurück. Ohne Hast.
Behutsam nahm ich ihren Busen aus dem Dekolleté.
Wir sahen uns an. Ohne Angst. Ohne Gegenwehr. Ohne Gier. Ich löste meinen Blick, indem ich die Augen schloß. Dann sah ich bewußt auf ihre Brust.
Kein Rodin, kein Lovis Corinth schuf je solche Vollkommenheit. Wie sollten sie auch.
Wie könnten sie die vollendete Schwellung, wie das helle Rot der Kuppe, jemals in Form, jemals in Farbe gestalten. Wie könnten sie Leben schöpfen.
Ich beugte mich zu ihr.
Sie versuchte, den Oberkörper meinem schmetterlingleichten Brustkuß entgegenzubringen.
Sie nahm meinen Kopf in die Arme.
Es war im wunderschönen Monat Mai. Und zwar am vorletzten jenes Monats im Jahre 1942. Ununterbrochen brummten die viermotorigen Bomber der Briten über Holland dem Sieg, Richtung Deutschland, entgegen. Der schwabbelige Lehmboden der geknechteten Niederlande bebte bis Amsterdam, wenn die »blockbuster«, die Luftminen, die Stadt Köln in Trümmer rissen. Die Kinder schliefen oben in ihren Zimmern. Eva und

ich waren unten im Gästezimmer. Wir lagen nebeneinander im Bett.
Sie trug wieder ein durchsichtiges Seidenhemd. Ich, wie immer, nur das Oberteil meines Schlafanzugs.
»Du darfst mich nicht mehr auf die Brust küssen«, hatte sie im Wohnzimmer verlangt. »Wenn du das tust, habe ich keinen Willen mehr.«
Ich hatte ihren Wunsch respektiert, ihr Bekenntnis nicht ausgenutzt. In meinem »gefährlichen Hochmut« kam für mich ein Liebesverhältnis nur bei gegenseitiger Bereitschaft in Frage. Gleichberechtigung der Geschlechter war mir eine Conditio sine qua non, lange bevor die Frauen den Begriff wieder aufgenommen hatten.
»Wenn du wegen der Flugzeuge besorgt bist, dann komm' in den Keller«, sagte ich zu ihr, als das Kriegsgedröhne lauter wurde. Hin und wieder wurde ja eine Lancaster oder Halifax von den deutschen Nachtjägern bereits über Holland abgeschossen und stürzte mitsamt ihrer vernichtenden Last zur Erde. Bei einem solchen Fehltreffer hätte der Keller zwar nicht den geringsten Schutz verliehen, aber ich wollte mit ihr ungestört ganz alleine sein. Sie willigte ein. Ich hatte die Decke zurückgeschlagen, sie hatte sich zu mir gelegt. Ich wagte es nicht, mich zu rühren. Wir sprachen kein Wort. Dann drehte ich ihr meinen Körper zu. Weit öffnete sie die Schenkel. Zwei Körper, eine einzige, vollkommene Bewegung. Aber meine Welt brach grausam zusammen.
»Nein, nein, nein!« schrie sie und stieß mich in meiner Erregung mit aller Macht von sich, stand keuchend neben dem Bett.

»Jetzt weiß ich, woran ich mit dir bin!«
Aber sie ging nicht fort. Sie blieb neben mir, dem völlig verstörten jungen Mann, stehen.
Ich war keines klaren Gedankens fähig. Ich fühlte mich nur maßlos erniedrigt.
Schließlich sagte ich zerknirscht: »Ich werde zu einer Hure gehen müssen.« Seit dem Erlebnis mit Corsica hatte ich keine Frau mehr berührt.
»Das wird wohl das Beste sein«, sagte Eva und ging.
Sie floh nicht vor mir.
Sie floh vor sich selbst. Vor ihrem Mut zu einer verbotenen Liebe.
Als ich zum Frühstück erschien, hatte Rietje schon gedeckt und die beiden Buben angezogen.
Sie begrüßten den »Onkel« recht stürmisch und wollten ungeachtet der frühen Stunde das Lied von den sieben Flöhen hören, das ich ihnen manchmal vorsang.
»Das ist ein Schlaflied«, wehrte ich mich. Mein Sträuben war umsonst. Mit Tim auf dem einen, Tony auf dem anderen Knie ließ ich sie bald bei Nacht und Nebel mit dem siebenspännigen Flohwagen durch den Wald kutschieren.
Bis Eva erschien.
»Guten Morgen«, sagte sie, ohne mich anzusehen. »Tim und Tony, zu Tisch, wir frühstücken.«
Als sie mir meinen Tee reichte, kreuzten sich unsere Blicke. Erleichtert stellte ich fest, daß sie nicht böse war. Aber das war auch alles, was ich in ihrer rätselhaften Miene entziffern konnte. Sie war gefaßt und zürnte mir augenscheinlich nicht mehr. Was sie dachte, wie sie den

gestrigen Abend in ihre Erinnerung eingeordnet hatte, war nicht zu erkennen.
Über alles sprachen wir beim Frühstück, nur nicht über das, was sie bewegte. Dazu gaben uns die lebhaften Buben auch keine Gelegenheit. Kaum war der Streit geschlichtet, wem dieses Mal die Kappe des frisch angeschnittenen Brotlaibes gehörte, als Tony, der Älteste, die volle Aufmerksamkeit der Mutter beanspruchte. Er schilderte, wie Omar schon am frühen Morgen die Enten in den Teich gejagt hätte. Er sah es von seinem Fenster, so erzählte er aufgeregt, und hätte ihn gerufen, aber ... und so weiter und so fort. Omar lag mittlerweile längst wieder an seinem Stammplatz unter der Wanduhr und tat, als ginge ihn die Sache nichts an.
Die beiden Erwachsenen sprachen über den Krieg.
Eva klingelte. »Rietje«, sagte sie, als diese erschien, »die Kinder müssen die Zähne putzen«.
Ich verabschiedete mich.
»Ich bring' dich noch zur Haustür«, sagte Eva.
Als ich schon vor der Tür stand, sagte sie zögernd: »Vielleicht solltest du doch nicht zu einer Hure gehen.« Schnell verschwand sie.

Am selben Abend, kurz vor Beginn der Sperrstunde um zehn, ging ich wieder zu Eva.
Sie sah mich mit ernsten Augen an, als wolle sie zurück.
Als ich ihre Wange küßte, zitterte sie am ganzen Leib.
Die Kinder schliefen schon.
»Ich bin müde«, log ich und ging gleich ins Gästezimmer. Nackt und hellwach legte ich mich zu Bett.

Minuten später kam sie nach, zog ihren Morgenrock aus und legte sich zu mir.
Ich schob ihr das seidene Nachthemd am Schenkel hoch. Da richtete sie sich auf, faßte mit gekreuzten Armen das Hemd und zog es aus.
Wieder drehte ich mich zu ihr, wieder öffnete sie sich. Langsam, während ich mich aufstützte, kam ich zu ihr. Ich sah sie unverwandt an. Aber sie schloß die Augen. Ihre Brüste röteten sich. »Sie werden ein Fleisch sein«, durchzuckte es mich, »der Mensch und sein Weib. Und sie schämten sich nicht.«
Vorsichtig ließ ich mich auf sie nieder. Sie fühlte mein Gewicht, ich die harten, stehenden Spitzen ihrer Brüste. Alle Freundschaft auf Erden war nur der Vorhof zu diesem Eintritt ins Nirwana, ins Sein ohne Denken, ins Nichtsein. Hinter uns fiel die Pforte der Wirklichkeit ins Schloß. Draußen blieben alle Wenn, jedes Aber. Drinnen waren zwei Menschen, die noch einmal das Paradies betreten hatten, als der Wächter mit dem Flammenschwert ihnen einen Moment den Rücken zugekehrt hatte.
»Komm«, sagte ich ihr leise ins Ohr. Ihr Atem ging heftig. Sie wehrte sich gegen ein Ende, gegen das es keine Gegenwehr gibt. Ich preßte meinen Leib fester an sie. Noch immer bewegten Mann und Frau sich nicht.
»Komm«, befahl ich wieder.
Als ich fühlte, wie sie kam, konnte und wollte ich mich nicht länger zurückhalten, riß sie an mich und hielt sie lange, lange fest.
Wir fanden uns wieder im Bett des Gästezimmers von Steenbergens Haus. Nebeneinander liegend.

Nach einer Weile sagte ich: »Ich fühle mich unsagbar frei, ich weiß nicht, wie ich dir danken soll.«
Sie sagte nichts, schien in Gedanken zu sein.
Dann, schlicht: »Ich habe so etwas noch nie erlebt. Es war ... vollkommen.«
Wir waren beide noch nackt. Der Rausch war verflogen, wie er gekommen war.
An ein zärtliches Nachspiel, sich in den Schlaf streicheln, dachten beide nicht. Dieses Recht hatte nur einer, Steen. Zwischen Eva und mir herrschte die Freundschaft zweier durch die Umstände der Zeit isolierter Menschen, deren fast täglicher Umgang in eine ungeheure Verliebtheit ausgeufert war.

Gelegenheit fand sich immer. Manchmal am hellen Vormittag, angezogen in einem Rhododendronstrauch des Parks stehend, manchmal nach Mitternacht, wenn ich nach einem Konzert gerade vor zehn nach Hause gekommen war und mich durch die Dunkelheit vom Metzger zu dem Park der Steenbergens schlich, auf jedes Geräusch achtend, besonders aber auf den festen Stiefelschritt eventueller deutscher Streifen. Am schwachen Schein einer Nachtlampe, trotz der vorgeschriebenen Verdunklung aus einem Spalt des Kellerfensters parkwärts erkannte ich, daß Eva auf mich wartete.
Bei einer solchen Gelegenheit erzählte ich Eva von einem Zugerlebnis.
»Ich traf Jaap Spaanderman, den Dirigenten. Er saß im selben Zug und kam aus Arnhem. Er war noch bleich im Gesicht von seinem Erlebnis. ›Stell dir vor‹, hatte Spaan-

derman erzählt, ›ich hatte für heute abend ein Konzert in Arnhem vorbereitet. Zwei Tage Probe, das Übliche. Schon im Vorverkauf war das Konzert restlos ausverkauft. Ich ging also zum Pult und hatte schon den Stab gehoben, um den Einsatz für die Egmont-Ouvertüre zu geben. Da trat seitlich ein Mensch in voller SA-Uniform aufs Podium und rief: Im Namen des Ortskommandanten: Alle Juden raus! Wir hatten uns schon gewundert über die Lastwagen, die vor dem Eingang aufgestellt waren. Und was geschah? Das Publikum stand wie ein Mann auf, und alle, ausnahmslos alle, verließen geschlossen den Saal! Ich schickte das Orchester nach Hause und sitze nun im Zug, statt einen Abend zu musizieren.‹«

»Das ist ja toll«, sagte Eva. »Fast wie der dänische König, der sich als erster den Judenstern auf die Brust heftete.«

Es kam der Tag, an dem ich zu mir fand, in der Kirche zu Alkmaar. Genauer noch, beim ersten Choral, den der Chor in der Matthäus-Passion sang. Nachdem Jesus seinen Tod am Kreuz vorausgesagt hat, fragt der Chor: »... Was ist die Schuld, in was für Missetaten bist du geraten?«

Glühend heiß wurde mir klar, daß ich dabei war, eine glückliche menschliche Gemeinschaft auseinanderzureißen. Kein Mensch, weder Frau noch Mann, war von Natur aus monogam. Das war mir zwar schon klar geworden. Aber Eva liebte ihren Mann. Die Ehe war intakt. Was konnte ich meiner Geliebten bieten, wenn Steen die Wahrheit erfuhr und die Scheidung einreichte? Wenn sie noch nicht Mutter gewesen wäre, jubelnd und mutig hätten wir zu zweit in die ungewisse Zukunft ausschreiten können.

Aber daß ich Eva aus einer gesicherten, durchaus glücklichen Geborgenheit herausrisse, ich, der nichts war (ein unbekannter Sänger), nichts hatte (meine Gagen reichten mit knapper Not für's eigene Leben) und nichts konnte (so singen, wie ich es wollte), das durfte ich den vier Menschen nicht antun. Es stürmte und tobte in meinen Gedanken, und als ich zu meinem ersten Rezitativ kam: »Was wollt ihr mir geben? Ich will ihn euch verraten«, war es die Stimme des Judas, die ich sang.

Den Schlußchor: »Wir setzen uns mit Tränen nieder«, bezog ich tieftraurig und völlig zweckentfremdet auf meine eigene Situation und meinte zweifelsfrei, daß ich die »sanfte Ruh'«, die Worte, mit denen der Chor endet, in meinem Leben niemals wiederfinden würde.

Im Zug zurück nach Zeist faßte ich den Entschluß, mich mit Steenbergen auszusprechen. »Wenn ihr euch mal ein Küßchen gebt«, hatte der Verständnisvolle gesagt, »oder sogar mehr als das, so habe ich nichts dagegen. Wenn nur meine Ehe nicht in Gefahr gerät.« Darüber aber war ich mir nicht mehr so sicher.

Die Begegnung der ungleichen Rivalen fand an einem Nachmittag statt, als Steenbergen allein zu Hause war. Das Gespräch nahm eine unerwartete Wende.

Ich begann: »Steen, du hast einmal gesagt, du hättest nichts dagegen, wenn wir uns ...« Der Satz war noch nicht zu Ende gesprochen, als mich der Ehemann unterbrach: »Ich weiß, und ich stehe zu meinem Wort. Eva hat mir heute vormittag alles erzählt.«

Als ich das hörte, überdeckte ein Gefühl unbeschreiblichen Jubels jeden anderen praktischen Gedanken.

Eva und ich, durchfuhr es mich, wir sind uns so nahe, wie zwei Menschen es überhaupt nur sein können. Wir haben, ohne voneinander zu wissen, im selben Moment denselben Entschluß gefaßt und ihn in die Tat umgesetzt.

Steen fuhr fort: »Was du aber noch nicht weißt, sie erwartet ein Kind von dir!«

Meine Verwirrung war total. Meine Gedanken flatterten wie aufgescheuchte Vögel von Eva zum Gästezimmer in den Keller, zu den Kindern, zu Steenbergen, wieder zurück zu Eva, zu ihrem herrlichen Körper, zu der Liebe, die uns beide verband, und rund und rund und rund, ohne einen Weg aus diesem Kreis zu finden.

»Was nun?« rief Steen mich in die Realität zurück. »Es ist mir nicht möglich, dieses Kind zu akzeptieren, also?«

Die Wirklichkeit. An eine gemeinsame Zukunft mit Eva war nicht zu denken. Nie hätte sie sich freiwillig von ihrer Familie getrennt. Ich selbst hatte nichts, konnte nichts, war nichts. Aber, auf die Idee, Eva einer Gefahr auszusetzen, dem Risiko eines obendrein streng verbotenen Eingriffs, auf diesen Gedanken, auch in höchster Bedrängnis, wäre ich nie gekommen.

»Wir müssen unser Blut untersuchen lassen«, sagte ich schließlich, »wir wissen doch wohl nicht genau, wer der Vater ist.« Steenbergen sah mich lange an. Dann sagte er: »Es wäre wohl für uns alle am besten, wenn das Kind gar nicht erst zur Welt käme. Übrigens ... vielleicht ist es schon weg, Eva hat mir heute früh so etwas angedeutet.«

Hatte Steenbergen mich nur auf die Probe stellen wollen? Ich habe es nie erfahren. Denn ich sah sie nie wieder. Der Wunsch aber, den sie einmal geäußert hatte, wurde erfüllt. »Du wirst viele Frauen in deinem Leben kennen und lieben lernen«, hatte sie einmal prophezeit. »Ich bitte dich, reihe mich nicht ein in diese Kette, die mit dir wachsen wird. Laß mich eine Ausnahme sein, so wie du es für mich bleiben wirst.«

»Darum brauchst du nicht zu bitten«, hatte ich geantwortet. »Ob ich noch andere Frauen lieben werde, weiß ich nicht. Im Moment kann ich mir das ganz und gar nicht vorstellen. Aber das, was wir erlebt haben, wird sich nie wiederholen. Wir werden beide wachsen, aber nicht in Richtung Jugend. Was wir erlebten, kann uns keiner nehmen. Aber auch niemand kann es uns je wiedergeben.«

Während ich am nächsten Tag meine Koffer packte, dachte ich: »Und ich hatte mir fest vorgenommen, bis zum Ende des Krieges bei diesen ›Fleischtöpfen Ägyptens‹, bei Metzger Brugmans zu bleiben ...«

Ich zog in ein anderes Dorf und hatte das Glück, den Winter 1944/1945, den sogenannten Hungerwinter, zwar brotmager, aber gesund zu überleben.

Bruce Low wird geboren

So verging die Zeit bis zum Kriegsende.
Mai 1945. Holland stand Kopf.
Die Tanks der Befreier, die Jeeps, die Lastwagen, Amphibienfahrzeuge, »Ducks« genannt, man konnte ihre Konturen kaum unterscheiden vor lauter Menschentrauben junger Mädchen und Frauen, die hinaufgereicht oder hochgezogen wurden. Ihrerseits wurden die Kanadier geradezu in die Häuser der ausgehungerten Bevölkerung auf Händen hineingetragen. In dem Bedürfnis, jedem einzelnen dieses Freiwilligenheeres zu danken für den Einsatz seines Lebens bei der Vertreibung der Herrenmenschen. Konnten die Holländer den Soldaten nichts Materielles bieten, so brachten die baumstarken, durchtrainierten Holzfäller immer etwas mit, das man nur noch dem Namen nach kannte: ein Stück Seife, eine Büchse Salz, einen Riegel Schokolade, ein Pfund Reis, eine Büchse Corned Beef gar oder, Wunder über Wunder: Zigaretten! Endlich war der Feind besiegt, entwaffnet und nach Hause geschickt. Durch Gewalt, nur durch Gewalt. Der einseitigen Abrüstungspolitik (Wer den Frieden will, muß zuerst selbst abrüsten!) sagte ich ade. Hitler hätte nie über eine Fläche von 50 Millionen Toten in seinen Bunker steigen können, wenn das Ausland 1939 schon gerüstet gewesen wäre …
Ich traf übrigens nicht einen einzigen alliierten Soldaten, der die Kampfmoral des deutschen Landsers nicht hoch gelobt hätte. »Und ihr Tigertank«, erzählten die Panzer-

truppen, »war unseren Shermans haushoch überlegen. Aber wir hatten zehn, als die nur noch einen hatten. Und der hatte kein Benzin.«

Der Krieg in Europa war vorbei. Doch die alliierten Armeen waren noch nicht zu Hause. Sie alle auf einmal in die Heimat zu bringen, war aus technischen und wirtschaftlichen Gründen nicht möglich. Es würde Monate dauern. Wie sollte man sie bei Laune halten, nachdem sie drei Jahre lang auf organisiertes Morden abgerichtet worden waren?

Die schönsten Hotels, die herrlichsten Villen, fünf Jahre lang von den Deutschen besetzt, wechselten rasch die Bewohner, wurden zu Clubs umbenannt. Und im »Grand«, im »Silver Spoon«, im »Tally-ho« und vielen anderen brauchte man Unterhalter, brauchte man Floorshows.

Ich hatte fast ein Jahr lang nichts verdient. Ein Auftritt hätte für jeden arbeitsfähigen Mann seine Verschleppung zur Zwangsarbeit bedeutet. Nun versuchte ich mein Glück bei den kanadischen Clubs. Ich erkundigte mich nach dem Namen des Offiziers, der in Hilversum für die Unterhaltung zuständig war, und sprach morgens um zehn bei ihm vor. »Kommen Sie nachher um eins zum Lunch im Grand und singen Sie uns etwas vor. Dann reden wir weiter«, hieß es. Was singen, woher einen Begleiter nehmen, das war hier die Frage. Mit Monteverdi, Bach oder Schubert war nichts zu machen, das war klar. Ich kannte ein paar alte Cowboysongs, die ein gewisser Bing Crosby früher gesungen hatte, und den »Showboat«-Knüller »Ol' man river«. Aber wer sollte mich begleiten? In meinem einzigen noch guten Anzug, meinem Konzertfrack, setzte ich mich in ein Hilversumer Café und telefonierte zwei Stunden erfolglos herum. Kein Pianist war frei, alle waren bei irgendeinem Club beschäftigt. Ich wollte schon um eine Verschiebung des Vorsingens bitten, als ich draußen einen Radfahrer entdeckte, der mit einem Gitarrenkasten auf dem Gepäckträger seines Weges fuhr. Der Mann war nicht schlecht erstaunt, als ein ihm unbekannter Mensch ihn vom Rad riß und fragte: »Bist du um eins frei?« »Weshalb?« fragte der Gitarrist. »Ich soll vorsingen. Bei den Kanadiern.« »Bei den Kanadiern? Ich bin dein Mann.«

Der gute Lex Vervuurt, so hieß der Musiker, war ein hervorragender Solist. Leider hatte er keine Ahnung von den Songs, die ich vortrug. Was er spielte, während ich sang, ist unbekannt geblieben. Wie dem auch sei, ich wurde engagiert.

Von nicht zu überschätzendem Wert für meine spätere Laufbahn waren die Erfahrungen, die ich während dieser Floorshows bei den Kanadiern machte. Dem Alkohol nicht abgeneigt, wie sie waren, ging es oft bei den »Canuks« in ihrem Club hoch her. Wenn ich auftrat, gesellten sich fünf, sechs schwankende Gestalten zu mir und sangen im Chor mit, ein Chor, der im allgemeinen Allotria völlig unterging. Indem ich mitmachte, behielt ich die Situation irgendwie in der Hand und lernte, mich auf keinen Fall, auch nicht unter den schlimmsten Umständen, mit dem Publikum anzulegen. Das Publikum ist immer stärker. Auch meine Artistenkollegen, Jon-

gleure, Tänzer, Akrobaten, wurden von den feuchtfröhlichen Zuschauern nach Kräften »unterstützt«. Fast allabendlich mußte ich in den Garderoben meine Artistenkollegen trösten, die sich fassungslos anstarrten und traurig meinten, ihre »Nummer« würde »kaputt« gemacht. Als letzte Notbremse holte ich nicht selten den verantwortlichen Offizier, geleitete den Schwankenden zu der Artistengarderobe und hörte erleichtert zu, wie dieser die Show über den grünen Klee lobte.
Später, in den amerikanischen Clubs im zertrümmerten Deutschland, ging es manchmal noch schlimmer zu. Den Höhepunkt bildete ein amerikanischer Club im Süden des Landes. Der Club war Treffpunkt buchstäblich analphabetischer Soldaten. Ich war verpflichtet, abends von acht bis zwölf Uhr mit meinem Orchester aufzutreten. Später als halb zehn ist es nie geworden. Denn spätestens um halb neun gerieten sich zwei in die Haare, eine Rauferei entstand. Der Saal schien daraufhin zu wachsen. Langsam erhoben sich die Männer von ihren Stühlen, erwartungsvoll erklang mehrfach der Ruf: »General fight?« Allgemeiner Kampf? Wenn es hieß: »No, no, personal fight«, sank der Saal wieder in sich zusammen, jeder setzte sich hin. Zwei der zehn riesigen MPs, Militärpolizisten, die an der Eingangstür Wache standen, ergriffen die beiden Kampfhähne, schlugen sie mit ihren Gummiknüppeln erbarmungslos zusammen, schleppten sie hinaus, beförderten sie in einem Jeep zur Kaserne und machten ihnen brüllend klar, daß sie im Knast landen würden, sollten sie sich am selben Abend noch einmal im Club sehen lassen.

Spätestens um halb zehn war es dann soweit. Oft schon früher. Der »general fight« brach aus, jeder gegen jeden. Die zehn weißbehelmten Militärpolizisten stürzten sich knüppelschwingend in die Schlacht. Aber alles Schlagen, Treten und Boxen war wirkungslos. Totales Chaos war das Gesetz der Stunde. Nach wenigen Minuten kämpfte sich der Befehlshaber der Wachmannschaft zum Orchester vor und brüllte: »The national anthem, the national anthem!«

Meine Mannen und ich interpretierten die amerikanische Nationalhymne, und wie auf Knopfdruck standen die Brüder samt und sonders stramm. Oft hing einer halb ohnmächtig an den Armen zweier Kameraden, die ihn soeben zusammengeschlagen hatten: Stehend sollte er seinem Land die gebührende Ehre erweisen. Mit dem letzten Ton des »Starspangled banner« war der Abend vorbei, die Instrumente wurden eingepackt, man ging nach Hause. Hier und da wurde im Saal noch weitergemeutert, aber die MP hatten die Situation unter Kontrolle, die Lichter wurden gelöscht, man strebte dem Ausgang zu. Wie gesagt, später als halb zehn ist es nie geworden ...

Eines Abends vor der Show in Hilversum nahm Captain Callaghan, der für die Betreuung der Artisten verantwortlich war, mich beiseite und sagte: »Deine Vornamen kann ich mir nicht merken. Ich nenne dich von jetzt ab Bruce Low.«

Ich erwiderte: »Du kannst mich nennen, wie du willst, solange deine Dollars stimmen. Aber wieso Bruce Low?« Callaghan sagte ruhig: »Wenn ich nach Hause

komme, werde ich wieder in meinem zivilen Beruf tätig sein. Ich bin berittener Polizist, du weißt schon, diese mit den roten Jacken.«
»Toll!« sagte ich.
»Und was wir brauchen, sind gute Pferde. Ausdauernd und zuverlässig. Die besten kommen aus einer neuseeländischen Zucht. Sie gehört einem Bruce Low. Du singst Cowboylieder, also nenne ich dich Bruce Low.«
So wurde aus Ernst Gottfried Bielke Bruce Low.
Im Hilversumer »Parklane«-Club spielte eine kleine Band unter der Leitung eines langen Pianisten, Dolf van der Linden. Skeptisch betrachtete er den Mann in Frack und Zylinder, der angab, in diesem Aufzug den kanadischen Offizieren Hillbilly- und Spiritual-Songs darbieten zu wollen. Seine Skepsis verschwand nach meinem Auftritt. Im Gegenteil, van der Linden gab mir manch guten Rat für das Neuland der Unterhaltungsmusik. »Schließ nicht die Augen, wenn du singst. Es interessiert keinen Hund, ob du in die Melodie verliebt bist. Schau den Leuten in die Augen, erzähle ihnen die Story so, als wären sie alle taubstumm. Kümmere dich nicht um die haargenauen Notenwerte, du singst keine Matthäus-Passion. Mache aus jedem Lied einen Bruce-Low-Song. Wenn du die genauen Notenwerte singst, wird es stinklangweilig.« Es entstand in der irren, wirren Zeit eine Freundschaft zwischen uns, die lebenslang halten sollte. Allerdings hatte van der Linden eine Macke – so dachten alle, die ihn damals kannten. Pausenlos faselte er von einem großen Orchester, das er gründen und mit dem er

im Radio auftreten wollte. Da er so nett war, lachte man ihn nicht aus, sondern ließ ihn spinnen.
Schub für Schub wurden mittlerweile die kanadischen Truppen repatriiert. Von Monat zu Monat nivellierte sich die Szene im Lande. Meine Kollegen und ich wurden immer seltener in den wenigen noch vorhandenen Clubs eingesetzt. Da entsann ich mich des Utrechter Offiziersclubs im Hotel Noordbrabant, wo der kanadische Stab der Truppen einquartiert war. Dort würde ganz gewiß noch etwas los sein. Die Situation dort traf mich wie ein Hammerschlag. Statt Kanadiern liefen holländische Baufachleute ein und aus, rissen Wände ein, zogen neue auf, renovierten das Treppenhaus, schliffen ausgetretenes Parkett glatt, rissen alte, bekleckerte Tapeten von den Wänden, übertünchten sie liebevoll mit irgendeinem weißen Ersatzzeug in Abwartung besserer Papierqualitäten. Von Kanadiern keine Spur mehr. »Der letzte ist vorgestern raus«, hieß es.
Fassungslos stand ich vor dem Hotel, vor einem großen Nichts. Ich trat zur Seite, setzte mich auf die höchste Stufe der halbkreisförmigen Treppe, lehnte mich an die Mauer. Die Spätsommersonne wärmte im September 1946 das Gestein. Was nun?
Meine klassische Karriere war schon im Ansatz verklungen.
Mit Schaudern dachte ich an den 7. April des laufenden Jahres: Anläßlich der Aufführung von Bachs Hoher Messe im Brüsseler Palais des Beaux Arts mußte ich beide Baßarien singen. Die erste, »Quoniam tu solus sanctus«, ist sehr tief und lag mir glänzend in der Stimme.

Die zweite, »Et in spiritum sanctum«, ist so baritonal hoch, daß man oft zwei verschiedene Sänger für die beiden Arien engagierte. Wie ich die zweite Arie überhaupt aus der Kehle preßte, blieb mir später ein ewiges Rätsel. Unvergessen ist mir die Bemerkung des Dirigenten, Lodewijk de Vocht, der bei der ersten Probe sagte: »Was ist los? Du hast Gold in der Kehle, aber ich höre nur Kupfer.« »Mein Gott«, dachte ich, »ich muß die Singerei wohl ganz aufgeben und in meinem Leben ganz von vorne anfangen, als Zimmermannslehrling oder so.«

Der Zufall wollte es, daß ich Dolf van der Linden wieder traf. »Meine Zeit ist vorbei«, resignierte ich.

»Unsinn«, munterte Dolf mich auf, »deine, unsere große Zeit fängt jetzt erst an. Ich habe mein Orchester!« Dolf versuchte sich zu beherrschen, mit normaler Stimme zu sprechen. Es gelang ihm nur teilweise.

»Erzähl'«, drängte ich.

»40 Mann und eine Frau an der Harfe«, legte Dolf los. »Fest engagiert am Rundfunk. Pensionsberechtigt. Die besten Musiker des Landes. Wir probieren schon. Im Januar kommen wir ins Programm. Und du bist der erste Solist.«

Ich traute meinen Ohren nicht. Sollte es doch weitergehen mit der Singerei? »Im Januar?« fragte ich. »Im Januar«, bestätigte Dolf. »Ich setze dich als Bruce Low ins Programm.«

»Aber«, meinte ich, »den Namen habe ich doch nur für die Kanadier angenommen.« »Laß mal«, meinte der Profi, »der Name ist in Holland ungewöhnlich, deshalb wird er auffallen.«

Der Tag nahte, an dem ich zum ersten Mal im Radio Hilversum auftreten sollte. Da saß ich im Studio, in dem ich mit de Nobels Kammerchor so manche Sendung gesungen hatte, und hörte zu, wie Dolf van der Linden mit seinem »Metropole Orchester« probierte. Streicher, Blech- und Holzbläser, eine Harfe, zwei Schlagzeuger, Glockenspiel, ein Pianist-Organist, eine komplette Symphoniebesetzung in Taschenformat. Und ich sang wie auf Flügeln. Bald war ich regelmäßiger Gast beim »Metropole Orchester«, oft zwei-, dreimal in der Woche. Denn alles ging »live« aus dem Studio, aufgenommen, zusammengeschnitten und später gesendet wurde nichts. Und der Name Bruce Low blieb tatsächlich haften.

Trua

Meine erste Ehefrau hieß Trua.
Ich lernte sie nach einem Auftritt im Reehorsttheater in Ede kennen. Ich sang in einer russischen Szene einen Popen in herrlichem Gewand. Natürlich sang ich voller Ehrgeiz ein echtes russisches Lied religiöser Art. Kein Mensch verstand es. Ich auch nicht, denn ich spreche nicht russisch. Ich produzierte phonetische Klänge. Das Publikum meinte, es sei russisch. Zu meinem Glück war nie ein Russe im Publikum.
Nach einer Aufführung saßen wir noch ein Stündchen mit einigen Gästen zusammen.
Sie fiel mir auf.
Blond, starkes Haar, der damaligen Mode entsprechend halblang, gute Schultern, schlanke Taille, ungestützter Busen. Am meisten aber faszinierte mich ihr Gesicht. Oval, gut geschnitten, die Augen wißbegierig, eine etwas zu große, gerade Nase und ein etwas zu großer, verletzlicher Mund. Die Augen schienen auf alles zu achten, nur mich übersahen sie. Das ärgerte mich. Später gestand sie mir, meine Lache habe sie gestört. Einer Freundin hat sie sogar zugeflüstert: »Stell dir vor, mit einem Mann verheiratet zu sein, der so lacht!«
Das Lachen verging mir später.
Aber da war zunächst die glückliche Zeit des Sichkennenlernens. Trua war bisher zweimal verheiratet und hatte eine Tochter aus erster Ehe: Marion. Marion, sechs Jahre alt, tat zunächst alles, um den neuen Mann

von ihrer Mutter fernzuhalten. Es dauerte lange, bis sie mich als Ersatzvater akzeptierte.
Nach der Trauung ging die Ehe irgendwie schief. Truas Kinderstube in Den Haag war eine andere gewesen als meine zwischen Eingeborenen. Und unser Thema war oft die Religion. Ich hatte einen Haß gegen die Kirche. Von Trua lernte ich die Kirche zu sehen als eine vom Menschen gewünschte Institution, und nicht als einen den Menschen geistig inhaftierenden Kerker. Sie trat aller Welt mit großer Selbstsicherheit, absoluter Überlegenheit entgegen und warf mir eine »Chapeau bas«-Haltung, eine gewiße bescheidene Unterwürfigkeit, vor. Sie wäre die ideale Frau für einen Diplomaten gewesen. Als Schlagersänger war ich ihr nicht gut genug. Wir verstanden uns nicht mehr, schliefen nur noch selten miteinander. Es kam sogar so weit, daß ich ihrem Drängen, zu einem Psychiater zu gehen, nachgab. Ich redete eine Stunde mit dem Mann, oder er mit mir. Dann meinte er, ich sollte lieber meine Frau zu einem seiner Kollegen schicken! Selbst ihre Behandlung zu übernehmen, das lehnte er nachdrücklich ab. Ich berichtete ihr, und das Thema war vom Tisch.
Andere aber blieben. So ihr Wunsch nach einem Pelzmantel. Ich hatte diesbezüglich eine wohl noch aus meiner Kinderzeit stammende Einstellung. Wer trug damals schon einen Pelzmantel! Die oberen Zehntausend. Die Millionäre, Fabrikbesitzer, der reiche Adel. Wir gehörten nicht zu dieser Kategorie, und so meinte ich, Truas Argument, jeder, der einmal einen Pelzmantel getragen habe, würde in allen anderen Gewändern frieren, sei ein

Scheingrund, sich eine solche Luxushülle anzuschaffen. Wie recht sie hatte, habe ich erst erfahren, als ich mich später selbst in einem Lammfellmantel vor der Kälte schützte.
Ich wollte nicht, daß wir uns auseinanderlebten. Ich dachte irrtümlicherweise, daß ein Kind die Ehe doch noch retten könnte, und war beglückt, als Trua schwanger wurde.
Ich erkundigte mich nach der besten Klinik und buchte das schönste Zimmer, mit Ausblick zum Park, für die in Frage kommende Zeit. Am 18. August 1948 war es soweit. Der Arzt erlaubte mir, bei der Geburt anwesend zu sein.
Seither gibt es für mich auf dieser Welt kein größeres Wunder als die Geburt eines Kindes. Mein erster Sohn kam zur Welt. Wir nannten ihn Boudewijn Ernst Marco. Ich hatte gesehen, wie ein einmaliges Wesen zur Welt gekommen war. Ich überlegte, wie das Tageslicht seine Augen, die aus dem Finstern kamen, gestört haben mußte, wie der Luftdruck die Trommelfelle seiner Ohren, nur an das Rauschen des Mutterblutes gewöhnt, zum ersten Mal vibrieren ließ, wie die Kälte des gut temperierten Raumes ihn erschrecken mußte, wie der Sauerstoff zum ersten Mal brennend die Lungen ausdehnte …
Aber das Kind, das die Ehe retten sollte, trieb sie ahnungslos auseinander.
So wurden tausend Nebensächlichkeiten zu Hauptsachen, so tat man sich gegenseitig weh, ohne es zu beabsichtigen. Hielt ich ihr vor, Boudewijn gar nicht zu lieben, erklärte sie, das Kind würde todunglücklich wer-

den, erzögen wir es nach meinen Vorstellungen. Ich kam zu dem Entschluß, die Scheidung einzuleiten. Und obwohl sie, wie übrigens auch meine zweite Frau Marian, in guten Tagen erklärt hatte, mir nie einen Stein in den Weg legen zu wollen, sprach sie sich gegen eine Scheidung aus, als es so weit war. Die Scheidungsgesetze waren in Holland zu Beginn der 60er Jahre nicht mit den heutigen zu vergleichen. Man mußte schon den Partner »in flagranti« gesehen haben, um den Beweis vor Gericht antreten zu können. Wie sollte ich je vor Gericht durchkommen?

Nach Boudewijns Geburt hatten wir uns de facto getrennt. Jeder Partner war seine eigenen Wege gegangen. Ich war öfter im Ausland als zu Hause. Meine Bindung mit Amsterdam bestand eigentlich nur aus der Tat, für Frau und Kind finanziell zu sorgen. Das war anfangs gar nicht so einfach. Ein Holländer durfte kein Geld nach Hause schicken. An der Grenze wurden vor allem Artisten und Künstler den schärfsten Kontrollen ausgesetzt. Ich kam auf die Idee, Banknoten einfach in einem normalen Brief nach Holland zu senden. Aber wie konnte ich beispielsweise in der Bundesrepublik zu niederländischen Gulden gelangen? Einfach zur Bank gehen und wechseln war nicht drin. Es blieb der sogenannte schwarze Markt in Hamburg. Ich erkundigte mich bei einem Schlepper auf der Reeperbahn nach der Möglichkeit, holländisches Geld zu kaufen, und der Livrierte zeigte auf eine Seitenstraße, die zum Hafen führte. Ich schlug den Kragen meines Trenchcoats hoch und ging hinunter.

Dort standen, lässig an die Kaimauer gelehnt, ein Dutzend undefinierbarer Typen und schienen einem kleinen Kerl zuzuhören, der ihnen gegenüber unter einer Laterne stand. Als der mich kommen sah, hielt er inne und zündete sich eine Zigarette an.

»Hast du holländische Gulden für mich? Ich zahle gut.«

Das falscheste Grinsen, das ich je gesehen habe, verzog sein Gesicht: »Nein, sowas mache ich doch nicht!«

Da fühlte ich, wie sich ein Gewicht auf meine Schulter legte. Ich wurde wie eine Drehtür herumgezogen und stand vor einem Zweimeterhünen. Er ließ meine Schulter los und fragte lauernd: »Willste unsern Kleinen verhaften?«

Die Meute kam langsam näher und kreiste mich ein. Mir war klar, daß etwas geschehen mußte, und zwar schnell. Ich boxte dem Langen auf die Brust, ohne daß der etwas zu bemerken schien, und schrie ihn an: »Menschenskind, ich bin Holländer, und meine Familie ist in Amsterdam ...« Er unterbrach mich. »Du bist Holländer? Jan, komm doch mal her. Der hier sagte, er sei Holländer.«

Was ich dem Jan in unserer Muttersprache sagte, weiß ich nicht mehr. Es war bestimmt nicht druckreif. Alle sahen Jan fragend an. Der nickte mit dem Kopf und hob den rechten Daumen. Damit war ich einer vom Club dieses verlorenen Haufens und wurde mit Schulterklopfen und schmerzlichem Händedrücken in die nächste Kneipe geleitet.

Unterwegs fragte Jan: »Hoeveel heb je nodig?«

»Drei 100-Gulden-Scheine.«

Jan verschwand.
In der Hafenkneipe setzten wir uns an einen Tisch. Nach ein paar Runden auf Kosten des Neuzugangs erschien Jan und legte die drei holländischen Geldscheine auf den Tisch. Der Kurs, den er verlangte, war kriminell.
Aber noch immer wußte ich nicht, wie ich geschieden werden sollte.
Da kam mir der rettende Gedanke, Nachbarn nach dem »unsoliden« Leben meiner Frau zu befragen. Einige machten Andeutungen, aber keiner war bereit, vor Gericht auszusagen. Nach vielen Mühen gelang es mir doch, eine Zeugin, Frau Nolsts, zu gewinnen, die dem Richter eindeutige Beweise lieferte. Es dauerte noch ein halbes Jahr, und ich war ein geschiedener Mann.
Mein Sohn Boudewijn war damals zwölf. Als er 18 war, gestand er, daß er nur im Haß zu mir erzogen worden sei. Ich bin froh, daß wir trotzdem bis auf den heutigen Tag ein gutes Vater-Sohn-Verhältnis haben.
Er hat mich bereits zum doppelten Großvater gemacht!

Der Neger

Zwei Ereignisse verschiedener Art trafen zeitlich zusammen und veranlaßten mich zu einem Schritt, der sich bald als erste Sprosse meiner Erfolgsleiter herausstellen sollte. Felix de Nobel lud seinen ehemaligen Bassisten Ernst Gottfried Bielke ein, an der Aufführung von Frank Martins Oratorium »Le vin herbe« im Amsterdamer Concertgebouw noch einmal teilzunehmen. Mit Freuden sagte ich zu. Der Zufall wollte es (es war ein glücklicher), daß tags nach diesem Konzert Dolf van der Linden sein durch den Rundfunk bekanntgewordenes Orchester öffentlich dem Publikum im Concertgebouw vorstellen wollte.

Ich sollte dabei ein paar Soli singen, doch fühlte ich mich in der Klemme. Sollte ich am Samstag im Frack Frank Martin singen und am Sonntag darauf in derselben Aufmachung Jerome Kerns »Ol' man river«? Daß es nur mich selbst, aber weiter – bei völlig verschiedenem Publikum – keinen anderen Menschen gestört hätte, wurde mir erst viel später klar. Damals besorgte ich mir beim Kostümverleih einen verschlissenen Overall, ein Flanellhemd, scheußliche weiß-braun gefleckte Kreppsohlenschuhe, eine tiefschwarze Kraushaarperücke nebst einem riesigen Plantagenstrohhut und schminkte mich dunkel. In dieser Aufmachung trat ich tiefbraun geschminkt an jenem Sonntag im Februar 1947 zum ersten Mal in der Öffentlichkeit auf.

Und als Neger hatte ich bald in meiner holländischen

Heimat Erfolg. Es sprach sich in Varietékreisen herum, bald sang ich bei Veranstaltungen und bunten Abenden in meiner Negermaske landauf und -ab meine sieben Songs, denn mehr als 20 Minuten wurden keinem zugestanden. Mehr konnte man dem Publikum nicht zumuten, so hieß es damals. Denn ich, Bruce Low, sang mein Repertoire nur in der englischen Originalsprache. Als Zugabe mußte ich oft mein letztes Lied wiederholen, »Ol' man river«.

Weshalb wurde nun diese Negerverkleidung für mich ein glücklicher Zufall? Der Weg führte über Wien.

Von dort erhielt ich Ende der 40er Jahre den Anruf eines Managers, ob ich bereit sei, für einen erkrankten Sänger, der mit einer schwarzen Show nach Wien kommen sollte, einzuspringen. Ich sagte zu. Der Manager fiel fast in Ohnmacht, als ich in Schwechat aus dem Flugzeug stieg. »Um Gottes willen«, stöhnte er, »Sie sind ja weiß!« Es stellte sich heraus, daß er mich bisher nur im Rundfunk gehört hatte. Die Maskerade, derer ich mich nun einen Monat lang in der Renaissancebühne in der Wiener Neubaugasse bediente, wirkte »echt« und überzeugend. So hatte ich eines Morgens ein Interview mit der Journalistin Charlotte Papen. Sie hatte die Show tags zuvor gesehen. Ich erschien weiß und ungeschminkt im leeren Theater, setzte mich neben die bereits anwesende Journalistin und unterhielt mich eine Viertelstunde über dieses und jenes. Schließlich fragte ich: »Wollen wir mit dem Interview beginnen?« »Noch nicht«, meinte Fräulein Papen, »ich warte noch auf Bruce Low.«

Der Gefallen, den ich einem Bühnenarbeiter tat, war

schließlich der Akt, mit dem ich auf der erwähnten Leiter des Erfolges festen Fuß faßte. Ich sang in Wien, wie gewohnt, alles in englischer Sprache. Da sprach mich eines Abends ein Mann des Bühnenpersonals an. Es sei ja sehr nett, was der Herr »Kammersänger« (!) da vortrüge, aber er und seine Kollegen verstünden leider kein Englisch. Ob der Sänger nicht einmal etwas in der deutschen Sprache bringen könnte?

Ich tat es. Ich übertrug eines jener Plantagenlieder ins Hochdeutsche und sang am nächsten Abend: »Einer muß den Mais doch pflanzen ...«

Es klingt wie ein Märchen. Am Tage nach diesem allerersten und nur an diesem einen Abend gesungenen »deutschen« Liedchen bekam ich gleich von zwei Firmen den Antrag, eine Schallplatte zu besingen. Eine Schallplatte! Mit mir, mit Bruce Low? Die gab es doch nur von berühmten Leuten wie Bing Crosby und Louis Armstrong. Die letzten Zweifel, mein Leben dem Gesang zu widmen, schwanden an diesem Tag in Wien. Wenn man meine Stimme auch in meiner Abwesenheit und trotz technischer Mängel hören wollte, dann mußte ich etwas Besonderes haben. Aber was? Das Timbre, die Art der Textwiedergabe? Ich hatte also die Wahl zwischen zwei Firmen, einer weltberühmten und einer kleinen. Ich wählte die letztere. Dort wird man einen großen Werbetrubel um mich machen, bei der großen würde ich nur unter »ferner liefen« eingestuft werden. So ist es dann auch geschehen. Ich besang meine erste Schallplatte im Herbst 1949: »Die Geisterreiter«. Es ist mir bis zum heutigen Tag ein Rätsel geblieben, weshalb die

Platte auf Anhieb ein Erfolg wurde, obwohl Bing Crosby dasselbe Lied in englischer Sprache bereits in den Schallplattengeschäften liegen hatte. Ich wurde bei meiner Aufnahme unterstützt von den Herren des Wiener Staatsopernchores. Wenn ich heute noch einmal die Schallplatte mit 78 Umdrehungen auflege, kann ich ein Lächeln nicht unterdrücken. Nicht nur meiner Interpretation wegen: das »Yippee-Yee« des Chores klingt dem »Jo-ho-ho« im »Fliegenden Holländer« täuschend ähnlich. Die Firma »Austroton«, die die Schallplatte von mir in der Bundesrepublik vertrieb, bot eine Tournee an. Man schrieb 1950. Einen Monat lang war ich in einem Riesenbus unterwegs. Es gab im fernsehlosen Zeitalter keinen Saal, keine (nicht zerbombte) Halle, an der nicht das Schild »Ausverkauft« prangte.

Bei dieser Tournee hatte Lotar Olias die Conférence übernommen. Er hat sich später zu einem der erfolgreichsten Komponisten der leichten Muse gemausert. Lieder wie »So ein Tag, so wunderschön wie heute«, »Junge, komm bald wieder« oder »Du, du, du«, das auch in Amerika ein Erfolg wurde, sind seiner Phantasie entsprungen. Die Stars der Tournee aber waren Maria Andergast und Hans Lang (»Die Rose vom Wörthersee«, »Mariandl«), während sich Evelyn Künneke allabendlich keß ans Mikrophon schlängelte (»Allerdings, sprach die Sphinx«). Rita Gallosch, Undine von Medvey, Rudi Hofstetter, Franz Schier, Maria von Schmedes (»Ich hab' rote Haar«), die Gruppe der drei King-Kols, das Geller-Quintett (ihr Gitarrist Joe Menke ist heute der Produzent der Gruppe »Truck Stop«), sie alle gaben ihr Bestes. Auch die schöne Nina Consta, die später den Dirigenten des Begleitorchesters, Erwin Halletz, heiratete, der heute Dirigent in Monte Carlo ist, und Leila Negra (»Mach nicht so traurige Augen«) waren mit von der Partie. Alle ernteten frenetischen Beifall. Man genoß das Dargebotene und war froh, den entsetzlichen Krieg und seine Nachwirkungen für ein paar Stunden vergessen zu haben.

Fred Haskiel

Als ich 1949 in die Bundesrepublik kam, war eine der ersten Fragen, die meine Kollegen stellten: »Besitzt du ein Automobil?« Das Auto war damals ein Statussymbol. Wer ein Auto hatte, war wer. Ich mußte verneinen. Da trat mein Jugendfreund Fred Haskiel wieder in mein Leben. Der hatte ein Auto! Einen Vorkriegs-Roadster-Meisterklasse DKW. Mit zurückklappbarem Textilverdeck, einer Heizung, die nicht mehr funktionierte, einer heiseren Hupe, die auf zehn Meter Entfernung nicht mehr zu hören war, und zwei Türen, die sich knarrend in die entgegengesetzte Richtung der heutigen Autotüren öffneten.

Haskiel also bot mir an, mich mit seinem Auto zu begleiten. Mein erster Chauffeur.

Er hatte seinen eigenen Fahrstil entwickelt. Es war die pure Einladung zum Selbstmord. Seine Devise lautete: »Wer nichts riskiert, kommt nirgends an!« Meine Erwiderung, daß sein Grabstein bald die Inschrift tragen würde: »Er hatte Vorfahrt«, hatte nicht die geringste Auswirkung.

Eine Fahrt von Amsterdam über Paris und die Schweiz nach Wien ist mir in Erinnerung geblieben. Am Ärmelkanal fuhren wir den Hügel am Cap Gris-Nez hinab. Der Tacho zeigte 100. Schneller fuhr das Auto nicht, oder die Tachonadel schlug nicht mehr aus. Mir schien die Beschleunigung aber immer noch zuzunehmen. Ich sah Haskiel von der Seite an und sagte: »Bremsen!« »Ich bremse ja«, kam es gepreßt hervor. Dann sah ich es. Das Bremspedal war bis auf den Boden herabgedrückt, die Handbremse bis unters Kinn hinaufgezogen, und trotzdem wurde der Wagen immer schneller. Aus irgendwelchen Gründen funktionierten die Bremsen nicht mehr. Wir näherten uns einem Dorf. Unsere Straße durchquerte es schnurgerade. In der Mitte wurde sie völlig unübersichtlich von einer Nebenstraße durchschnitten. Ein verkehrsregelnder Polizist war nirgends zu sehen, Ampeln gab es nicht.

Ich schloß die Augen und öffnete sie erst wieder, als Haskiel rief: »Jetzt!« Wir waren wieder außerhalb des Dorfes. Auf Freds Befehl öffneten wir beide Türen, die wie die Bremsklappen eines Flugzeuges wirkten. Zusätzlich stoppten wir die Fahrt mit den Absätzen unserer Schuhe. Das Monstrum kam zum Stehen.

Weiter ging es in die Schweiz. Dort stießen wir auf eine lange Autoschlange, die geduldig vor einem geschlossenen Bahnübergang wartete. Haskiel fuhr langsam heran und schaute in die Richtung, aus der sich der Zug näherte. Auf der freien linken Straßenseite steuerte er dann sein Auto an den laut hupenden Limousinen vorbei. Als der letzte Waggon vorbei war und die Schranke sich zu heben begann, gab er Gas. Ich zog den Kopf ein, als unser kleiner DKW die Schienen kreuzte und die Autoschlange hinter sich ließ. Aber in Österreich hat es uns dann erwischt. Eine strahlende Frühlingssonne hatte die Zunge einer riesigen Lawine, die quer über unserem Weg lag, nur teilweise wegschmelzen können. Man hatte eine Passage in den meterhohen Schneeberg gefräst, zwei Wagen hatten bequem nebeneinander Platz. Allerdings konnte man den Gegenverkehr nur schlecht beobachten. Da kam uns doch tatsächlich ein großes Fahrzeug entgegen. Statt zu bremsen, gab Fred Gas, rieß das Fahrzeug wie einen Bobschlitten an der Schnee- und Eiswand hoch. »Wir schaffen es«, schrie ich. Hätten wir auch, wenn sich nicht im letzten Augenblick die falsch scharnierte Tür geöffnet und den anderen Wagen wie eine Sardinenbüchse von vorn bis hinten aufgerissen hätte. Es gelang mir, mich zu befreien. Da sah ich vier erzürnte Schweizer auf mich zukommen. »Die Franzosen«, rief eine Dame, »immer die Franzosen, die fahren wie die Verruckchten!« »Wir sind Holländer«, rief ich zurück und sah mich nach Haskiel um. Der saß im DKW und studierte bereits die Versicherungspapiere. »Dann sind es eben die Holländer!« lärmten die Eidgenossen weiter.

Als die Daten ausgetauscht waren, schlug ich vor, uns in der nächsten Dorfkneipe gemeinsam einen Obstler zu genehmigen. Aber dazu fehlte den Erbosten wohl der Humor. Weiter ging es.

In Wien wartete am nächsten Morgen der erste Auftritt von sieben an einem Tag. Also fuhren wir die Nacht durch. Schnee lag auf der Straße, die sich als helles Band abzeichnete gegen die dunkle Mauer des Waldes, den wir durchfuhren. Plötzlich trübte sich die Sicht. Beizender Rauch drang uns in die Nase. »Waldbrand«, stellte Fred trocken fest. Ich kurbelte mein Fenster hinunter und sah hinaus. Die Nacht war sternenklar und mondlos. Irgendein flackernder Schein irritierte mich. Ich sah auf den Boden. Aus dem Auto schlugen Flammen! Haskiel brachte den DKW irgendwie zum Stehen und warf sich unter den Wagen. Der Boden des Fahrzeugs bestand aus Holz, das das rotglühende Auspuffrohr entzündete. Mit bloßen Händen schippten wir den Schnee gegen die Glut und löschten das Feuer. Noch höre ich das Zischen des schmelzenden Schnees gegen das glühende Rohr. Morgens um acht Uhr kamen wir nach Wien.

Um neun war mein erster Auftritt.

Leise rauscht es am Missouri

Für mich kam eine neue Sprosse der Erfolgsleiter in Sicht. In Berlin traf ich einen Mann, der den Wunsch geäußert hatte, den Holländer kennenzulernen: Michael Jary (»Roter Mohn«, »Das kann doch einen Seemann nicht erschüttern«, »Ich weiß, es wird einmal ein Wunder geschehn«, »Die Beine von Dolores«, »Wir wollen niemals auseinandergehn« und und und ...)

Michael Jary hat eine Ausstrahlung, der man sich, so oder so, nicht entziehen kann. Er ist fast penetrant präsent. Wenn er dirigiert, spielen die Musiker besser, singen die Vokalisten Töne, die sie sonst gar nicht »drauf« haben. Jary war damals der König der Schlagerkomponisten. Und er wußte es. Ich erlebte, wie Jary in einem stadtbekannten Lokal in Hamburg aufstand und brüllte: »Ich verlasse sofort das Lokal, wenn dieser Fotograf nicht augenblicklich verschwindet.« Nicht Jary wurde wegen dieses Auftrittes des Hauses verwiesen, nein, wie ein geölter Blitz verschwand der Bildberichterstatter, verfolgt von zwei Kellnern.

An jenem Vormittag in Berlin nahm Jary mit mir einige Liedchen seines Repertoires am Flügel durch. »Haben Sie schon gefilmt?« fragte er mich am Ende der Probe. Ich verneinte, maß der Frage keinerlei Wert bei.

Nach zwei Wochen kam ein Anruf.

»Hier spricht Michael Jary. Wir machen einen Film.«

Mir schlotterten die Knie.

»Wie bitte?«

Unbeirrt fuhr Jary fort:
»Ich schicke dir die Noten. Nenne mir so schnell wie möglich die Tonart. Wir drehen in 14 Tagen.«
Nach dem Studium des Materials, das ich zwei Tage später in meinem Briefkasten fand, sagte ich zu meinem Freund Fred Haskiel, daß ich so einen Quatsch nicht singen würde.
Selten hat mich ein Mensch so fertiggemacht wie er. »Bist du noch zu retten?« fragte er mich und fing an zu schreien. »Du hast die Chance, in einem Film mitzuwirken, und willst ablehnen?«
Ich erwiderte: »Leise rauscht es am Missouri ... Er wälzt sich träge dem mexikanischen Golf zu! Der Missouri rauscht nicht, es ist kein Schwarzwaldbach. Außerdem singen Neger keinen langsamen Walzer!«
Haskiel spukte Feuer: »Bildest du dir etwa ein, Bing Crosby zu sein? Wo finde ich den nächsten Psychiater für dich?«
14 Tage später paddelte ich in einem Hamburger Studio als Neger Joe durch einen Studiofluß und sang in dem Film »Die Dritte von rechts« das Lied »Leise rauscht es am Missouri«. Der Titel blieb mir bis zum heutigen Tage treu. Die Ausstattung im Studio war märchenhaft. Da schwammen jede Menge nackter Hawaii-Mädchen um meinen Kahn herum, da räkelten sich am Ufer die schönsten Frauen, das Hillerballett, als Eingeborene unter Palmen und winkten dem rudernden Plantagenneger zu. Zwischen ihnen graste friedlich eine Eselin. Sie war gegen den vorgesehenen Hengst ausgetauscht worden. Der Übermütige hatte begonnen, mehr auf zwei als auf

vier Beinen zwischen so viel weiblichem Reiz einherzustolzieren, wobei er in hervorstehender Weise seine perversen Absichten unter Beweis stellte.
Ganze vier Minuten war ich in dem Film zu sehen, vier Minuten, die meinen Namen in der Bundesrepublik zu einem Begriff werden ließen. Die Deutsche Grammophon in Hannover bot mir einen Vertrag an. Alles, was damals unter den Interpreten der leichten Muse Rang und Namen hatte, sang und spielte dort unter dem Label »Polydor«: Lale Andersen, Rudi Schuricke, Renée Caroll, Freddy Quinn, später Caterina Valente ... Ich kam unter die Fittiche des legendären Produzenten Kurt Feltz. Er war, was die Amerikaner einen »No nonsense«-Mann nannten. Für ihn galt nur eines, der Erfolg.
In der »Spiegel«-Titelgeschichte vom 23. November 1955 wurden zwei seiner Aussprüche zitiert: »Ich habe es mir abgewöhnt, auf meinen Geschmack zu achten« und »Das Gefährlichste in unserem Beruf ist die Liebe zur Kunst«.
Für mich wählte Feltz einen amerikanischen Titel: »Satins and lace«, Seide und Spitzen, und verdeutschte den Song in das handfeste »Tabak und Rum«. Der Titel wurde ein Erfolg. Den größten Plattenerfolg zu jener Zeit hatte ich, als Feltz für »This ol' house« das nicht existierende Dorf »Rocky Docky« erfand. Platten, die längst vergessen sind, damals aber dazu beitrugen, mich in aller Munde zu bringen.

Es hängt ein Pferdehalfter an der Wand

In den folgenden Jahren produzierte Michael Jary zwei weitere Singles mit mir, darunter das »Pferdehalfter«. Ich hörte das Lied zum ersten Mal in Holland im Jahre 1938. Bing Crosby sang: »There's a bridle hanging on the wall.«

Die Schnulze, die ein gewisser Carson J. Robinson 1936 komponiert und getextet hatte, wurde in vielen Ländern in manchen Sprachen nachgesungen. So auch in Holland von der Gruppe »Die Kilima-Hawaiians«.

Schnulze? Kann man denn beim Verlust eines Pferdes weinen? »You ask me, why the teardrops fall«, heißt es im Originaltext: Du fragst, weshalb mir die Tränen kommen.

Bobbejan Schoepen hat mir erzählt, er habe wie ein Schloßhund geweint, als sein Pferd Rex im Zirkus auf ein unter Strom stehendes Kabel getreten und tot zusammengebrochen sei. Jeder, der mit Pferden zu tun hat, weiß von dem zügellosen Schmerz, den der Verlust seines Freundes hervorrufen kann.

Und ein Reiter ohne Pferd war in der USA, wo dieses Lied entstand, ein lebender Leichnam. Wie konnte er die immensen Entfernungen der Prärie auf eigenen Füßen bewältigen, wie zur nächsten Ranch, zum nächsten Brunnen kommen? Noch zu Beginn des 20. Jahrhunderts wurde im »Wilden Westen« das Pferd höher eingeschätzt als der Mensch. Wurde dort ein Mann erschos-

sen, so hielt man über den Revolverhelden ein Schnellgericht. Wurde ein Pferd getötet, so knüpfte man den Schützen ohne Prozeß an den nächsten Baum. »Ich habe wirklich auf den Mann gezielt«, war oft sein letzter, vergeblicher Versuch, mit dem Leben davonzukommen.
Die Kilimas nahmen das Lied kurz nach dem Zweiten Weltkrieg, 1946, bei »Philips« in Eindhoven auf. Aber schon zuvor war es auf der Bühne ein Riesenerfolg. Bill Buysman und seine Frau hatten den Titel vom Sender Radio Luxemburg übernommen, wo es vom Komponisten Carson J. Robinson und seinem Ensemble interpretiert wurde.
1954 wurde das Lied mit deutschem Text von den Kilimas verewigt. Über eine Million Singles wurden damals verkauft.
Wieviel ich verkaufte, weiß ich wirklich nicht mehr. Es waren jedenfalls so viele, daß ich »herrlich und in Freuden« leben konnte.
Zuchthengste wurden nach meinem Namen benannt, und »Bruce Reitschulen« schossen aus der Erde, ohne daß ich davon profitierte. Konditoren formten Pferdehalfter aus Marzipan und schrieben mit Schokolade meinen Namen darauf. Wenn ich auftrat und das Lied sang, schluchzte und weinte das Publikum.
Dies ist – man kann es kaum glauben – bis in die jüngste Zeit so geblieben. Je mehr Parodien ein Schlager zu verzeichnen hat, so sagt man, um so erfolgreicher ist er. Das stimmt in diesem Falle. Zwei Interpretationen verkauften sich so gut wie meine Single: »Es hängt ein Pferd zur Hälfte an der Wand ...« und »Es hängt ein Büstenhalter

an der Wand, und was drin war, hielt ich in der Hand …«
Von Monat zu Monat stiegen Arbeit und Einnahmen.
Bald konnte ich mir ein Auto leisten. Die Kollegen lachten, wenn sie an meinem Armaturenbrett einen Kompaß entdeckten. »Welchen Ozean willst du mit deinem Auto besegeln?« fragten sie mich. Aber die zitternde Magnetnadel hatte den Sinn, mich auf der Tournee durch das Nachkriegsdeutschland sicher auf den nicht ausgeschilderten Straßen von Ort zu Ort zu bringen.
Und bei langen Nachtfahrten kam ich oft zur Besinnung und fragte mich, wohin ich in meinem Leben gekommen war. Es war gewiß ein erhebendes Gefühl, wenn man in einer Stadt, einem Dorf wie ein Fürst empfangen wurde, auch wenn man nie vorher dort gewesen war. Die Menschen kannten meine Stimme, hatten Bruce Low vielleicht in einem der damals üblichen Revuefilme gesehen und wollten den Typ einmal »live« erleben.
Aber welch ein Unterschied zur Arbeit eines Konzertsängers, die ich ja eigentlich angestrebt hatte. Die Auftritte eines Schlagersängers waren für mich eine wenig aufregende Angelegenheit. Mit sechs oder sieben Kollegen hatte man kaum mehr als 20 Minuten Zeit, um fünf, sechs Songs zu bringen. Immer dieselben, bis durch Platte und Funk ein neuer Hit entstanden war und man diesen als umjubelte Zugabe dem Repertoire anhängte.
Mein »Anhängsel« ist bis heute das »Pferdehalfter« geblieben.

Karin

Mein engagiertes Berufsleben ließ mir damals für die Liebe wenig Zeit.
Obwohl ich besonders von der holden Weiblichkeit gefeiert wurde, war ich einsam.
Für mich änderte sich damals die Situation in Wien, als ich für längere Zeit an der Renaissancebühne engagiert war, durch eine sehr schöne, sehr blonde, sehr schlanke, integre und völlig unabhängige Frau. Gerade mit einer stattlichen Abfindung von einem Industriellen geschieden, von dessen Gesellschaft wie ein Stein fallengelassen, suchte sie Zerstreuung bei der Negerschau dieses Theaters, denn sie war sich sicher, daß sie in dieser Umgebung keinen ihrer alten »Freunde« treffen würde.
Nach dem ersten Besuch kam sie täglich wieder, eine ganze Woche lang. Sie hatte immer denselben Platz in derselben Loge. Ich entdeckte sie sehr bald. Jeweils zehn Minuten vor meinem Soloauftritt setzte sie sich auf ihren Stammplatz und verließ ihn nach meiner letzten Zugabe. Länger als üblich verbeugte ich mich in ihre Richtung, versuchte, einen Blick von ihr zu erhaschen. Doch weder an ihrer Haltung noch an irgendeiner Gebärde konnte ich eine Reaktion feststellen. Sie klatschte wie die anderen, ohne mit der Wimper zu zucken.
Gerne wollte ich nach meinem Auftritt zu ihr gehen, doch erst vor dem Finale hatte ich 20 Minuten Zeit. Aber da war sie schon längst verschwunden. Ich besorgte einen herrlichen Strauß Orchideen und bat den Chef-

schließer, diesen der Schönheit bei ihrem Erscheinen zu überreichen. Ich vermied es, eine Karte anzuheften, und beauftragte den Angestellten, auf keinen Fall zu verraten, von wem die Blumen kämen. Doch wie enttäuscht war ich, als während meines Auftrittes wieder kein Lächeln zur Bühne drang. Ich hielt es nicht aus. Am nächsten Tag gab ich dem Logenschließer einen Brief für sie: »Wer bist du? Bitte rufe mich an.« Darunter die Telefonnummer meines Hotels.

Drei Tage kam sie nicht ins Theater. Sie meldete sich auch nicht. Es war zum Verzweifeln.

Als ich in dieser Stimmung das Theater verließ, stand da eine einsame Frau am Bühnenausgang. So begann eine Liaison, die zehn Jahre dauern sollte. Leicht hätte sie von ihrem Geld, ihrer Apanage, irgendwo auf der Welt im Jetset leben können. Dieser Versuchung unterlag die intelligente Frau nicht.

Sie zog um nach Düsseldorf und stieg in ein renommiertes Antiquitätengeschäft ein. Deshalb waren wir mehr getrennt als beisammen. Jedes Treffen bedeutete aber eine neue Entdeckung, ein großes Fest. Wir behielten unsere geistige und materielle Unabhängigkeit, unseren Abstand. Aber auch der konnte nicht verhindern, daß die beglückende Zweisamkeit eines Tages endete, sich auflösen mußte, als ich Marian heiratete. Ungetrübte Freundschaft verband uns jedoch nach der großen Liebe bis zu Karin Litowskis Herztod im Jahre 1982.

Mein Vater

Sechs Jahre blieb mein Vater mit meiner Mutter ein zweites Mal in Surinam.
Verbraucht kamen sie in die Heimat zurück, in den wohlverdienten Ruhestand.
Wir sahen uns so oft wie möglich, also selten. Ich rief hin und wieder an.
Eines Tages hatte ich ein sonderbares Erlebnis. Nach einer anstrengenden Tournee wollte ich ein paar Tage nichts tun. So fuhr ich mit meiner Freundin Karin nach Süden. In einem kleinen Schwarzwaldstädtchen hatten wir Station gemacht und fuhren nach dem Frühstück Richtung Italien. Unterwegs erzählte ich ihr einen Traum: »Stell dir vor, wir saßen im Wagen, und ich sah in den Rückspiegel. Da erblickte ich meinen Vater, von dem ich sonst nie träumte, der uns zuwinkte.« Wir maßen der Angelegenheit keine besondere Bedeutung zu und vergaßen die Sache.
Wir kamen zum Gotthardpaß. Die Hochstraße des Gotthard war wegen der winterlichen Verhältnisse gesperrt. Vor der Bahnstation stand eine lange Autoschlange. Jedermann wollte auf einem offenen Güterwagen mit dem Pendelzug durch den Tunnel geschleust werden. Ich bat Karin, doch vorauszugehen und unseren Wagen zum Transport anzumelden.
Kreidebleich kam sie nach wenigen Minuten zurück. Ein Funkspruch sei bei der Bahnstation eingetroffen. Ich müßte sofort Zeist anrufen. Mein Vater sei verstorben.

Ich kam gerade noch rechtzeitig vor der Verschraubung des Sargdeckels an und bat alle aus dem Zimmer. Es war am 14. April 1955. Da schwieg er nun. Für immer.
Ich ließ meinen Gedanken freien Lauf, ich konnte gar nicht anders. Sie schweiften nicht zurück zu meiner Jugend. Da war er ein anderer Mensch gewesen, den ich nicht verstand. Dieser Tote war ein herzensguter Mann geworden, von dessen Charakter, von dessen Art es viel zu wenige auf dieser Welt gibt. Wie groß war unsere Freude, seine und meine, wenn ich zwischen den Tourneen einen Abstecher nach Holland machen konnte, wenn wir uns wiedersahen, wenn wir einen kleinen Ausflug durch die Niederlande, einen größeren in den Schwarzwald, zur Brüdergemeine in Königsfeld machen konnten.
Er wußte, daß ich nicht an ein Leben irgendwelcher Art nach dem Tode glaubte. Auch heute glaube ich an das Leben vor dem Tode. Ich bin Agnostiker, laut Duden also ein Mensch, der das Übersinnliche für unerkennbar hält.
Ich dachte an den Tag, an dem er mich gebeten hatte: »Junge, rede nicht mehr mit mir über dieses Thema. Ich neige dazu, dir Glauben zu schenken, und kann doch wirklich nicht behaupten, ich hätte 40 Jahre lang etwas Falsches gepredigt.« Wie hatte ich ihn spontan umarmt: »Ich hoffe, daß ich einmal so werde wie du.«
Immer wieder diskutierten wir über den Anspruch des Christentums auf seine Alleingültigkeit.
Ein Mann, der die Kraft, den Mut hatte, nach einem entsagungsvollen Leben an der Richtigkeit seines Zieles zu

zweifeln, und sich nicht scheute, diesen Zweifel zuzugeben, das war ein Supermensch. Von der Stunde an war das Thema vom Tisch. Wir respektierten unsere gegensätzlichen Standpunkte und kamen glänzend miteinander aus. Wir sind Freunde geworden!

Der Sarg wurde geschlossen. In der Brüdergemeine findet jedes Begräbnis in der vermeintlichen Todesstunde Christi, nachmittags um drei Uhr, statt. Nach der Feier in der überfüllten Kirche wurde der Sarg von zwölf Männern geschultert und verhaltenen Schrittes zum Gottesacker getragen.

Auf den Friedhöfen der Brüdergemeine sind alle Grabsteine gleich, sie unterscheiden sich nur durch die Aufschrift. Es gibt keine Denkmäler, nicht einmal eine aufrechtstehende Marmor- oder Granitsäule, geschweige denn ein Mausoleum. Alle Steine liegen flach über dem Grab, alle haben dieselben Maße, 50 cm breit, 65 cm lang. Weinend stand ich noch am Grab, als alle anderen schon gegangen waren.

Wie anders erfuhr ich vom Tod meiner Mutter. Ich war in Wien und probierte an der Volksoper Leonard Bernsteins Musical »Wonderful Town«. Zu dem Engagement war ich auf abenteuerliche Weise gekommen. Ich lag in Venedig am Lido in der Sonne und ruhte mich von den Proben zum Songfestival, an dessen Wettbewerb ich für Holland teilnahm, aus. Da fand mich der Portier meines Hotels in der bratenden Menschenmasse und sagte: »Telefono per lei.« An der Strippe war Marcel Prawy, den ich damals noch nicht kannte. Er fragte, ob ich Lust hätte, in Wien die männliche Hauptrolle in

einem Musical zu übernehmen. Übermütig und nichtsahnend sagte ich: »Ja.«
Aus zweierlei Gründen, dies nehme ich vorweg, wurde »Wonderful Town« ein Flop, nicht zu vergleichen mit dem Riesenerfolg seines Vorgängers »Kiss me Kate«. Erstens brach im Oktober 1956 im benachbarten Ungarn der Aufstand aus, und in Österreich herrschte die bange Frage, ob die Russen an der Grenze haltmachen oder über den Semmering nach Wien einmarschieren würden. Und zweitens war ich so schlecht (Regie führte ein Ballettmeister), daß ich mich noch nach 30 Jahren, als ich Gelegenheit hatte, Bernstein persönlich kennenzulernen, nicht traute, dem Genie unter die Augen zu kommen.
Wenige Tage vor der Premiere erreichte mich die Nachricht, meine Mutter sei gestorben. Ich flog nach Holland. Wieder stand ich an einem einfachen Eichensarg. Wieder bat ich alle aus dem Zimmer, in dem ich schon vor eineinhalb Jahren vom Vater Abschied genommen hatte. Da geschah etwas Unvorstellbares. Ich hatte plötzlich das Gefühl, zusammenzuschrumpfen. Ich sah mich um nach einem Halt, einem Stuhl. Aber den gab es nicht in dem schlichten Sterbezimmer. Und so sank ich langsam an der Wand, an der ich stand, in mich zusammen, bis ich auf der Erde saß.
Ich war wieder ein Kind von vier Jahren und habe so sehr geweint, daß meine Kleidung völlig durchnäßt war. Ich wollte nicht mehr leben. Es war der 14. Oktober 1956.
Tags darauf sah ich im Traum, wie mein Vater meine Mutter umarmte.

Rock'n'Roll

Die Rock'n'Roll-Welle brach über Deutschland herein. »Saat der Gewalt« hieß der Film, in dem Bill Haley und seine Comets akustisch mit »One-two-three o'clock, four o'clock rock« die Leute von den Stühlen rissen. Wenige Wochen nach der deutschen Filmpremiere hatte ich einen Auftritt in einem Riesenprogramm des Norddeutschen Rundfunks. Ort der Vorstellung war der Berliner Sportpalast.
Im Flugzeug traf ich meinen Kollegen Ralph Bendix. Wir besprachen das Programm. »Was singst du?« fragte ich.
»Natürlich Rock'n'Roll«, antwortete der Hüne, »alles andere ist tot!« Ich wurde nervös. Rock'n'Roll konnte ich nicht singen. Ich hatte für dieses Konzert im südamerikanischen Rhythmus das »Bananaboat« aufgefrischt.
Als Bendix auf der Vormittagsprobe mit seinem »Buona sera« losrockte, ließen die Reinemachefrauen in dem Riesenoval die Besen stehen und fingen an zu tanzen. Da wußte ich, was die Uhr geschlagen hatte. Es mußte etwas geschehen, und zwar bald. Ich eilte in die Stadt und kaufte zwei große Panamahüte, zwei feuerrote Halstücher, eine starke Bambusstange und auf dem Großmarkt eine anderthalb Meter hohe Bananenstaude. Alfred Hause und sein Orchester eröffneten den Abend mit Rock'n'roll. Der Saal fing an zu knistern. Dann kamen einige Solisten, deren Namen vergessen sind, gefolgt

von Bendix. Der Saal steigerte sich zur Siedehitze ... und danach kam ich. Der Angstschweiß stand mir auf der Stirn. Ich schickte zwei Bühnenarbeiter als Vorhut los. Mit den Panamahüten und den Halstüchern schleppten sie an der Bambusstange die Bananenstaude ins Inferno. Der Saal lachte. Für Sekunden war der Bann gebrochen. Dann warfen sie auf meine Anordnung die Bananen ins Publikum. Nicht sachte in die erste Reihe, nein, in die höchsten Ränge, dahin, wo die Krawallbrüder saßen. Indessen sang ich meinen Calypso und überlebte. Höflichkeitsapplaus. Das Publikum wollte Rock'n'Roll hören.
»Wenn ihr Milchzähne da oben nicht ruhig seid«, rief der Rundfunksprecher, »dann brechen wir das Programm ab!« Die Drohung löste das totale Chaos aus.
»Wat denn, wat denn?« riefen, brüllten die Halbstarken, »ihr wollt abbrechen? Paßt mal uff, wie wir det können, wa!«
Sie zertrümmerten die Stühle und stürmten die Bühne. Die mitwirkenden Künstler mußten mit Polizeibussen ins Hotel gebracht werden.

Marian

Mittlerweile hatte ich im Herbst 1963 ein zweites Mal geheiratet. Marian Elmendorp hieß sie.
Sie war 21 und ich 48 Jahre!
Freunde, die mich wegen des zu großen Altersunterschiedes gewarnt hatten, sollten Recht bekommen, denn 1987, mit 74 Jahren, ließ ich mich von ihr scheiden.
Es war im Spätsommer 1945, als ich in dem holländischen Städtchen Ede die kleine Marian bei ihren Eltern kennenlernte. Ich war auf einer Reittour und machte bei den Elmendorps eine Verschnaufpause. Marian bestaunte mich und das riesige Pferd. Als sie am Nachmittag zum Unterricht mußte, hob ich sie zu mir auf den Sattel und ritt mit ihr zur Schule.
Zwischen Mann und Kind entwickelte sich eine ungewöhnliche Freundschaft.
Jedesmal wenn ich von meinen ausgedehnten Gastspielreisen nach Holland kam, war ein Besuch in Ede fällig.
Schon als Kind war Marian fast schon eine kleine Frau.
Sie trug das Haar lang über den Rücken herabhängend.
Sie bewegte sich nicht kindlich tapsig, plump, sondern charmant, verführerisch. Zum Vater, dessen Intelligenz sie geerbt hatte, hatte sie leider ein gestörtes Verhältnis, und so lag es nahe, daß ich immer mehr zum Ersatz- und Beichtvater wurde. Sie schrieb ellenlange Briefe von dem Geographielehrer, in den sie sich verliebt hatte, von der unmöglichen Lehrerin mit den vorsintflutlichen Moralansichten, von ihren ersten Flirts.

Es kam der Tag, an dem ich feststellte, daß sie physisch kein Kind mehr war. Der hinreißenden Lolita wich ich hinfort aus, beschränkte mich auf unseren schriftlichen Umgang. Als sie nach ihrem Abitur eine Stellung in Paris annahm und mich dringend bat, sie zu besuchen, fuhr ich nicht hin, obwohl ich sie damals schon gerne in meinen Armen gehalten hätte.
Unverhofft trafen wir uns eines Tages auf der Ferieninsel Terschelling. Ganz harmlos, in Anwesenheit ihrer Eltern.
Marian und ich sind uns nie darüber einig geworden, wer wen in den Dünen verführt hat …
Es begann eine herrliche Zeit.
Schon vor der Eheschließung beschlossen wir, zusammenzuleben. Wir fanden ein winziges Sommerhäuschen an einer der »Loosdrechter Plassen«, einer Gruppe von fünf miteinander verbundenen Binnenseen in der Nähe Hilversums. Die Hütte hatte zwei Kammern und war trotz der spartanischen Einrichtung urgemütlich. Sie lag hart am Ufer des ersten Sees. Bei Ostwind klatschten die Wellen an unsere Fenster. In der ersten gemeinsamen Silvesternacht – 1961 – war das Wetter so mild, daß wir Punkt 24 Uhr splitternackt ins Wasser sprangen.
Einen weiteren Wohnsitz fanden wir im Laufe des nächsten Sommers in St. Gilgen am Wolfgangsee in einer traumhaften Villa, in der wir sieben Jahre verbrachten.
In dieser Zeit wurden auch unsere Kinder Vincent Roderick (7. Juni 1965) und Valérie Amerens (30. April 1967) geboren, die uns unendlich viel Freude bereiteten.

Auch heute sind wir – trotz ehelicher Trennung – noch ein Herz und eine Seele.
Ich bin stolz, wenn ich mit meiner Tochter am Arm durch München bummle. Dann erzählen wir uns aus »alten Zeiten«: »Papi, erinnerst du dich noch, als ich meinem Freund Nicolai erzählte, daß du eine Freundin hast? Wie sieht sie aus, fragte er mich. Darauf sagte ich ihm, daß ich sie nie gesehen hätte, denn sie kommt nicht zu uns. Du würdest immer zu ihr gehen. Als er wissen wollte, wie sie hieß, sagte ich Ariola.«
Aber meine geschäftlichen Besprechungen mit der Schallplattenfirma »Ariola« paarten sich nach vielen Ehejahren tatsächlich mit dem Rendezvous bei einer echten Freundin, mit der ich mich liierte.
Marian war schön, sehr schön. Sie wurde von vielen Männern verehrt, und schließlich wurden aus den Kavalieren Liebhaber.
Wenn der Ehepartner bei einem »Seitensprung« auch weiterhin an erster Stelle steht, dann kann ich das als einen Akt gesteigerter Lebensfreude verstehen. Meine Toleranz wurde allerdings sehr enttäuscht, als ich feststellte, daß ich nach und nach das dritte Rad am Wagen wurde.
Unser Verhalten wäre wohl ein anderes gewesen, wenn wir beide der gleichen Generation angehört hätten.

Vorbei

Das Fernsehen hatte sich mittlerweile längst etabliert. Vorbei die Zeit, als ich bei der Philipsfabrik im holländischen Eindhoven an einer experimentellen Fernsehsendung mitwirkte, die von ganzen 13 Familien in der näheren Umgebung der Firma gesehen werden konnte. Vorbei die Sendungen aus dem Bunker auf dem Hamburger Heiligen-Geist-Feld, bei der man ohne Probe gleich auf Sendung ging, da die Vorbereitungszeit zu kurz bemessen war. Vorbei war auch die Sendung in London bei der BBC, bei der ich von zwei kräftigen Bühnengehilfen unter die Arme gefaßt und buchstäblich aus dem Bereich der Kameras getragen wurde, damit unbeabsichtigte Bildstörungen durch einen abgehenden Interpreten hundertprozentig ausgeschlossen waren. In dieser Sendung hatte ich übrigens den späteren Welthit meines Freundes Fritz Schultz-Reichel, des »Schrägen Ottos«, aus der Taufe gehoben, »The man with the banjo, Banjo-Benny«.

Das Fernsehen entwickelte sich zum wichtigsten Medium, aktueller als das druckfeuchteste Boulevardblatt, dramatischer als der erschütterndste Augenzeugenbericht, für jeden Interpreten mit einer Drei-Minuten-Sendung publikumswirksamer als eine dreimonatige, ausverkaufte Tournee.

Ich schrieb den Entwurf zu einer 45-Minuten-Sendung und schickte ihn nach Hilversum und Wien. Es handelte sich um einen kurzen Rückblick auf meine bisherige

Laufbahn, bei dem der Monolog unterbrochen wurde mit dem Bildmaterial alter Fotografien, besonders aber mit einigen Szenen aus verschiedenen Revuefilmen, bei denen ich eingesetzt worden war. Wie der »Missouri«-Szene, dem Schimmelreiter in »Geld aus der Luft« oder dem Saxophonisten in der »Blume von Hawaii«. Das Exposé gefiel, es wurde produziert. Nach den Sendungen in Hilversum und Wien bekam ich von beiden Anstalten das Angebot, jeden Monat eine derartige Sendung zu schreiben, zu sprechen und zu singen.

Obwohl ich keine Ahnung hatte, sagte ich törichterweise beiden Sendeanstalten zu. Ein und dieselbe Show. In Hilversum in holländisch und 14 Tage später deutsch für Österreich. Ich machte dabei die Rechnung ohne den Wirt, d. h. ohne den Geschmack des jeweiligen Publikums. Was in Holland ein Erfolg war, wurde von den Fernsehgewaltigen in Wien abgelehnt. Bescheinigte mir der Wiener TV-Kritiker Telemax, ich hätte das Telemaximum erreicht, so schrieben die Holländer dem Sender: »De pot op!« (Was soll der Mist.)

Keiner der beiden Jahresverträge wurde erneuert. Mein Nachfolger in Holland wurde ein damals völlig unbekannter junger Mann: Rudi Carell.

Alles außer Rock'n'Roll sei tot, hatte Bendix behauptet. Wie recht er hatte, sollte ich durch Mangel an Arbeit bald erfahren. Der lastwagenfahrende Twen Elvis Aaron aus Tupelo im Staate Mississippi hatte explosionsartig eine Schockwelle ausgelöst, die längst auch Europa erreicht hatte. Nicht mehr Streichelgesänge für sentimentanfällige Seelen waren gefragt, sondern die herzerfrischenden, brutal aufweckenden, knochenharten Rhythmen des Elvis, des Bill Haley und ihrer oft recht kümmerlichen Imitatoren waren das Gebot der Stunde. Bruce Lows Karriere verlief sich, blieb stecken im Schotter des ohrenbetäubenden Schlagzeuglärms. Was sollte ich tun? Denn tun mußte ich etwas. Faulenzen lag mir zwar, doch wohin mit meiner Arbeitslust mitten im Leben? Ohne Ziel, ohne Erfolg wäre ich verzweifelt dem Selbstmord zugeschlittert.

Jasmin

Die Rettung kam, wie so oft, unverhofft.
Auf einer Tournee hatte ich den Journalisten Will Tremper kennengelernt, der unter dem Pseudonym Pretonius mit der Artikelserie »Deutschland, deine Sternchen« Furore gemacht hatte. Ich erklärte ihm, in meiner Freizeit auch schon einige Male Versuche in Richtung Journalismus unternommen zu haben. So hatte ich gleich nach dem Krieg spontan einer angesehenen niederländischen Zeitung (»Haagsche Post«) von dem Konzert berichtet, das Jehudi Menuhin in München gegeben hatte. Zu meinem Erstaunen war mein Skript wörtlich erschienen, und man hatte mir ganze 100 holländische Gulden überwiesen. Tremper seinerseits erzählte nun von dem Entschluß Axel Springers, eine neue Zeitschrift ins Leben zu rufen. Die Herren Hagen und Prinz, früher bei der »Quick«, würden die Sache unter dem Arbeitstitel »Odeon« in Angriff nehmen. Er, Tremper, habe den Auftrag bekommen, eine Redaktion zu requirieren; und ob ich nicht Lust hätte, schreibenderweise mein Glück zu versuchen. Ich wollte. Zwar war es etwas völlig anderes, hinter dem Schreibtisch zu sitzen, als von Saal zu Saal und Halle zu Halle zu reisen, aber ich hatte keine Wahl und war heilfroh über die mir unerwartet gebotene Chance.
Von Tageszeitungen, Magazinen und Zeitschriften hatte Tremper eine junge Crew wegengagiert, ihnen ihre Ängste vor dem ungewissen Abenteuer zerredet und

führte sie bald persönlich und nicht ohne schadenfrohe Überlegenheit in den Trend der Zeitschrift für »das Leben zu zweit« ein. »Odeon« hieß das Projekt, später wurde daraus »Jasmin«. Trempers Themenkonferenzen glichen einem Verhör. »Du hast dir soeben geschadet« und »Ich bringe euch aus jeder Bauernzeitung fünf Themen für das Blatt« waren Zwischenbemerkungen, die alles andere als ermutigend klangen. Seine Artikel allerdings, die oft auf Kosten der besprochenen Menschen gingen, getreu dem Muster der »Sternchen«, die er zielsicher auseinandergenommen hatte, waren vortrefflich durchdacht und glänzend formuliert.

Ich war weitaus der Älteste unter den Redakteuren, die beiden Spitzen Hagen und Prinz eingeschlossen. Was sich mancher Profi gedacht haben mag, ist mir unbekannt, weil alle ohne Ausnahme am Anfang sehr nett und hilfsbereit zu mir waren. Eines Tages half mir wieder das Glück, an einem Auftrag vorbeizukommen, dem ich nicht gewachsen war. Eine beiläufige Nebenbemerkung war die Ursache.

Thema des Tages war an jenem 3. Dezember 1967 der Arzt Dr. Christian N. Barnard, der im Groote Schuur-Krankenhaus in Kapstadt dem 53jährigen Louis Washkansky ein fremdes Herz transplantiert hatte. Ein Thema für unser Blatt. Beiläufig bemerkte ich, daß ich die dortigen Landessprachen beherrschen würde. Eine Stunde später legte man mir einen Flugschein nach Johannesburg, einen Scheck über 2000 Dollar und den schriftlichen Auftrag auf den Tisch, Dr. Barnard zu interviewen. Mir blieb die Spucke weg. »Da stehn doch die Reporter der Weltpresse in drei Reihen vor dem Krankenhaus«, meinte ich zu meinen Kollegen, »ich habe doch keine blasse Ahnung, wie man so ein Interview macht!«

In dem Moment kam Tremper vorbei, der die letzte Bemerkung hörte. »Mach dir keine Sorgen«, empfahl er. »Du gehst hin und suchst dir die schönste Krankenschwester aus. Bestimmt hat Barnard ein Verhältnis mit ihr. Die knöpfst du dir vor.« Tremper verschwand. Für ihn war das Ding gelaufen. Ich kam ins Schwitzen. Ich erkundigte mich, ob man als Holländer ein Visum für Südafrika vorweisen mußte, und begab mich zum südafrikanischen Konsulat. Der Konsul besah sich den Paß und fragte freundlich, ob ich die Absicht hätte, in Südafrika auf Tournee zu gehen. Doch als er erfuhr, daß der Sänger Bruce Low dort einem journalistischen Auftrag nachgehen wollte, schob er den Paß zurück. »Sie bekommen kein Visum.« »Herr Konsul, wie das?«

»Die Holländer schreiben derart negativ über unsere Apartheitspolitik, daß ich keinem holländischen Journalisten ein Visum gebe.«

Ich drang nicht weiter auf den Fanatiker ein und gab erleichtert Flugschein und Geld dem Chefredakteur zurück.

Der Mann, der mir zeigte, wie man recherchiert, war der Journalist Hubertus Münch. Es gibt wohl keinen besseren Lehrmeister. Er ist mit allen Wassern gewaschen, sei es, daß deren Quellen auch nicht immer kristallklar sind: die Wahrheit fischt Hubertus Münch immer zutage.

»Fahr mal mit Münch mit, damit du lernst, wie ein Interview gemacht wird«, hatte Tremper geraten. Der gemeinsame Auftrag lautete, über die damalige Kronprinzessin und spätere Königin Beatrix und ihren Mann Prinz Claus Material zu sammeln. Da die Bitte, die hohen Herrschaften bei Hofe interviewen zu dürfen, vom königlichen Sekretariat abgelehnt worden war, galt es, aus der Umgebung möglichst viel in Erfahrung zu bringen.

»Flieg du am Sonntag schon vor, ich komme am Montag nach. Wir treffen uns im Amsterdamer Hilton«, riet mir Münch. Da saß ich nun bei herrlichstem Frühlingsweter am Fenster meines Hotelzimmers und sah hinab auf die flachen, glasüberdachten Ausflugsboote, die auf Gäste zu einer Rundfahrt durch die Amsterdamer Grachten und den Hafen warteten. Aber meine Gedanken waren nicht bei dem fröhlichen Treiben, das ich da unten sah. Ich war ja nicht mehr ein Jüngling, der neuen Erfahrungen gespannt entgegenharrte. Trotzdem war ich nervös wie vor einer Premiere. »Fang schon ruhig mit der Arbeit an«, hatte Münch gesagt. Und Tremper hatte kategorisch erklärt: »Am Freitag liegt das Material auf meinem Schreibtisch!« Was tun, wo anfangen, was bedeutete die »Arbeit«?

Sollte ich mir ein Taxi nehmen und nach Drakensteyn, dem Schlößchen der Kronprinzessin, fahren? Die Schildwache bitten, mir etwas von denen da drinnen zu erzählen? Glatter Wahnsinn! Unschlüssig ging ich im Zimmer auf und ab, bis ich es aufgab, selbständig etwas zu unternehmen. Ich fuhr ins Rijksmuseum. Zum

soundsovielten Male in meinem Leben ließ ich mich von den immer wieder »neuen« Rembrandts, Vermeers, Pieter de Hoochs und anderen Malern überwältigen.
Am Montag morgen saß ich bereits um zehn Uhr im Hotelfoyer und wartete auf Hubertus Münch. Als es halb eins wurde, hatte ich die linke und die rechte Presse vom ersten bis zum letzten Buchstaben studiert. Hubertus war noch nicht angekommen. Da fingen die Nerven ihr maliziöses Spielchen an. Ich haderte mit mir. Warum war ich so aufgeregt, fragte ich mich vergeblich. Ob Münch noch in München war? Hatte ich ihn falsch verstanden?
Ich rief München an. Nein, Herr Münch war nicht mehr im Hause, angeblich sei er nach Amsterdam geflogen. Ich bestellte mir einen leichten Lunch, aber weder das frisch gebackene »Scholletje« noch das köstliche, schwarze, frische Roggenbrot wollte mir schmekken. Bald saß ich wieder im Foyer. Ich fing an zu rotieren. In fünf Tagen sollte geliefert werden, und der erste Tag war schon fast vorbei! Meine Stellung bei »Jasmin«, kaum begonnen, war wohl schon im Eimer! Mit finsteren Gedanken quälte ich mich durch den Nachmittag.
Dann, zehn Minuten nach fünf, trat Hubertus Münch durch die Drehtüre des Hilton-Amsterdam. Mit einer Miene, als gehöre ihm das Hotel, schritt der mittelgroße, untersetzte Mann entspannt und seiner selbst sicher zum Empfang. Begegnete man ihm auf der Straße, würde man eigentlich achtlos an ihm vorübergehen. Er hat nichts Auffälliges an sich, aber gerade das ist seine Stär-

ke. Weder Gang noch Haltung verraten die Gefährlichkeit dieses Journalisten.
Sein Chef bei »Jasmin«, Günther Prinz, sagte einmal: »Er trägt in der linken Tasche ein Bündel Banknoten, in der rechten einen Revolver und kommt mit hervorragendem Material zurück.«
Ich stürzte auf ihn zu. »Hubertus, Gott sei Dank, daß du da bist. Wo in aller Welt hast du gesteckt?«
Münch wandte mir sein Gesicht zu, bar jeden Ausdrukkes. »Ich bin um ein Uhr in Schiphol gelandet und habe soeben eine Rundfahrt durch die herrlichen Grachten Amsterdams gemacht.« Dabei schienen seine wieselflinken Augen die Halle mit sämtlichen Anwesenden in sich aufzunehmen.
»Aber«, stieß ich panisch hervor, »am Freitag müssen wir liefern!« »Am Freitag haben wir das Material längst im Kasten«, antwortete Münch, als handle es sich um die Beschaffung eines Stadtplanes. »Was hast du in der Zwischenzeit gemacht?« fragte er beiläufig.
»Gar nichts, ich habe keine Ahnung, wie man so etwas macht.« Münch sah mich an. Er war nicht einmal erstaunt. Es war absolut unmöglich, zu ahnen, was sich in seinem Hirn abspielte. »Ich brauche erst einmal einen Drink«, wechselte er das Thema.
Wir setzten uns an die Glasplatte eines niedrigen Rauchtisches und versanken in kalbslederbezogenen Fauteuils. Seinem Leitsatz getreu, »Nur ein teurer Journalist ist ein guter Journalist«, bestellte er beim herbeieilenden Ober zwei Scotch und eine Flasche französischen Champagner. Dann fummelte er ein kleines No-

tizbuch aus der Tasche und verlas die Namen verschiedener holländischer Journalisten. Es stellte sich später heraus, daß er eine Auswahl solcher Namen mit den dazugehörigen Telefonnummern aus den meisten Ländern Europas hatte, keineswegs nur diesseits des Eisernen Vorhanges.

»Kennst du einen dieser holländischen Kollegen?« fragte er. Ich mußte verneinen. »Wir werden sie morgen der Reihe nach anrufen«, kündigte Münch an.

»Auf gute Zusammenarbeit«, prostete er mir zu. Irrte ich mich, oder hörte ich einen leichten Spott in der Stimme meines Lehrers?

»Nun erzähl' mir mal, was weißt du überhaupt von deiner Kronprinzessin?« Münch lehnte sich bequem in seinen Sessel zurück und wartete.

»Beatrix«, legte ich los, »wurde am 31. Januar 1938 geboren. Sie kam, der ärztlichen Prognose nach, zu spät. Die Andenkenindustrie hatte Kopf gestanden. Alle Münzen, Anstecknadeln, Becher, Fähnchen waren auf ein anderes Datum programmiert! Hinausgeworfenes Geld!«

»Weiter!«

»Als Kind wurde Beatrix täglich mit ihrer Schwester Irene vom Schloß zur Schule nach Bilthoven gefahren. An einem bestimmten Bauernhof hielt das königliche Fahrzeug. Der Sohn des Landwirtes, der dieselbe Schule besuchte, nahm vorn neben dem Chauffeur Platz. Wenn es regnete, erschien der Junge in ›Klompen‹, niederländischen Holzschuhen.«

»Weiter!«

»Die Prinzessin ist mit der Hochseejacht ihrer Eltern gern auf dem Wasser.«
»Halt!«
Es kam wie aus der Pistole geschossen.
»Wo liegt die Jacht? Wie heißt sie?«
»Die Jacht heißt ›Piet Hein‹ und liegt, soviel ich weiß, irgendwo in Muiden vertäut.« Münch nickte befriedigt.
»Morgen früh um zehn sind wir in Muiden«, entschied er.
»Das hat nicht den geringsten Zweck«, entgegnete ich, »denn der Jachthafen ist selbstverständlich superexklusiv. Nur wer Mitglied ist, kommt da hinein.« Münch sah mich an. Da war doch tatsächlich einer, der daran zweifelte, daß er, Hubertus Münch, überall hineinkam! Es mußte sich wirklich um einen absoluten Branchenneuling handeln. Mit dem größten Mercedes, den die Amsterdamer Verleihfirma im Stall hatte, fuhren wir am nächsten Morgen nach Muiden. Im Schrittempo, während er die Umgebung beobachtete, lenkte Münch den Wagen zum Eingang der Koninklijke Nederlandsche Zeil- en Roeivereiniging.
Ich flüsterte: »Was hab' ich dir gesagt. Die zwei Livrierten da vorn lassen uns niemals durch.« Statt einer Antwort sah Münch den Zweifler kurz an.
Was dann geschah, war bühnenreif. Hubertus bat mich, auszusteigen und ihm, Münch, die Wagentür zu öffnen. Als ich um den Wagen herumging, hörte ich einen Wächter seinen Kollegen fragen, ob er die Ankömmlinge kenne. »Nooït gezien«, »nie gesehen«, war die leise Antwort. Mit der Pose eines Generaldirektors alter

Schule wuchtete sich Münch aus dem Automobil. Er blieb einen Moment stehen, dehnte sich wie nach langer Fahrt und sah sich um. Dann ging er langsam auf die Posten zu. Mit der Andeutung einer Verbeugung sagte er höflich: »Guten Tag, meine Herren.« Der kleinere der beiden versuchte höflich zu sein. »Was wollen Sie, Minheer?« »Mein Name ist Münch aus Hamburg«, hörte ich zu meinem Erstaunen. »Ich suche ein gutes Segelboot, da ich im nächsten Jahr an der Kieler Woche teilzunehmen gedenke.« Mir verschlug es die Gedanken. Die beiden Wärter aber horchten auf. Kieler Woche, das war auch im Segelclub des verträumten holländischen Städtchens Muiden ein Begriff. »Ein Freund von mir«, fuhr Münch fort, »von der Dresdner Bank hat mir erzählt, in diesem Jachthafen läge ein Boot, das möglicherweise meinen Wünschen entspräche.« Segler, die eine Regatta verlieren, wechseln manchmal nicht nur die Segel aus, hin und wieder auch das ganze Boot. Für einen Bootswart, der immer vor Ort ist, fällt ein guter Batzen ab, kommt eine Transaktion zustande.
Das wußte auch Münch, darauf pokerte er.
Die beiden Holländer sahen sich kurz an, ließen Wache Wache sein; der kleinere sagte: »Kommen Sie mit.« Und schon waren Münch und ich im Clubhaus.
Durch den feudalen Bungalow, niedrige Tische auf Perserteppichen, einige Damen und Herren in tadellosem Clubdreß hinter ihrem Morgenkaffee, ging es wieder ins Freie. Steg an Steg dümpelten die Boote auf den einlaufenden Wellen des Ijsselmeeres. Mit einem Blick hatte Münch die Szene übersehen. Hinter dem Wald von

Bootsmasten lag, unübersehbar, die königliche Jacht, die »Piet Hein«.
Die beiden Wächter gingen schnurstracks zu einer Jacht der Drachenklasse. Eine geschlagene Stunde ließ Münch sich informieren. Geschickt vermied er es zu verraten, daß er vom Segeln nichts verstand. Hielt er sich zufällig am Achtersteg fest, so lauschte er interessiert einem Vortrag über die Belastbarkeit des vorliegenden Materials, hörte kopfwiegend den Erklärungen der beiden über die Verarbeitung und Verleimung des spiegelblanken Mahagonidecks zu, unterbrach das gebrochene Deutsch der Holländer mit Bemerkungen wie: »Genau das« und »Endlich das Richtige«.
Nachdem die beiden ihm versichert hatten, er könne das Boot, wenn gewünscht, bereits in der kommenden Woche abholen lassen, schien Münch befriedigt zu sein. Er dankte den beiden ausführlich, nicht ohne dem kleineren diskret einen Zehnguldenschein in die Tasche manövriert zu haben. Er wandte sich zum Gehen und ließ noch einmal den Blick über die Mini-Armada schweifen. An der »Piet Hein« blieb er haften. Mit der Miene eines unschuldigen Kindes fragte er: »Nanu, was ist denn das?«
»Weet U dat niet? Dat is de ›Piet Hein‹ van de Konigin.«
Die Falle schnappte zu. Münch stieß mit dem Ausdruck unfaßbaren Erstaunens das Wort: »Nein!« hervor. Zweifelte der freundliche Herr aus Hamburg etwa? Ihm konnte geholfen werden.
»Kommen Sie mit«, hieß es wieder, und eine halbe Stunde später wußte er alles über Pferdestärke der Motoren,

Tiefgang, Tonnage, Schlingerfestigkeit bei hoher See, Anzahl der Kabinen und Bäder, Kreuz- und Höchstgeschwindigkeit sowie Besatzung der Luxusjacht.
Im Laufe der nächsten beiden Tage schlossen sich Interviews mit entlassenen Köchen, Gärtnern und Schildwachen an sowie mit einer Menge Journalisten und Fotografen, besonders mit dem, der die Verlobten Beatrix und Claus als erster auf den Film gebannt hatte, als sie morgens um sieben im Park spazierengingen. Das Foto hatte damals eine Hofkrise ausgelöst. Mosaikartig trug Münch das Material zusammen. Am Donnerstag abend wurde eine deutschsprechende Sekretärin ins Hotel gebeten, nachts um vier war die Geschichte in die Maschine diktiert, am Freitag, noch vor der Mittagspause, lagen die 50 Seiten auf Trempers Schreibtisch.
Die Stunde der Wahrheit schlug für mich, als ich den Auftrag bekam, den niederländischen Minister des Äußeren und dessen Ehefrau zu interviewen.
Ich flog nach Holland und betrat eine Viertelstunde vor dem vereinbarten Termin das »Ministerie van buitenlandse zaken« in Den Haag, Plein 23. Ein mit einer historischen Livree bekleideter Diener empfing mich im Vorzimmer seiner Exzellenz. Der Domestik, schillernd im Abglanz seines Herrn, dem späteren Nato-Sekretär Josef Maria Luns, klärte mich darüber auf, daß niemand zum Minister käme, als über ihn, den Kämmerer, und daß seine Exzellenz nicht mehr als eine halbe Stunde für die bevorstehende Unterredung reserviert habe. Herr van Schelle, der Sekretär des Ministers, erschien, dunkler Anzug, silbergrauer Schlips. Er führte mich ins Hei-

ligtum. Atemberaubend die Einrichtung, der barocke Schreibtisch, die Stühle, die Standuhr, Porträts und Seestücke aus dem goldenen 17. Jahrhundert der Niederlande.

Daß diese Pracht nicht wie ein kleines Museum wirkte, war der Anwesenheit des elegant-modernen Ministers zu verdanken. Der freundliche Herr begrüßte mich, als wären wir alte Bekannte. »Sie wollen einen Termin für ein Interview, wieviel Zeit brauchen Sie?«

»Einen ganzen Tag, Exzellenz.«

»Unmöglich«, entschied der 1,90 m große Mann. »Sie bekommen einen halben Tag, sagen wir am ...« Er blätterte in seinem Terminkalender und gab mir einen Termin, der acht Wochen in der Zukunft lag. Dann erhob er sich, um mich zu verabschieden.

»Exzellenz«, sagte ich, »mir ist zufällig bekannt, daß Sie heute eine halbe Stunde für mich reserviert haben. Darf ich jetzt schon mit dem Interview beginnen?«

Luns zog die Brauen hoch, setzte sich wieder hin, schlug die Beine übereinander: »Bitte.«

Der Minister war das, was man einen idealen Gesprächspartner nennt. Kein Thema schien ihm zu lästig, keine Frage zuviel.

Ein diskretes Hüsteln Herrn van Schelles veranlaßte den Minister, auf die Standuhr zu schauen. »Ja, ja, het is tijd«, sagte er und stand auf. Ein Händedruck, ein freundliches: »Also, bis dann!«, und ich war entlassen.

Zusammen mit dem Fotografen Winfried Rabanus betrat ich acht Wochen später wieder das Ministerium in Den Haag. Herr van Schelle empfing mich mit besorgter

Miene. Seine Exzellenz sei unerwarteter Ereignisse wegen in arge Zeitnot geraten, stehe aber selbstverständlich zu seinem Wort. Die Herren möchten sich doch freundlicherweise in seine Dienstwohnung begeben, ein Wagen stünde zur Verfügung. Ganze 20 Minuten konnte ich Herrn Luns befragen, als dieser meinte, es sei nun wohl genug, und er hätte nur noch Zeit für ein paar Fotos. Ohne Widerstand ließ er sich von Herrn Rabanus treppauf, treppab jagen, bis in den Garten hinein.

Dann standen die »Jasminer«, von seiner Exzellenz persönlich an die Haustür begleitet, auf der Straße.

Als ich meine Recherchen in München sortiert und aufgeschrieben hatte, brachte ich etwa 50 Seiten zu dem Mann, der den Artikel schreiben sollte. Es war Heinz van Nouhuys, früher Chefredakteur der »Quick«, 1987 Herausgeber der Zeitschrift »LUI«. Aus Platzmangel in der Redaktion residierte van Nouhuys mit einem Graf Nayhaus in einem Zimmer. Daß es bei der Namensverwandtschaft zu häufigen personellen Verwechslungen kam, auf die beide beleidigt reagierten, lag auf der Hand. Auch ich mußte damals fragen, wer wer war. Von einem der beiden Schreibtische kam ein bedrohliches Knurren. Dort deponierte ich mein Material mit der Bemerkung: »Ich soll Ihnen das geben!«

Van Nouhuys sah den Fremdling an wie ein Kirchgänger, der zur Kanzel emporblickt und statt des ihm wohlbekannten Pfarrers eine Stripperin entdeckt. Das durfte doch nicht wahr sein. Wer war dieser Mensch, den er noch nie gesehen hatte und der ihm ungebeten einen Packen Recherchenmaterial auf den Tisch legte!

»Was ist das?« fragte er mißtrauisch.
»Der niederländische Minister des Äußeren.«
»Wie ist denn das Material?« hoffte er sich aus der Affäre ziehen zu können.
Ich antwortete: »Keine Ahnung, ich habe so etwas noch nie vorher gemacht.«
Heinz von Nouhuys verschlug es die Sprache. Da wagte man doch tatsächlich, ihm einen völlig unbekannten Mann auf den Hals zu schicken, der obendrein die Stirn hatte, offen zuzugeben, blutiger Laie zu sein.
Ich hielt es für ratsam, die Stille nicht zu unterbrechen, und entfernte mich geräuschlos.
Als ich an meinen Platz zurückkehrte, unterrichtete ich meine Kollegen, daß meine Tage in der Redaktion bestimmt gezählt sein würden. Ich wartete auf mein jähes Ende. Nach Stunden wurde die Türe aufgerissen. Heinz von Nouhuys stürmte herein. Aber statt daß er mir das Manuskript um die Ohren schlug, klopfte er mir auf die Schluter: »Junger (!) Kollege, exzellentes Material!«, und verschwand wie er gekommen war.
Ich blieb bei »Jasmin«.

Neubeginn

In meinem grauen Redaktionsalltag brachte ein Telefongespräch Leben längst vergangener Tage wieder. An meine Existenz als Sänger hatte ich keine Gedanken mehr verloren. Das war aus und vorbei. Meine Schallplatten wurden zwar hin und wieder noch im Rundfunk aufgelegt, aber »Live-Auftritte«, im Fernsehen gar, gab es für mich schon lange nicht mehr.
Am Apparat war der Chef der Unterhaltungsabteilung des Saarländischen Rundfunks, Dr. Raimund Hess. Er erzählte mir eine geradezu unglaubliche Geschichte. Bei einer Durchsicht der Plattenbestände des Archivs sei er auf eine Aufnahme Bruce Lows gestoßen, die er nicht kannte. Mehr oder weniger aus Neugierde hätte er den Titel eines Sonntagmorgens aufgelegt. Die Reaktion der Hörer sei so groß gewesen, daß er wissen wolle, ob ich geneigt wäre, das Liedchen »live« bei einer Sendung des Saarländischen Rundfunks zu singen. Ich war »geneigt«.
Im Dezember 1970 trat ich mit viel Freude bei einer Sendung meines im Februar 1987 verstorbenen Freundes Hans Rosenthal in Saarbrücken auf. Das Liedchen hieß schlicht und einfach »Noah« und war mittlerweile sieben Jahre alt. Es löste eine Lawine aus. Nicht nur im Saarland konnte man den »Noah« bald mehrere Male am Tag hören, auch im Südfunk Stuttgart trieb die Arche, vom Discjockey Nitschke mit fester beständiger Hand geschippert, immer höher auf den Fluten der Popularität

empor. Und als Hans Rosenthal die mitgeschnittene Sendung auch im Berliner RIAS-Programm auflegte, bekam ich eines Tages einen geradezu grotesk wirkenden Anruf. Meine Plattenfirma »Ariola« wollte von dem Titel eine Single auf den Markt bringen.

Vor Jahren hatte ich das Lied in seiner amerikanischen Urform auf einer LP des wunderbaren Sängers Ernst Ford gehört, sie aus einer Laune heraus ins Deutsche übertragen und sogar meinen damaligen Produzenten Franz Schmidt-Norden dazu bewegen können, den Titel aufzunehmen. Bei meiner Schallplattenfirma »Ariola« bekam ich, wie die Holländer sagen: »Den Wind von vorn.« Man machte mich zur Schnecke. Wer sollte jemals so etwas kaufen? Dieses Negerlied sei weggeworfenes Geld. Zum Glück sei es ja nur auf einer Langspielplatte vertreten, die anderen elf Aufnahmen würden den Karren vielleicht aus dem Dreck ziehen. Kaufen wollten es dann doch viele, wenn auch sieben Jahre später. Bald brachten alle Sender »Noah« in ihren Hitparaden. Rundfunk- und Fernsehsendungen, Konzerte und Galas reihten sich nahtlos aneinander. Aber es gab noch keine Auskopplung, das heißt keine Single auf dem Markt.

Siegessicher begab ich mich während einer »Jasmin«-Mittagspause zur »Ariola-Eurodisc«, die in München »über« der Straße residierte. Ich erzählte von dem überraschenden Erfolg der alten Aufnahme und bat meinen Gesprächspartner, das Liedchen aus der LP herauszumustern und als Single zu veröffentlichen. Der Mann ließ sich die Platte kommen und hörte sie sorgfältig an.

»Völlig uninteressant«, war sein Urteil, »ein typischer Rundfunkerfolg. Es lohnen sich die Kosten nicht, eine Single zu produzieren!«
Sieben Monate rannte ich bei »Ariola« gegen eine Mauer. Ja, es kam so weit, daß »Ariola« die Rundfunksender anrief: »Bitte, spielt den ›Noah‹ nicht so oft. Die Leute machen uns verrückt, aber wir haben die Platte nicht und werden sie auch nicht herausbringen.« In meiner Verzweiflung bat ich »Ariola«, mich im Falle »Noah« von meinen vertraglichen Verpflichtungen zu befreien, damit ich das Lied bei einer anderen Firma aufnehmen könne. Am 30. Juli 1971 erhielt ich die schriftliche Erlaubnis, den Titel »Noah« anderweitig aufzunehmen. Sechs Tage später allerdings, am 5. August, noch bevor ich etwas unternommen hatte, widerrief »Ariola« ihren Brief vom 30. Juli und brachte am 28. August die Single »Noah« heraus.
Vor Weihnachten 1971 waren 400000 Stück verkauft. Hätte man schon acht Monate früher gepreßt, wäre die Million spielend erreicht worden. So ging mir die einzige »Goldene« durch die Lappen.
Mit 58 Jahren noch einen Hit zu haben, das ist wohl ein einmaliger Glücksfall in der Laufbahn eines Schlagersängers. Aber es sollte noch toller kommen. Im Zuge des Erfolges dieser kleinen Arche-Geschichte wurde der Vertrag Bruce Low um zwei Jahre verlängert. Als letzte Aufnahme sang ich, oder besser gesagt erzählte ich die Geschichte von einem Analphabeten, der in der Kirche dabei ertappt wurde, sich die Zeit mit einem Kartenspiel zu vertreiben. Es stellte sich heraus, daß der Mann seine

Karten nicht nur sehr genau kannte, sondern daß ihm bei jeder Karte eine bestimmte Bibelstelle einfiel. Auch diese Aufnahme lag schon einige Monate in den Regalen der Plattengeschäfte, ohne daß sich »etwas regte«. Dann kam der 30. März 1974. Es war wieder in Saarbrücken, bei Wim Thoelkes »3 × 9«-Sendung. Ich war sogenannter Rategast. Ich sollte mich am Schluß der TV-Sendung wie im fernöstlichen Schattenspiel hinter eine Papierwand stellen, und das Publikum wurde vor die Aufgabe gestellt, zu erraten, wem die Silhouette gehörte. Sollte das gelingen, müßte ich die Papierwand durchbrechen. Anschließend käme ein Interview mit Thoelke und danach, ganz zum Schluß, mein »Kartenspiel«.

Die Sendung zog sich in die Länge. Ich wurde nervös. Punkt neun Uhr, das wußte ich, kamen im ZDF die Nachrichten. Damals wurden erbarmungslos die Sendungen unterbrochen, nein abgebrochen, wenn sie nicht pünktlich zu Ende waren. Es wurde dreiviertel neun, ich war noch nicht dran. Es wurde zehn vor neun, immer noch nichts. Endlich, sechs Minuten vor Schluß der Sendung, stand ich hinter der Papierwand. Zu meinem Glück wurde ich gleich erkannt. Ich sprang durch die Wand.

Wim Thoelke begrüßte seinen Gast und setzte zu dem Interview an. Da sah ich auf meine Armbanduhr. Und der Routinier und fabelhafte Kollege Thoelke schaltete sofort. Statt zu reden, bat er mich, das Lied zu singen. Ich brachte mein »Kartenspiel« gerade noch über die Runden. Noch in derselben Nacht wurde ich angerufen, wo es die Platte gäbe. Da wußte ich, daß ich tatsächlich wieder einen Hit hatte.

Die Geschichte des Kartenspielers ist übrigens sehr alt. Sie stammt aus den napoleonischen Kriegen und war in Frankreich bekannt unter dem Titel »Jeu de cartes«.
Und noch ein drittes Mal hatte ich Glück. Ich nahm sogar die 1. Stelle in Dieter Thomas Hecks »Hitparade« ein. Frank Farian hatte mit seinen »Rivers of Babylon« einen Welthit placiert und bat mich schriftlich, eine deutsche Fassung, »Die Legende von Babylon«, aufzunehmen. Ich lehnte höflich, aber bestimmt ab. Doch die Firma »Ariola« ließ mir keine Ruhe. So flog ich eines schönen Tages nach Frankfurt, sang den Titel ein einziges Mal auf das bereits vorhandene Playback und vergaß die Angelegenheit, denn am nächsten Tag startete ich eine von meinem Freund Georg A. Weth organisierte Deutschland-Tournee. Kaum war ich eine Woche unterwegs, als am Ende des Abends eine Stimme aus dem Publikum erklang: »Babylon!« Und zum dritten Mal gelang der Durchbruch, die Legende wurde ein Hit. Sogar die »Goldene Europa« wurde mir feierlich verliehen.

Fans

Eine Flutwelle von Fanpost erreichte mich in diesen Jahren. Nach jedem Hitparaden-Auftritt bekam ich 16000 bis 20000 Briefe, deren Beantwortung – meine Verehrerinnen mögen mir verzeihen – ich bis heute nicht schaffte.

Ich erinnere mich immer wieder an meinen allerersten Fanbrief, den ich von einer zwölfjährigen Zigeunerin bekam. Sie wollte mich heiraten. Die Sippe war einverstanden. Sollte ich allerdings auf die schmutzige Idee kommen, nein zu sagen, dann würde sie keine einzige meiner Schallplatten mehr kaufen. Kein Wunder, daß meine damalige Plattenfirma (Elac) in Konkurs ging.

Ein anderes Mädchen schrieb mir unter anderem: »... Meine Mutter sagte, daß du eine schwarze Amme gehabt hast. Geben die schwarze Milch? ...« Bis vor wenigen Jahren bekam ich immer wieder Briefe von Mädchen (warum eigentlich nur immer Mädchen?), die anfragten, ob ich nicht ihr Vater sei. Anhand der beigefügten Bilder der Mütter beruhigte sich jedoch mein Gewissen.

»Geliebter Bruce«, schrieb eines Tages eine junge Frau, »ich weiß nicht mehr, was ich tun soll. Immer wenn mein Mann zärtlich zu mir ist, stelle ich mir vor, ich läge in deinen Armen ...«

Oder: »... wenn ich mir vorstelle, wie du nackt aussiehst, läuft mir eine Gänsehaut über den Rücken ...« Tagelang rätselte ich, ob ich diese Mitteilung positiv oder negativ werten sollte.

Sorge bereiteten mir die Briefe einer Holländerin, die wöchentlich schrieb. Ich bat schließlich meine damalige Frau Marian, Antje Verkerk, so hieß die Dame, zu antworten. In einem bestürzenden Brief brachte Antje dann ihre Enttäuschung zum Ausdruck, daß ich verheiratet sei. Sie entschuldigte sich und bat meine Frau, nicht nur mit schlechten Gedanken an sie zu denken.

Marian schrieb zurück: »... Mein Mann und ich freuen uns immer wieder, wenn seine Arbeit positiv gewertet wird ...« Daraufhin schrieb sie regelmäßig weiter. Jede Woche am Dienstag bekam ich einen Brief.

Schließlich dachte sich Antje etwas Neues aus. Sie besprach Kassetten und schickte sie mir. Im Hintergrund war immer eines meiner Lieder zu hören. Es dauerte nicht lange, da bekam ich eine Flüster- und Hauchkassette, die mit meinem Schallplattentitel »Komm', wenn's dunkel wird, zu mir« begann. Dann ihre Stimme: »Ich liege, liebster Bruce, auf meiner roten Couch und höre dir zu ... und während ich deine wunderschöne Stimme höre ...«

Eines Tages war ich zu einem Konzert in Salzburg, als mich Marian anrief: »Antje ist gestorben, und du bist Erbe!« Ich bekam ein finsteres Vorgefühl. »Nicht annehmen!« schrie ich ins Telefon, »die hat bestimmt nur Schulden! Warte, bis ich wieder zu Hause bin!«

Tatsächlich lag dann ein Brief des Notars auf dem Tisch, in dem er mich bat, nach Holland zu fahren. Er hätte den Eindruck, daß es sich lohnen würde. Ich bat Marian mitzukommen, denn die Familie, so glaubte ich, würde doch bestimmt der Meinung sein, daß zwischen Antje und mir etwas gewesen sein mußte. Zu meinem Erstaunen stellte sich heraus, daß ich ein Grundstück mit einem kleinen Haus samt Inhalt geerbt hatte. Außerdem noch ein Bankkonto. Alles insgesamt hatte einen Wert von 200.000 Deutschen Mark!

Ich besuchte den Friedhof, auf dem meine Gönnerin beerdigt wurde. Den Wärter bat ich, mir das Grab zu zeigen. Er suchte in einem bleistiftbeschriebenen Heft und führte mich schließlich zum schönsten Grab weit und breit. Unterwegs erzählte ich ihm in kurzen Zügen die Erbschaftsgeschichte. Da blieb er stehen, schüttelte den Kopf und sagte: »Ach, mijnheer, so einer Leiche möchte ich auch einmal begegnen!«

Eine Tournee folgte der anderen.

Meine Fans kamen zu Tausenden. Ob es ein »Spiritual- und Gospelsingen« war, ob ein »Weihnachtsliedersingen« oder ob der Abend unter dem Titel »Lieder auf den Straßen der Welt« stand, alle Tourneen, die ich mit Georg A. Weth machte, waren ausverkauft.

Bei 180 Konzerten im Jahre 1978 verbrauchte ich 57000 Autogrammkarten!

Nach einem Gastspiel in einer Kleinstadt stand ich eines Abends am Bett einer Kranken. Weinend bat mich eine Dame mitzukommen. Ihre Tochter hätte alle meine Schallplatten und wäre leider verhindert gewesen, das Konzert zu besuchen. Da stand ich nun am Bett eines »Blue Baby«, einer 19jährigen mit einem Herzwandfehler, infolge dessen das sauerstoffarme Blut der Venen auch in die Arterien gelangte und die Körperhaut bläulich färbte. Offensichtlich wußte die Tochter nichts vom

Plan ihrer Mutter. Als sie mich sah, geriet sie in höchste Atemnot. Unfähig, auch nur einen Ton zu sagen, rang sie nach Luft. Nach endlosen Minuten klang der Anfall ab. Ich unterhielt mich mit ihr, sprach über das Leben da draußen, das diese von Geburt an ans Bett gefesselte junge Frau nie so richtig kennengelernt hatte.
Beim Abschied an der Haustür fragte ich die Mutter: »Warum haben Sie ihr vorher nichts gesagt? Sie ist vor Aufregung und Freude ja fast gestorben!«
Ihre Antwort kam ruhig und gefaßt: »Einen schöneren Tod hätte ich ihr gar nicht wünschen können.«

Kollegen

Wenn man »berühmt« ist, wie ich es damals war und heute – bei aller Bescheidenheit – noch ein wenig bin, kommt man mit vielen seiner berühmten Kollegen zusammen. Nicht alles ist würdig, weitergesagt zu werden. Vieles behält man lieber als ewiges Geheimnis für sich ...

Ich war verliebt in Josephine Baker und aß ihre Bananen hinter der Szene – ich denke an die schöne Zeit mit Lale Andersen – an Laya Raki – Marta Eggerth oder an Zarah Leander, mit der mich eine innige Freundschaft verband. Zunächst mochte ich Zarah Leander überhaupt nicht. Ihre übergefühlvolle Darstellung und ihre theatralische Sprache konnte ich nicht ausstehen. Ihre Landsmännin, Greta Garbo, in der anglo-amerikanischen Szene zu Hause, gefiel mir weitaus besser.

Aber nachdem ich einige Tourneen mit Zarah Leander absolvierte hatte, mußte ich mein Vorurteil revidieren. Ich lernte eine einmalige Künstlerin und einen Menschen von ungewöhnlichem Format kennen. Zum ersten Mal erlebte ich sie in der Essener »Lichtburg«. Ich beobachtete sie aus der Kulisse. Eine Hand auf dem Flügel, hinter dem ihr Mann Arne Hülphers saß, sah sie aus wie eine singende Freiheitsstatue. Nach acht Takten hatte sie nicht nur mich, sondern auch das Publikum in dem ausverkauften Haus überzeugt. Und als sie im Vortrag ihres Repertoires an das Lied »Waldemar« kam, da war mir, als würde sie sich in ein hinreißend verliebtes Mädchen verwandeln. Was nach dem Konzert geschah, habe ich noch bei keinem anderen Weltstar gesehen. Nicht enden wollende Zugaben! Das Publikum hörte nicht auf zu applaudieren. Auch nachdem der »eiserne Vorhang« fiel, verließen die Zuhörer nicht den Saal. Zarah begab sich in ihre Garderobe, zog sich um und mußte nach einer halben Stunde nochmals auf die Bühne, um ihre Fans zu beruhigen.

Anschließend traf man sich im Hotel. Das Restaurant war voll, als ich es betrat. In einer Ecke saß Zarah mit einigen Freunden.

Ich mag späte Nachfeiern nicht und schlich mich deshalb in eine andere Ecke. Aber Zarah hatte mich entdeckt: »Bruce!« rief sie mich wie einen Hund. Ich sah hinüber, und sie deutete mit einer Geste, die keinen Widerspruch duldete, auf einen leeren Stuhl an ihrem Tisch. Ich gehorchte! Die Gäste verschwanden, und schließlich saßen nur noch Zarah und ich im Lokal. Unsere Blicke verrieten Zuneigung. Da trat der Hotelier zaghaft heran: »Gnädige Frau, ich weiß, daß Sie nach der Vorstellung keine Autogramme geben, denn Sie leben sich ja auf der Bühne bis zur Erschöpfung aus. Aber draußen steht seit Stunden ein junger Mann und erklärt, er würde auf der Straße übernachten, wenn er kein Autogramm bekäme.«

»Er soll reinkommen!« befahl die Sängerin, die schon einige Whiskys intus hatte. Vor uns stand ein bleicher, stotternder junger Mann: »Frau Leander, darf ich Sie gütigst um ein Autogramm bitten? Durch Sie habe ich Karriere gemacht und ...«

Zarah unterbrach: »Durch mich?«
»Jawohl, ich imitiere sie!«
Zarah holte tief Luft, stand auf, breitete die Arme aus und sagte: »Lassen Sie hören.«
Der junge Mann brachte tatsächlich eine perfekte Imitation eines ihrer Lieder hervor. Ich war sehr beeindruckt, und Zarah wohl auch. Doch sie verzog keine Miene, hörte aufmerksam zu. Bei jeder gelungenen Nuance aber gab sie mir einen kräftigen Tritt vor's Schienbein. Nach Beendigung seines Vortrages applaudierte sie: »Junger Mann, Sie haben sich mein Autogramm verdient!« Mit Handkuß verabschiedete er sich.
Als ich aufstehen wollte, mußte mich Zarah stützen. Mein Schienbein war geschwollen! Zwei Schritte konnten wir uns aufrecht halten, dann lagen wir beide auf dem Boden des Restaurants.
Die Schuld Zarah Leanders war es auch, daß ich das erste und hoffentlich auch das letzte Mal eine Rundfunksendung verpaßte.
Ihr Mann mußte aus irgendeinem Grund nach Schweden – sie aber am nächsten Tag nach München. Da er wußte, wie hilflos seine Frau war, bat er mich, sie rechtzeitig zum Bahnhof zu bringen. Ich versprach es und lud Zarah für den nächsten Tag zum Abendessen ein. Für 19 Uhr hatten wir uns verabredet. Der Zug fuhr erst um 23 Uhr. Ich konnte es nicht erwarten. Um 18 Uhr war ich schon in der Halle des Hamburger »Atlantik«-Hotels. Als es 20 Uhr wurde, rotierte ich. Niemand wußte, wohin sie gegangen war.
Um 21 Uhr betrat ein Schwarm hochvergnügter Männer

die Hotelhalle, allen voran eine jubelnde, sternhagelvolle Zarah mit Hunderten von Rosen unter dem Arm. Nun stellte sich heraus, daß ihr Mann, um sicher zu gehen, mindestens zehn Freunde beauftragte hatte, seine Frau rechtzeitig zum Bahnhof zu bringen und in den richtigen Zug zu setzen. Zarah machte dies sichtlich Spaß. Sie nahm auch die Gelegenheit wahr, endlich wieder Whisky zu trinken, denn ihr Mann – und nicht nur der – verbot ihr den Alkohol.

Sie schwankte auf mich zu, drückte mich an ihre Brust, daß ich zu ersticken glaubte.

Elf Männer brachten Zarah zum Bahnhof, betteten sie in ihren Schlafwagen und bestachen den Schlafwagenschaffner mit 100 Mark, die Dame kurz vor München zu wecken. Als der Zug abfuhr, stellten wir alle fest, wohl genug getrunken, aber noch nichts gegessen zu haben. Also zogen wir in das nächstbeste Restaurant. Bei der Gelegenheit fragten mich die anderen Zarah-Betreuer, warum ich eigentlich in Hamburg sei. Da fiel mir ein, daß ich ab 23 Uhr die Nachtsendung beim NDR hatte, aber es war bereits 23 Uhr 30.

Auch Clark Gable, Superstar am damaligen Hollywood-Firmament, das längst »vom Winde verweht« ist, bin ich begegnet. Die letzten Ferien seines Lebens verbrachte er 1960 in St. Gilgen am Wolfgangsee. Er wohnte in der selben Villa, in der auch Bundeskanzler Kohl immer seinen Urlaub verbringt.

Gable entschloß sich zu einem Bummel durch Salzburg, bei dem ich ihn begleiten konnte. Ich besorgte ihm einen Tirolerhut und eine große dunkle Sonnenbrille, um von den Touristen nicht erkannt zu werden. Wir wühlten uns durch die Touristenstaus und suchten uns eine ruhige Ecke in einem Selbstbedienungsrestaurant, um zu verschnaufen.

Da kam wie von der Tarantel gestochen Peter Kraus in das Lokal, umschwärmt von kreischenden Mädchen. Ich drehte mich um, schlug meinen Kragen hoch, damit er mich nicht erkannte. Inmitten seiner Verehrerinnen setzte er sich an einen Tisch und rief ungeduldig: »Entweder man bringt mir ein Bier, oder ich gehe wieder!«

Clark Gable erkundigte sich bei mir, wer denn der junge »Angeber« sei. Nachdem ich ihm von Peter Kraus erzählt hatte, holte er an der Selbstbedienungstheke ein Bier, nahm Hut und Brille ab und servierte es ihm höflich. Dann ging er wieder zu unserem Tisch, gefolgt von den hysterisch jubelnden Mädchen, die ihn erkannt hatten. Ob Peter Kraus das Bier noch geschmeckt hat, wage ich zu bezweifeln.

Clark Gable war von Salzburg und vom Charme seiner Bewohner so beeindruckt, daß er ernstlich erwog, hier ein Haus zu kaufen. Vor allem die Restaurants hatten es ihm angetan. Er konnte nie genug von den österreichischen Spezialitäten bekommen. Nur den Mehlspeisen war er nicht zugetan. Als wir einmal im »Elisabeth-Schlößchen« zu Abend gegessen haben, fragte ihn der Ober, ob er ihm zur Nachspeise eine Salzburger Spezialität empfehlen dürfe. Gable schnappte mit den Fingern, was soviel wie o.k. hieß. Herrlich gelungene »Salzburger Nockerln« wurden serviert. Nachdem Clark einen Bissen genommen hatte, legte er die Gabel zur Seite und rief den Kellner: »Herr Ober, bitte nehmen Sie Platz. Sie haben diese Nachspeise bestellt, Sie sollen sie auch essen!« Wenige Monate später, im November 1960, starb er in Hollywood. Ich ging an diesem Tag ins »Elisabeth-Schlößchen« und bestellte »Salzburger Nockerln«.

Viele weltberühmte Kollegen lernte ich im Verlauf der Zeit persönlich kennen. Gary Cooper, Paul Hörbiger, Willi Forst, Fritz Kortner, Peter Kreuder, Robert Stolz, Leo Slezak ...

Aber auch die Anfänge von ganz kleinen Künstlern, die mittlerweile einen Namen haben, bekam ich hautnah mit. So führte mich eines Tages eine Tournee nach Heide in Nordfriesland. Vor dem Konzert meldete sich ein junger Mann mit einer Gitarre unterm Arm. Er sei aus Hamburg gekommen und würde gerne im Vorprogramm ein oder zwei Liedchen singen. Seiner Bitte wurde entsprochen, aber unter der Bedingung, daß er nicht mehr als drei Lieder singt, und das natürlich ohne Honorar.

Todesmutig ging er auf die Bühne, sang, erhielt einen Achtungsapplaus und verschwand sang- und klanglos. Das heißt – nicht ganz so sanglos, denn kurze Zeit später nahm die »Polydor« einen Titel mit ihm auf, wofür er ein Honorar von 500 DM erhielt. Das Lied hieß »Brennend heißer Wüstensand« und verkaufte sich über eine Million mal. Freddy Quinn war geboren!

Ich erinnere mich auch noch an einen Auftritt von Peter Alexander in Velbert. Damals wollte er nicht als Sänger, sondern als Schauspieler angesagt werden. Nun, mittlerweile hat er ja singen gelernt. Als er mich im Publikum entdeckte, unterbrach er sein Solo und begrüßte mich. Es war das einzige Mal, daß ich mehr Applaus bekam als »Peter der Große«.

Auch mit einem anderen Peter verstand ich mich glänzend: Peter Frankenfeld.

Ich besuchte eine seiner Live-Sendungen im Ruhrgebiet. Er war ein großartiger Quizmaster, und so suchte er auch damals wieder Kandidaten aus dem Publikum.

Auf die Bühne kam ein strahlendes Geschöpf. Eine junge Landwirtin, um die 20 vielleicht, in der vollen Blüte ihrer Jugend. Ihr dirndlähnliches Gewand ließ eine geradezu herausfordernde Oberweite ahnen. Der Auftrag lautete, einen Satz zu bilden mit sechs Wörtern, die alle mit dem gleichen Buchstaben beginnen sollten.

»M« wählte man aus.

Das Publikum im brechend vollen Saal suchte flüsternd mit. Da fing die Kandidatin an:

»Meine ... Mutter ... möchte ... mich ... mal ...«

Große Pause.

Dann flüsterte sie ins Mikrophon: »melken«.

Die Zuschauer explodierten. Die Landwirtin strahlte vor Glück. Sie hatte gewonnen! Mit einem Wort aus ihrer täglichen Arbeit. Nichts Außergewöhnliches.

Peter Frankenfeld mußte seine Conférence minutenlang unterbrechen, bis die Lachsalven endlich verrauscht waren.

Live-Sendungen, noch dazu im Fernsehen, haben es in sich. Ich mag dieses prickelnde Gefühl, diese Konzentration, dieses Ausgeliefertsein. Sieben Jahre lang habe ich die ZDF-Produktion »Zirkus, Zirkus« moderiert, bis mich liebe Kollegen ausmanövrierten. Oder war ich es, der zuviel am Aufbau der Sendung kritisierte und somit »untragbar« wurde? Heute ist man einen Schritt weiter. Man liebt mitdenkende Moderatoren, ja, man sucht sie gerade. Ob man sie eines Tages finden wird?

Ilselore

Rundfunk und Fernsehen und vor allem das Publikum blieben mir bis zum heutigen Tag treu. Wenn mit der Zeit – immerhin bin ich nahezu 75 Jahre – meine öffentlichen Auftritte auch weniger wurden, ausverkauft sind sie allemal. Es wundert mich sogar, daß immer mehr junge Leute meine Konzerte besuchen.
Wenn ein Pfarrer einmal sehen will, wie seine Kirche aussieht, wenn sie bis auf den letzten Platz besetzt ist, dann hat sich mittlerweile schon herumgesprochen, daß man Bruce Low mit seinen Spiritual- und Gospelliedern holen muß. Auch wenn das Unterhaltungsprogramm eines Traumschiffes ein internationales Publikum ansprechen soll, denkt man an mich.
Es war im Jahre 1984. Wieder einmal hatte ich eine herrliche Kreuzfahrt absolviert und fuhr mit meinem Wagen von Genua nach München, in mein Haus zu Marian, zu den Kindern. Aber ein richtiges Zuhause hatte ich nicht mehr. Schon lange ging jeder Partner seine eigenen Wege, schon lange hatte jeder von uns sein eigenes Schlafzimmer. Nur die Kinder, nahezu erwachsen, hielten uns noch zusammen.
An der Brenner-Autoraststätte machte ich halt, um Kaffee zu trinken. Sie war überfüllt. Nur am Tisch einer rotblonden Dame war noch ein Platz frei. »Gestatten?« Ein müdes »Bitte« kam mir entgegen. Ab und zu blickte sie mich musternd an, ab und zu trafen sich unsere Blicke. »Wenn ich nicht so schüchtern wäre, würde ich jetzt ein

Gespräch über das Wetter beginnen«, eröffnete ich meine Konversation. Plötzlich waren wir inmitten des schönsten Tratsches. Ich erzählte der mir Unbekannten von meinen Kindern und sie von ihren Kindern. Als sie mir sagte, daß eine ihrer Töchter mit dem Kabelfernsehen zu tun habe, konnte ich mich nicht mehr zurückhalten und erklärte ihr, daß es auch mein Metier wäre.
Da sah sie mich zum ersten Mal mit offenen Augen an: »Sind Sie Produzent, Regisseur oder Fernsehtechniker?«
»Nein, Sänger!«
»Könnte es sein, daß Sie Bruce Low sind?« strahlte sie mich an. Nach einer langen Pause schüttelte sie den Kopf: »Wissen Sie, das ist komisch. Erst vorhin habe ich im Auto eine Kassette von Ihnen gehört ...«
Wieder kamen wir auf die Kinder zu sprechen. Vier erwachsene Söhne und Töchter hätte sie. Und was sagt man darauf als Mann, wenn man imponieren will? »Was, das glaube ich nicht. So alt können Sie doch noch gar nicht sein.« Sie sah und sieht auch heute nicht aus, als wäre sie im Jahre 1929 geboren. Sie ist eine charmante Frau, mit einer warmherzigen Stimme und strahlend schönen Augen. Eine Frau, die erobert werden mußte! »Ich würde Sie gerne einmal anrufen, wenn ich Ihren Namen und Ihre Telefonnummer wüßte«, verabschiedete ich mich. Tatsächlich gab sie mir ihre Visitenkarte – Ilselore Louisoder.
Am nächsten Tag fuhr ich zu Dreharbeiten nach Hamburg. Noch in der Nacht rief ich sie an. Bald darauf trafen wir uns. Als sie mir dann erzählte, daß sie mit einem

Amerikaner liiert sei und in wenigen Wochen in die USA übersiedeln wolle, war höchste Eile geboten, sich zu offenbaren. Aber sie wollte nicht. Sie wollte keinen Künstler. Sie wollte auf keinen Fall einen verheirateten Mann.

Im Januar 1985 ging ich durch ihre Münchner Wohnung: »Viel zu klein! Wo soll ich denn mein Arbeitszimmer einrichten, wenn ich zu dir ziehe?« Ich weiß, das war meinerseits der Gipfel der Unverschämtheit, doch anscheinend imponierte ihr meine Zielstrebigkeit. Bei den Frauen lernt man nie aus – auch wenn man 75 Jahre alt ist.

Wenige Tage darauf zog ich zu ihr. Wenn die Boulevardzeitungen schrieben »Bruce Low hat mit 71 Jahren das große Glück gefunden«, so war dies ausnahmsweise nicht gelogen. Ilselore schenkte mir ein neues Leben, ein Dasein, dessen Existenz ich nicht kannte. Sie vereinigt in sich alle Frauen, die in meinem Leben eine Rolle gespielt haben.

Ilselore erinnert sich, daß sie im Jahre 1978 bei der Berliner Prominenten-Wahrsagerin Gabi Hoffmann war, um sich die Zukunft voraussagen zu lassen. Und da stellte sie doch tatsächlich fest, daß sie 1984 einen Mann kennenlernen wird, den sie schon lange kennt, der aber von ihrer Existenz nichts weiß. Es sollte eine glückliche Begegnung und eine eheähnliche Verbindung geben.

Heute

Mittlerweile bin ich von Marian geschieden und lebe immer noch mit Ilselore in »wilder Ehe«.
Wir sind von München in den Chiemgau gezogen, in ein schönes Bauernhaus. Ich sitze in meinem Ohrensessel, sehe hinaus auf die saftigen Wiesen und auf die Berge, die immer noch dick verschneit sind.
Vor mir liegt das Manuskript dieses Buches. Ausschnitte aus meinem Leben. Dr. Lillian Schacherl regte mich schon vor Jahren an, meine Erinnerungen aufzuzeichnen. Zögernd schrieb ich die eine oder andere Geschichte über einen Mann, der ich sein sollte, bis mir Ilselore und Georg A. Weth die richtigen Impulse gaben, tatsächlich über mich zu berichten.
Heute ist der 26. März 1987. Vor 74 Jahren wurde ich als Ernst Gottfried Bielke in Surinam geboren, in einem Land, das bis heute nicht zur Ruhe gekommen ist.
Im Osten grenzt die vormals niederländische Kolonie Südamerikas jenseits des Marowijneflusses an Französisch-Guyana. Im Westen trennt der Coranrijnefluß das Land von Britisch-Guyana, wo sich im Sommer 1978 ein paar hundert aus den USA eingewanderte fanatisierte Gläubige in religiösem Wahn vergiften ließen.
Südlich scheidet die Tumuk-Humuk-Hügelkette die Wasser der Flüsse Surinams vom Stromgebiet des Amazonas Brasiliens. Und im Norden schiebt Surinam seine Tiefebene bis an die Küste des Atlantischen Ozeans heran.

Dort tauchte im Jahre 1499 der erste Europäer auf. Der Kapitän der winzigen Caravelle des Spaniers Alonso de Ojeda war ein gewisser Amerigo Vespuzzi, der Mann, dem Amerika seinen Namen verdankt. Das Wort SURINAM hingegen ist nicht abgeleitet vom Namen seines Entdeckers, sondern von den Entdeckten, Waldindianern vom Stamme der SURENEN.

Damals, Anfang des 16. Jahrhunderts, wurde die Zahl der Indianer aller Stämme auf 70000 geschätzt. Vier Jahrhunderte später waren es noch kümmerliche 1000.

Fast die Hälfte der Einwohner Surinams lebt in Paramaribo. »Die Stadt« liegt am linken Ufer des Suriname, des größten Flusses, knapp zehn Seemeilen vor dessen Mündung in den Atlantik. Dort entstand vor fast 400 Jahren eine palisadenbewehrte holländische Handelsniederlassung, unweit des Indianerdorfes Parmiro. Heute hat die Stadt etwa 200000 Einwohner.

Es ist ein Land, das nie zur Ruhe gekommen ist, das aber meine glücklichen Kindheitserinnerungen prägte. Obwohl ich nie mehr in Surinam war, verfolge ich ständig seine Geschichte. Mit Abscheu habe ich die Dezembermorde von 1982 aufgenommen, die ein sogenannter »Blutrat« unter dem seit 25. Februar 1980 amtierenden Diktator Bouterse, einem ehemaligen Sportlehrer, anordnete.

Der »Rat für die Befreiung Surinams«, der sich aus einigen Oppositionspolitikern in Amsterdam gebildet hat, ist gegen die ideologisch Kriminellen, die ihr Volk tyrannisieren, machtlos.

Was hat mein Vater mit seiner Missionsarbeit in diesem Land erreicht?

Was erreichen wir überhaupt in unserem Leben?
Ein Philosoph, dessen Namen ich vergessen habe, soll einmal gesagt haben, daß das menschliche Leben schon dann einen Sinn hat, wenn man einen anderen glücklich macht.
In meinem Leben gab es viele Menschen, die mich glücklich machten.
Wenn ich selbst die Fähigkeit besaß oder noch besitze, einem anderen Menschen Glück zu bringen, dann kann ich mein Lebenswerk als erfüllt betrachten.
Ilselore, die mir so unendliches Glück brachte, stellt mir gerade eine Tasse Tee auf den Tisch.
Sie verwöhnt mich erst seit einigen Tagen wieder. Bis vor kurzem war sie im Münchner Klinikum rechts der Isar, wo sie ihrem Sohn Florian eine Niere spendete.
Wie vielen brachte diese Frau schon Glück, ein neues Leben? Draußen wird es langsam dunkel. Das Weiß der Berggipfel erstrahlt in einem Rot, als würde in ihnen Feuer brennen. Wer schürte die Glut in mir?
Warum habe ich, der ich christlich erzogen wurde und mittlerweile nicht mehr an Gott glauben kann, oder besser gesagt Agnostiker bin, so viel Gutes erfahren?
Ich danke allen Menschen, denen ich begegnete, die mich ein Stück Weges begleiteten, die mir Glück brachten.

Bildnachweis:

Ariola: 31, 32
DOLWA, Wien: 21
Fayer, Wien: 20
Peter Langenbach, Langenfeld: 11
Foto Lend, Amsterdam: 16
Bruce Low: 1, 2, 3, 4, 5, 6, 7, 8, 9, 10, 12, 13, 14, 15, 18, 19, 22, 23, 25, 26, 27, 28, 29, 30
Leo Loy, Nürnberg: 33
Hans Müller, Hamburg: 17, 24

Karl Schönböck
Wie es war durch achtzig Jahr
Erinnerungen